W0035424

Ihre Arbeitshilfen zum Download:

Die folgenden Arbeitshilfen stehen für Sie zum Download bereit:

– Checklisten
– Mustervorlagen

Den Link sowie Ihren Zugangscode finden Sie am Buchende.

Vereinsmarketing

Hartmut Fischer

Vereinsmarketing

Erfolgreiche Öffentlichkeitsarbeit, Sponsoren und Mitglieder gewinnen

1. Auflage

Haufe Group
Freiburg · München · Stuttgart

Bibliografische Information der Deutschen Nationalbibliothek
Die Deutsche Nationalbibliothek verzeichnet diese Publikation in der Deutschen Nationalbibliografie; detaillierte bibliografische Daten sind im Internet über http://dnb.dnb.de abrufbar.

Print: ISBN 978-3-648-10909-0 Bestell-Nr. 17011-0001
ePub: ISBN 978-3-648-10910-6 Bestell-Nr. 17011-0100
ePDF: ISBN 978-3-648-10911-3 Bestell-Nr. 17011-0150

Hartmut Fischer
Vereinsmarketing
1. Auflage 2018

© 2018 Haufe-Lexware GmbH & Co. KG, Freiburg
www.haufe.de
info@haufe.de
Produktmanagement: Annette Ziegler

Lektorat: Hans-Jörg Knabel, Willstätt
Satz: Reemers Publishing Services GmbH, Krefeld
Umschlag: RED GmbH, Krailling

Inhaltsverzeichnis

Vorwort: Die Zeiten ändern sich

Unsere Vereine sind Gold wert. Im wahrsten Sinne des Wortes. Dem Deutschen Freiwilligensurvey zufolge, der seit 2009 alle fünf Jahre aufgestellt wird, engagierten sich 2014 mehr als 31 Millionen Menschen ehrenamtlich. Gehen wir davon aus, dass jeder Helfer im Durchschnitt nur zwei Stunden pro Woche für sein Ehrenamt aufwendet, kommen wir auf 3,224 Milliarden Einsatzstunden pro Jahr. Bei einer Entlohnung in Höhe des Mindestlohns (8,84 EUR) entspricht das einem Wert von 28,5 Milliarden EUR. Zum Vergleich: Im Bundeshaushalt 2017 standen dem Bundesgesundheitsministerium 15,15 Milliarden EUR zur Verfügung. Wer in einem Verein aktiv ist, weiß aber, dass zwei Stunden pro Woche in den meisten Fällen für die Vereinsarbeit nicht ausreichen.

Dass das deutsche Vereinswesen dem Niedergang geweiht sei, ist also ein Ammenmärchen, dessen Wahrheitsgehalt durch ständiges Wiederholen nicht größer wird. Anfang 2017 wurden die Ergebnisse des Deutschen Freiwilligensurveys veröffentlicht. Die Zahlen belegen eindeutig, dass sich nicht weniger, sondern mehr Menschen freiwillig engagieren. In der Zusammenfassung dieser Erhebung heißt es:

> *Der Anteil von Menschen, die Mitglied in einem Verein oder einer gemeinnützigen Organisation sind, ist gestiegen. Von den in Deutschland lebenden Menschen ab 14 Jahren sind 44,8 Prozent Mitglied in einem Verein oder einer gemeinnützigen Organisation, 2009 waren es lediglich 37,8 Prozent.*

Dennoch hört man landauf, landab die Klage, es werde für Vereine immer schwieriger, neue Mitglieder zu gewinnen und Spender und Sponsoren zu finden. Der Grund hierfür mag darin liegen, dass viele Vereine (noch) nicht bereit sind, sich zeitgemäß zu präsentieren. Sie warten zu sehr darauf, dass Interessenten auf sie zukommen, anstatt von sich aus Kontakte zu knüpfen.

Der Verein von heute kommt um ein vereinsspezifisches Marketing nicht mehr herum. Er muss seinen derzeitigen Stand einschätzen, Ziele definieren und kurz-, mittel- und langfristige Strategien entwickeln, um seine Existenz zu sichern und weiterzuentwickeln. Hierbei stehen zwei Ziele im Fokus der Bemühungen: Zum einen geht es um den Erhalt und den Ausbau des Mitgliederbestands, was nicht zuletzt aufgrund des demografischen Wandels schwieriger wird. Zum anderen geht es um die öffentliche Darstellung des Vereins, um dessen finanzielle Sicherheit zu gewährleisten. Hier sind die Vereine immer stärker auf die Förderung durch Sponsoren angewiesen, die z.B. – im Gegensatz zu früher – nicht mehr bereit sind, Anzeigen in Vereinsheften zu schalten, ohne dafür einen nennenswerten Gegenwert zu erhalten.

Innerhalb des Vereinsmarketings spielt die PR eine herausragende Rolle. Unter PR verstehen wir primär die Öffentlichkeitsarbeit und den Umgang mit den Medien. Aber auch eine andere Marketingaufgabe gehört zum Betätigungsfeld der PR: Der Aufbau einer internen »Vereinskultur« und deren Darstellung nach außen. Man spricht hier von CI und vom CD – aber dazu erfahren Sie in diesem Buch noch einiges.

Manchmal ist es unvermeidlich, einige theoretische Grundlagen zu vermitteln. Doch der Schwerpunkt dieses Buchs ist es, Ihnen das Handwerkszeug zu geben, das Sie brauchen, damit Sie Marketingansätze selbst entwickeln und umsetzen können.

In der Hoffnung, Ihnen mit diesem Buch zu helfen, wünsche ich Ihnen ein informatives Lesevergnügen.

Hartmut Fischer

1 Marketing und PR? Sowas haben wir doch nie gebraucht

Der Begriff »Marketing« ist heute in aller Munde. Für viele scheint es ein Zaubermittel zu sein, mit dem sich alle Probleme einer Organisation – ob Firma, Geschäft oder eben auch Verein – lösen lassen und jedes Produkt auf dem Markt durchgesetzt werden kann. Für die anderen ist es unnötiger Firlefanz, den sich irgendwelche Wirtschaftstheoretiker haben einfallen lassen, um Verwirrung zu stiften, ohne Probleme zu lösen. Beide Ansichten sind falsch und die Wahrheit liegt, wie so häufig, irgendwo in der Mitte.

Marketing ist kein Allheilmittel, sondern ein Werkzeug – oder besser ein Werkzeugkasten – mit dessen Hilfe man den kurz-, mittel- und langfristigen Erfolg von Angeboten und Unternehmen plant und durchsetzt. »Marketing – haben wir nicht gebraucht, brauchen wir auch jetzt nicht« hört man von manchen Vorständen. Dass man in der Vergangenheit darauf verzichten konnte, mag richtig sein – dass man heute und in Zukunft ohne Marketing auskommt, ist jedoch nicht denkbar. Das liegt an der veränderten Position der Vereine in der Gesellschaft.

Früher waren die Vereine die Zentren der Freizeitgestaltung. Sport und Kultur konnte »Otto Normalverbraucher« nur hier zu erschwinglichen Konditionen betreiben beziehungsweise genießen. Hinzukamen die sozial und karitativ tätigen Vereine, die hohes Ansehen in der Öffentlichkeit genossen.

Es war deshalb für die »Honoratioren« eines Orts auch Ehrensache, die Vereine finanziell zu unterstützen und so zum Gemeinwohl beizutragen. Diese Zeiten sind vorbei. Heute stehen Vereine in einem Wettbewerb – auch mit gewerblichen Anbietern. Entsprechend müssen sie immer professioneller werden, um in diesem Wettbewerb bestehen zu können.

1.1 PR als Teil des Marketings

Ein Schwerpunkt des Marketings liegt in der PR. PR ist die Abkürzung für Public Relations. Dabei handelt es sich um einen Begriff, der um 1882 an der Yale

University (USA) entwickelt wurde. Ein deutsches Pendant zu diesem Begriff gibt es leider nicht. Der Begriff »Öffentlichkeitsarbeit« deckt nur einen Teil der PR ab. PR muss für das positive Image eines Vereins sorgen. Insbesondere in schwierigen Situationen zeigt sich, ob eine gute PR durchgeführt wurde. Wird ein Verein oder werden einzelne Funktionsträger oder Mitglieder eines Vereins öffentlich angegriffen, ist es entscheidend, dass der Verein einen »guten Ruf« hat. Ein »guter Ruf« fällt aber nicht vom Himmel. Er muss durch Öffentlichkeitsarbeit aktiv geschaffen werden.

Auf dem kommerziellen Markt unterscheidet man zwischen der Werbung und der PR. Bei großen Vereinen und Verbänden macht das auch Sinn. Mittleren und kleineren Vereinen fehlt es jedoch meist an der nötigen finanziellen Ausstattung, um sinnvolle Werbemaßnahmen zu etablieren. Außerdem kämpfen diese Vereine oft mit dem Problem, dass sie zu wenige aktive Mitglieder haben, um getrennte Abteilungen aufbauen zu können. So werden die Arbeitsgebiete Werbung und PR oft notgedrungen zusammengefasst. Dennoch möchte ich an dieser Stelle die Unterschiede zwischen PR und Werbung verdeutlichen:

PR	Werbung
Kostet wenig, ist aber zeitaufwendiger, da direkte Kontakte und Netzwerke benötigt werden.	Da der Werberaum gekauft werden muss, ist sie ungleich teurer
Ist für den Empfänger glaubwürdiger (eine in der Zeitung untergebrachte Vereinsgeschichte gilt als Information)	Muss das Glaubwürdigkeitsdefizit (Anzeigen wollen verkaufen – das weiß der Kunde) durch ständige – teure – Wiederholungen ausgleichen
Zielt auf einen mittel- bis langfristigen Imageaufbau ab.	Macht für Vereine meist nur bei kurzfristigen Aktionen Sinn (Handzettel und Plakate zur Veranstaltung).
PR ist mittel- bis langfristig auf Imageveränderungen aus. Es ist nicht einfach, den Erfolg der einzelnen PR-Maßnahmen – insbesondere kurzzeitig – zu messen.	Da Werbung auf den direkten Erfolg zielt (z. B. Kartenvorverkauf für das Chorkonzert), lässt sich dieser meist relativ einfach messen.

Tab. 1: Unterschiede zwischen PR und Werbung

Im Kern geht es der PR also darum, das Image einer Organisation (in unserem Falle eines Vereins) positiv zu beeinflussen und nach außen darzustellen. Nicht nur bei Vereinen existieren interne und externe Zielgruppen, die mit entsprechenden PR-Maßnahmen angesprochen werden sollen.

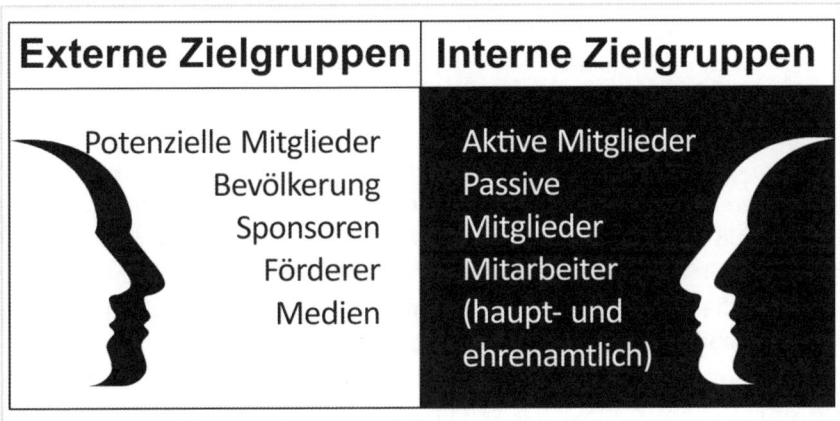

Externe Zielgruppen	Interne Zielgruppen
Potenzielle Mitglieder Bevölkerung Sponsoren Förderer Medien	Aktive Mitglieder Passive Mitglieder Mitarbeiter (haupt- und ehrenamtlich)

Abb. 1: Externe und interne Zielgruppen

Bei der externen PR geht es um den Aufbau von Beziehungen zwischen dem Verein und den unterschiedlichen externen Zielgruppen. Zu ihnen gehören jene Bevölkerungsgruppen, für die das Angebot des Vereins – als Mitglieder oder Konsumenten – interessant sein könnte, und alle Organisationen, Behörden und Privatleute, die den Verein ideell und finanziell fördern könnten. Die externe PR versucht, ein positives Image des Vereins nach außen zu projizieren und in den jeweiligen Zielgruppen Sympathie für den Verein zu wecken. Damit muss zwangsläufig eine Erhöhung des Bekanntheitsgrades einhergehen.

Die interne PR wendet sich an die Mitglieder des Vereins. Hier geht es darum eine »Vereinskultur« aufzubauen, in der sich die Mitglieder wohlfühlen und bereit sind, sich für die Belange des Vereins – ehrenamtlich – zu engagieren. Gleichzeitig soll der interne Umgang miteinander auch den Geist widerspiegeln, den man mit der externen PR nach außen vermitteln will.

1.2 Was ist Marketing?

In Vereinen wird eifrig darüber diskutiert, ob so etwas wie Marketing notwendig ist. Dabei ist vielen aber nicht so richtig klar, was Marketing eigentlich bedeutet. Marketing beschreibt alle Bemühungen eines Unternehmens, das Unternehmen selbst, eines seiner Produkte oder eine seiner Dienstleistungen bekannt zu machen und die Zielgruppe als Kunden zu gewinnen und zu halten.

Da der Begriff des Marketings aus dem kommerziellen Bereich kommt, ist hier – vereinfacht dargestellt – fast immer vom Kunden als Ziel die Rede. Darum heißt es in vielen Vereinen: »Wenn es im Marketing nur um Kunden geht, brauchen wir keins – wir haben ja keine Kunden.« Mit diesem Argument wird das Thema oft vom Tisch gewischt. Aber es stimmt einfach nicht. Auch Vereine haben Kunden. Ein Kunde ist letztlich jeder Verbraucher, der von einem anderen eine Dienstleistung oder eine Ware annimmt. So muss auch ein Verein seine »Ware« – das Vereinsangebot – an den »Kunden« bringen.

1.3 Ein Marketingkonzept für den Verein erstellen

Das Vereinsmarketing ist zwar vergleichbar mit dem Marketing professioneller Unternehmen – kann sich aber nicht mit ihm messen. Den Vereinen fehlt es an personellen und finanziellen Mitteln, um mit dem Marketing von Handel und Industrie mithalten zu können. Sie müssen also eine eigene Form von Marketing entwickeln, das mit einem geringen finanziellen Aufwand möglichst auch von »Laien« umgesetzt werden kann.

Abb. 2: Marketingzyklen im Verein

Marketing ist ein permanenter Prozess, in dem man immer wieder den Verein und sein Angebot auf den Prüfstand stellt. Deshalb beginnt jeder Zyklus mit einer Bestandsaufnahme, aus der die Zielsetzung der kommenden Marketingmaßnahmen abgeleitet wird. Daraufhin bestimmt man den Weg und analysiert, welche Ressourcen (Finanzen, Personal, Sachwerte usw.) dem Verein zur Verfügung stehen. Anhand dieser Daten wird der eigentliche Plan erstellt und danach umgesetzt. Schon während der Umsetzung finden Kontrollen statt, um frühzeitig zu erkennen, ob die Ziele im vorgegebenen Zeitfenster und mit den veranschlagten Mitteln erreicht werden können. Die abschließende Kontrolle des Zyklus gibt Aufschluss über weitere notwendige Maßnahmen. Ist ein Zyklus abgeschlossen, beginnt der nächste wieder mit einer Bestandsaufnahme.

1.3.1 Wo steht der Verein?

Zunächst müssen Sie analysieren, wo sich Ihr Verein und seine Angebote derzeit befinden. Hier geht es vor allem darum, dass Sie erkennen, wie die einzelnen Zielgruppen Ihren Verein (ein-)schätzen. Sie müssen also sowohl interne als auch externe Analysen durchführen.

1.3.1.1 Interne Analyse

Intern müssen Sie klären, wie Ihr Verein von den Mitgliedern gesehen wird. Die Mitglieder spielen eine entscheidende Rolle bei der Vermittlung des Vereinsimages – auch nach außen. Sie äußern sich bei Freunden und Bekannten über den Verein – und werden dort auch Dinge zur Sprache bringen, die sie im Verein selbst eher verschweigen (siehe hierzu auch Kapitel 2).

Wir beginnen jedoch ganz trivial und klären erst einmal, wie die Mitgliederstruktur des Vereins aussieht. Hierbei hilft Ihnen eine einfache Checkliste:

ARBEITS-
HILFE
ONLINE

Checkliste: Mitgliederbestand

Altersgruppe bis 25 Jahre – insgesamt

Bildungsstand	____ bis mittlere Reife	____ Hochschulabschl.	____ höher
Einkommensverh.	____ bis 1.500 EUR	____ bis 3.000 EUR	____ höher
Religion	____ Christen	____ Moslems	____ andere
Aktivität	____ immer aktiv	____ manchmal aktiv	____ nie aktiv

Altersgruppe bis 25 bis 60 Jahre – insgesamt ____

Bildungsstand	____ bis mittlere Reife	____ Hochschulabschl.	____ höher
Einkommens-verh.	____ bis 1.500 EUR	____ bis 3.000 EUR	____ höher
Religion	____ Christen	____ Moslems	____ andere
Aktivität	____ immer aktiv	____ manchmal aktiv	____ nie aktiv

Altersgruppe 60 Jahre und älter – insgesamt _____			
Bildungsstand	_____ bis mittlere Reife	_____ Hochschulabschl.	_____ höher
Einkommensverh.	_____ bis 1.500 EUR	_____ bis 3.000 EUR	_____ höher
Religion	_____ Christen	_____ Moslems	_____ andere
Aktivität	_____ immer aktiv	_____ manchmal aktiv	_____ nie aktiv

Diese Erhebung sollten Sie jährlich durchführen, damit Sie die Entwicklung Ihres Vereins analysieren können. Aufgrund dieser Daten ergeben sich Marketingmaßnahmen, die sich auf die interne Gestaltung Ihres Vereins beziehen (siehe hierzu auch Kapitel 2).

Nachdem Sie die Mitgliederstruktur geklärt haben, geht es um das Angebot, das Sie diesen Zielgruppen machen. Hier geht es nicht nur um die offensichtlichen Angebote, die meist auch Nichtmitgliedern (gegen Gebühr) zur Verfügung stehen. Sie sollten auch hinterfragen, inwieweit Ihr Verein neben seinen Angeboten, die sich aus den satzungsgemäßen Aufgaben ergeben, zusätzliche Anreize bieten kann, die die Mitglieder im Verein halten.

Dabei ist auch zu berücksichtigen, dass sich die Ziele, die Menschen in den Verein bringen, verändert haben. Während in der Vergangenheit die Geselligkeit einen hohen Stellenwert hatte, fragt das heutige Mitglied eher danach, welchen persönlichen Vorteil es aus der Mitgliedschaft ziehen kann, beispielsweise in beruflicher Hinsicht. Das heißt aber nicht, dass das »gesellige Beisammensein« aufgegeben wird. Im Gegenteil: Gerade neue, jüngere Mitglieder suchen den Gedankenaustausch mit anderen. Dass sie von diesem Austausch auch persönlich profitieren wollen, ist dabei durchaus legitim.

Tipp !

Bedenken Sie auch, dass junge Menschen oft zu »Arbeitsnomaden« werden (was nicht abwertend gemeint ist). Sie wechseln öfter als früher ihre Arbeitsstelle und damit auch ihren Wohnsitz. Am neuen Wohnsitz angekommen suchen Sie natürlich auch neue Kontakte. Wenn hier ein Verein ein für jüngere Menschen interessantes Vereinsleben anbieten kann, muss er sich weniger Gedanken über den Vereinsnachwuchs machen.

An dieser Stelle sei ein wichtiger Hinweis erlaubt: Von der jüngeren Generation wird häufig behauptet, dass sie an der »Geselligkeit« kein Interesse hätten. Doch das scheint nicht den Tatsachen zu entsprechen. Dies haben wohl auch die Entwickler von Computerspielen erkannt, die gerade im Konsolenbereich immer stärker auf Spiele setzen, bei denen nicht mehr einsame Spieler in ihrem Kämmerchen sitzen, sondern ganze Gruppen gemeinsam im Wohnzimmer gegen andere Gruppen antreten, die sich zwar ganz woanders befinden – aber eben auch nicht alleine spielen, sondern mit Freunden das Ziel des Spiels erreichen wollen.

Nun kommen wir zu einer äußerst heiklen Frage: Entsprechen unsere Angebote den Vorstellungen und Wünschen der Mitglieder? Viele Angebote laufen über Jahre hinweg und werden angeboten, weil der Verein sie schon immer angeboten hat. Die Frage, ob sie überhaupt erwünscht, die Angebote also noch sinnvoll sind, wird gar nicht erst gestellt. Hier lohnt es sich, eine – anonyme – Befragung der Mitglieder durchzuführen. Einen Musterfragebogen bietet Ihnen der folgende Kasten:

ARBEITS-
HILFE
ONLINE

Musterfragebogen

Liebes Vereinsmitglied,
wir bemühen uns darum, das Vereinsleben so zu gestalten, dass Du gerne bei uns Mitglied bist und Dich auch für unsere Ziele einsetzt und engagierst. Um dieses Ziel zu erreichen, müssen wir aber auch Deine Wünsche kennen. Darum bitten wir Dich, diesen Fragebogen auszufüllen und in die Box in unserer Geschäftsstelle zu werfen. Die Befragung ist anonym und wird uns helfen, unseren Verein weiterzuentwickeln – dabei ist unser Ziel, dass es Dein Verein bleibt, in dem Du Dich wohlfühlst:

- Zu welcher Altersgruppe gehörst Du?
  - ☐ bis 25 Jahre
  - ☐ 25 bis 50 Jahre
  - ☐ 50 bis 65 Jahre
  - ☐ älter als 65 Jahre
- Wie häufig bist Du bei unseren regelmäßigen Vereinstreffen dabei?
  - ☐ (fast) immer
  - ☐ häufig
  - ☐ eher selten
  - ☐ (fast) nie

22

- Wir führen jährlich verschiedene Sonderveranstaltungen wie [hier aufführen] durch. Nimmst Du daran teil?
  ☐ ja, und zwar an

  _____

  ☐ nein
- Empfiehlst Du unseren Verein bei Freunden und Bekannten?
  ☐ ja, und zwar mit folgenden Argumenten

  _____

  ☐ nein, weil

  _____

- Was würdest Du auf jeden Fall im Verein behalten wollen?

  _____

- Was würdest Du auf jeden Fall abschaffen?

  _____

Erfolgreiche Fragebögen sind kurz. Je länger ein Fragebogen ist, umso geringer ist die Rücklaufquote. Die Rücksendung mit kleinen Preisen zu belohnen, führt in den meisten Fällen zu qualitativ schlechten Ergebnissen, weil sich die Befragten nicht für die Fragen, sondern nur für die »Belohnung« interessieren.

1.3.1.2 Externe Analyse

Bei der externen Analyse geht es primär um die Frage, wie der Verein derzeit in der Öffentlichkeit wahrgenommen wird. Dabei sollten Sie von vorneherein darauf Rücksicht nehmen, dass die einzelnen Zielgruppen unterschiedliche Interessen haben:
- Die breite Öffentlichkeit interessiert sich primär für die Angebote, Veranstaltungen und Aktionen eines Vereins.
- Potenzielle Mitglieder interessieren sich stärker für das, was hinter den öffentlichen Aktionen und Angeboten des Vereins steht und das »Vereinsleben« ausmacht.

- Sponsoren möchten wissen, welchen Nutzen sie aus ihrem finanziellen Engagement ziehen können.
- Andere Förderer möchten dem Verein nur helfen, wenn er ihrer Reputation nicht schadet und ihr öffentliches Image steigert.
- Die Medien interessieren sich eigentlich für alles, was ihnen eine Geschichte liefert (auch dann, wenn diese Geschichte zu Ungunsten des Vereins ausfällt!).

Während man bei der internen Analyse die Mitglieder direkt befragen kann, ist man bei der externen Analyse auf Einschätzungen angewiesen. Hier sollten Sie realistisch sein und sich nicht »die Welt schönreden«. Verschiedene Anhaltspunkte helfen Ihnen, zu einer realistischen Einschätzung zu gelangen:

Inwieweit Ihr Verein in der Öffentlichkeit bekannt ist und geschätzt wird, können Sie an der Besucherfrequenz seiner Angebote, Aktionen und Veranstaltungen ablesen.

Das Interesse potenzieller Mitglieder können Sie beispielsweise einschätzen, wenn Sie beobachten, wie stark Beiträge auf Ihrer Facebook-Seite frequentiert werden, bei denen es stärker um den Verein selbst als um seine Aktivitäten geht. Anhand der Kommentare lässt sich ein relatives Bild erstellen. Die sogenannten »Likes« (also die Daumen-hoch-Bewertungen) sind dagegen nicht aussagefähig.

Inwieweit Sie einen Werbenutzen für Sponsoren vermitteln können, lässt sich anhand der bereits verkauften Werbung (Anzeigen, Bandenwerbungen, Programmhefte, Eintrittskarten usw.) ablesen. Schauen Sie sich die Zahlen der letzten Jahre an. Ein Rückgang des Werbeaufkommens ist ein Indiz dafür, dass Sie dem potenziellen Sponsor nicht vermitteln konnten, welchen Nutzen – außer dem ideellen – er aus der Werbung bei Ihrem Verein ziehen kann.

Bei der Beurteilung, warum Ihr Verein bei der Werbung weniger gefragt ist als früher, müssen Sie auch begleitende Faktoren berücksichtigen. Wenn ein Sportverein beispielsweise in eine niedrigere Liga absteigt, hat das meist auch Einfluss auf die Besucherzahl bei Wettkämpfen. Aus Sicht des Marketings sollten deshalb andere, wettbewerbsunabhängige Aspekte stärker betont werden (z.B. die Jugendarbeit des Vereins, sein Engagement innerhalb der Kommune über den sportlichen Bereich hinaus usw.).

Die Veröffentlichungen über den Verein spiegeln indirekt auch den Bekanntheitsgrad Ihres Vereins in der breiten Öffentlichkeit wider. Denn die Medien bevorzugen natürlich die Organisationen und Vereine, die bei ihren Lesern, Zuhörern und Zuschauern schon – möglichst positiv – bekannt sind. Gleichzeitig ist dies aber auch ein Maßstab für Förderer, die an der eigenen Imageverbesserung interessiert sind.

In Bezug auf Veröffentlichungen spielt jedoch ein anderer Aspekt eine ganz besonders wichtige Rolle: Grundsätzlich können wir davon ausgehen, dass die Presse gegenüber Vereinen eher positiv eingestellt ist – allerdings müssen Sie sich selbst darum kümmern, dass die Redaktionen »Futter bekommen«. Darum stellt die Pressearbeit im Rahmen des Marketings einen Schwerpunkt dieses Buchs dar.

1.3.1.3 Die Finanzen

Zu einer Ist-Analyse gehört natürlich auch die finanzielle Situation des Vereins. Die hierfür notwendigen Zahlen entnehmen Sie Ihrer Buchhaltung. Dabei sollten Sie auch einen Blick in die Zukunft wagen, bei dem Ihnen die bereits vorgenommenen Analysen helfen. Wie ist beispielsweise die Altersstruktur Ihres Vereins. Je höher das Durchschnittsalter ist, umso mehr müssen Sie damit rechnen, dass die Mitgliederzahl schrumpft. Je höher der Anteil der Beiträge am Gesamtbudget des Vereins ist, umso wichtiger wird es, nach neuen Mitgliedern zu suchen und die Bestandsmitglieder fester an den Verein zu binden.

Auch bei den Sponsoren stellt sich die Frage, ob sie gehalten und inwieweit neue gefunden werden können. Gerade für kommunal tätige Vereine tauchen hier immer größere Probleme auf, da sich die prädestinierten Förderer – der Einzelhandel – verstärkt mit Absatzproblemen auseinandersetzen müssen. Outlet-Center, Onlinehandel, Filialbetriebe usw. machen ihnen das Leben schwer. Dadurch steht ihnen auch weniger Geld zur Verfügung, um die heimischen Vereine zu fördern. Hier wird es immer wichtiger, dass Ihr

Verein potenziellen Sponsoren interessante Gegenleistungen bietet, worauf wir im Laufe dieses Buchs noch eingehen werden.

Beobachten Sie Ihre Sponsoren auch in den Medien. Muss damit gerechnet werden, dass ein Sponsor in wirtschaftliche Schwierigkeiten gerät? Wenn ja: Wird er aller Wahrscheinlichkeit nach seine Sponsorleistungen zurückfahren, wenn nicht gar aufgeben (müssen)? Dies müssen Sie in der zukünftigen Planung berücksichtigen.

1.3.2 Wohin will der Verein?

Dank der Ist-Analysen wissen Sie jetzt, wo Ihr Verein steht. Auf dieser Basis klären Sie nun die Frage, welche Zielgruppen angesprochen werden sollen. Auch hier unterscheiden wir wieder zwischen den internen und den externen Zielgruppen.

1.3.2.1 Interne Zielgruppen

Vereinfacht dargestellt müssen die Aufnahmekriterien eines eingetragenen Vereins, der gemeinnützig ist, so sein, dass jeder Mitglied werden kann. Das bedeutet aber nicht, dass der Verein jeden aufnehmen muss. Vor diesem Hintergrund sollte man sich Gedanken machen, wen man als Mitglied in seinem Verein haben möchte.

Grundsätzlich sind Vereine zwar an jedem Mitglied interessiert, aber Sie müssen zunächst von Ihren »Bestandsmitgliedern« ausgehen und fragen, wer hierzu passt. Es wäre nicht das erste Mal, dass ein Verein daran zugrunde geht, dass die neuen Mitglieder nicht mit den »Bestandsmitgliedern« harmonieren.

Gerade in der heutigen Zeit sollten Sie auch die Gefahr nicht unterschätzen, dass Vereine von Fanatikern, die sich ein politisches oder religiöses Mäntelchen umhängen, unterwandert und schließlich für Zwecke missbraucht werden, für die der Verein nie gedacht war.

Häufig konzentriert sich die Mitgliedersuche der Vereine auf den »Nachwuchs«. Das ist verständlich, wird aber letztlich den Verein nicht entscheidend weiterbringen. Zum einen spielt hier der demografische Wandel eine wichtige Rolle: Es ist nicht mehr so viel Nachwuchs verfügbar, wie man sich wünscht. Zum anderen stellt sich aber auch die Frage, wo man die Grenze zwischen »Jung« und »Alt« zieht. Die Menschen werden immer älter und sind immer länger fit. Hinzu kommt, dass ältere Menschen meist auch über mehr Zeit verfügen, als junge, die beispielsweise noch stärker in ihre berufliche Zukunft investieren müssen. Schließlich kommt noch ein dritter Aspekt hinzu, der bei der Mitgliederwerbung leider gerne schamhaft in den Hintergrund gedrängt wird: So mancher Ältere verfügt über das finanzielle Polster, um den Verein an der einen oder anderen Stelle finanziell unterstützen zu können. Dass die Jüngeren ihr Geld lieber in ein Haus oder ein Auto als in einen Verein investieren, ist ja durchaus verständlich.

Bereits im Jahr 2009 startete der Deutsche Turnerbund (DTB) ein Projekt unter dem Motto »Aktiv bis 100 – Aufbau von Netzwerkstrukturen zur Umsetzung von Bewegungsangeboten für Hochaltrige am Wohnort«. Die Aktion lief bis Ende 2011. Das Konzept hatte in mehrfacher Hinsicht Modellcharakter, da der DTB im Rahmen seiner Durchführung Synergien bildete (Zusammenarbeit mit dem Deutschen Olympischen Sportbund und dem Bundesministerium für Familie, Senioren, Frauen und Jugend) und gezielt auf die ältere Genration zuging. Das Ziel des Projekts war es, gemeinsam mit Kooperationspartnern aus dem Senioren-, Sozial- und Gesundheitswesen in einem Netzwerk funktionierende Strukturen für die Umsetzung von Bewegungsangeboten für Hochaltrige am Wohnort zu schaffen. Die teilnehmenden Sportvereine konnten nach Abschluss der Aktion auch aus Marketingsicht eine positive Bilanz ziehen. Der Bekanntheitsgrad der Vereine wurde durch Presseberichte über die neuen Angebote gesteigert und ihr Image als »Vereine für alle« gestärkt. Außerdem konnten sie neue aktive Mitglieder gewinnen.

Das soll natürlich nicht bedeuten, dass Sie sich nicht um jugendliche Mitglieder bemühen sollten. Junge Menschen sind Garanten für die Existenz und die Zukunft Ihres Vereins. Sie

- bringen neue Ideen in den Verein und geben ihm so Perspektiven für die zukünftige Weiterentwicklung.
- verfügen über eine moderne Bildung, die in unserer schnelllebigen Zeit immer wichtiger wird. So nutzen zwar auch die älteren Mitglieder inzwischen moderne Kommunikationsformen wie WhatsApp oder Facebook.

Die gesamte Klaviatur der Möglichkeiten wird jedoch vorrangig von den jüngeren Mitgliedern beherrscht.
- sorgen auch für kreative Umgestaltungsprozesse, die mittel- bis langfristig durchaus lebenserhaltende Funktionen für den Verein haben.

Wichtig ist, dass man die Altersgruppen nicht isoliert betrachtet. Es sollte sich keine »junge Abteilung« und keine »alte Abteilung« bilden. Meist ist eine solche Trennung von den Betroffenen auch gar nicht erwünscht. Die ältere Generation ist heute neugierig und neuen Techniken gegenüber aufgeschlossen. Junge Menschen sind gerne bereit, ihr Wissen weitzugeben, lernen aber auch gerne von den Älteren. Hier spielt der Nutzengedanken eine Rolle, den wir bereits angesprochen haben: Die Jüngeren hoffen, dass sie von der Erfahrung der Älteren auch im Beruf profitieren können, was durchaus legitim ist.

Wenn Sie festlegen, welche Altersgruppen Sie in Zukunft ansprechen und erreichen wollen, sollten Sie deshalb Jung und Alt im Blick haben. Ihr Ziel sollte es sein, ein Durchschnittsalter von um die 40 bis 45 Jahre zu erreichen.

Bei der Suche nach neuen Mitgliedern sollten Sie allerdings den Mitgliederbestand nicht vernachlässigen. Er ist das Herz des Vereins – hört es auf zu schlagen, nutzen alle Wiederbelebungsversuche nichts mehr. Darum sollten Sie beim Festlegen des Marketingkonzepts auch die Weiterentwicklung der vereinsinternen Kultur beachten (siehe Kapitel 2.5).

1.3.2.2 Externe Zielgruppen

Darüber, wie Sie neue Mitglieder gewinnen können, haben wir schon in Kapitel 1.3.2 gesprochen. Nun konzentrieren wir uns auf die anderen externen Zielgruppen.

Die breite Öffentlichkeit
Jeder Verein macht nicht nur Angebote für die eigenen Vereinsmitglieder, sondern auch für die Öffentlichkeit. Die einen bieten längerfristige Angebote (Aerobic-Kurse, regelmäßiges »freies Singen« usw.), die anderen »Ein-

maliges« (Konzerte, Lesungen, Preisangeln usw.). Diese Unterschiede spielen für ein Marketingkonzept zunächst keine entscheidende Rolle.

Erst einmal geht es um die Frage, wen Sie mit Ihren Aktionen und Veranstaltungen erreichen wollen. Wer jetzt antwortet »Ich will jeden haben«, dem sei vorausgesagt, dass er scheitern wird. Interessen, Bildungsstand, soziale Komponenten und viele andere Faktoren machen die Zielgruppen aus und müssen bei der Zielgruppenbestimmung beachtet werden. Überspitzt ausgedrückt: Einen Veganer werden Sie nie für ein Grillfest begeistern können. Das Festlegen der Zielgruppen, sollte mit dem Mitgliederbestand und den gewünschten Neuzugängen korrespondieren.

Wichtig !

Wenngleich viele Aktionen eines Vereins helfen sollen, dessen finanzielle Basis zu verbessern, sollte sich der Verein dabei nicht von seiner internen Basis (dem Mitgliederbestand) entfernen.

Die Zielgruppen für Veranstaltungen und Aktionen sollten Sie nach den folgenden Kriterien bestimmen:

Demografische und sozioökonomische Kriterien	Psychografische Kriterien
▪ Geschlecht ▪ Altersgruppe ▪ Einzugsbereich ▪ Familienstand ▪ Bildungsniveau ▪ Beruf	▪ Interessen ▪ Soziale Einstellung ▪ Bedürfnisse

Tab. 2: Kriterien der Zielgruppenbestimmung

Sie werden nicht immer alle in Tabelle 2 genannten Kriterien in Ihrer Zielgruppenbeschreibung berücksichtigen können. Aber: Je genauer Sie sie beschreiben, umso erfolgreicher können Sie weiterplanen. Dabei sollten sie sich auch die folgenden Fragen stellen:

- Wen wollen wir erreichen? Aber auch: Wen wollen wir nicht erreichen?
- Wer passt zum Verein? Wer passt nicht zum Verein?
- Wen überlassen wir gerne anderen Vereinen? Wem würden wir andere Vereine empfehlen.

Diese Gegenüberstellungen mögen im ersten Moment negativ wirken. Aber wer nicht zum Verein passt, muss deshalb kein »schlechter Mensch« sein, und die Empfehlung anderer Vereine sollte nicht erfolgen, um diesen Vereinen zu schaden. Es gibt nun mal eine ganze Reihe von Menschen, die kein Interesse an Ihrem Vereinsangebot haben und deshalb auch nicht gewonnen werden können. Wer diese Gruppen nicht erkennt, wird unnötig Ressourcen – auch finanzielle – verschleudern.

! Tipp

Wenn beispielsweise die kommunalen Vereine vernetzt sind, sollten Sie versuchen, eine zentrale Ansprechstelle für alle Vereine aufzubauen, die Interessenten den für sie richtigen Verein empfiehlt. Eine schwierige Aufgabe, die sich aber letztlich für alle Beteiligten lohnt.

Sponsoren

Es gibt wohl kaum einen Verein, der nicht zusätzliche Sponsoren gewinnen möchte. Doch wie bereits beschrieben müssen die Vereine hierfür ein Angebot schaffen, das den Sponsoren auch einen echten Nutzen bietet. An dieser Stelle müssen Sie auch bereit sein, zunächst ohne konkreten wirtschaftlichen Erfolg für den Verein zu arbeiten. Hierzu ein Beispiel:

! Beispiel: Angebot mit echtem Nutzen für Sponsoren schaffen

Ein regionaler Fußballverein veranstaltete seit einigen Jahren ein großes Pfingstjugendturnier, das jedoch von der Öffentlichkeit kaum beachtet wurde. Deshalb hat sich der Vorstand des Vereins dafür entschieden, die Werbung für das Turnier zu erweitern und einen Flyer (sechs Seiten DIN A4) in einer Auflage von 10.000 Exemplaren über eine professionelle Verteilfirma verteilen zu lassen. Da der Verein dem Handel ein klares, wirtschaftlich interessantes Angebot machen konnte (keine Farbzuschläge, Verteilung im Einzugsbereich des Handels, durch die gewerbliche Verteilung mit der Garantie, dass die Werbung auch ankommt usw.), gelang es, die Kosten für den Flyer durch die Sponsoren zu decken. Im Folgejahr konnte bereits ein achtseitiger Flyer verteilt werden. In absehbarer Zeit wird der Verein mit dem Flyer nicht nur Öffentlichkeit erreichen, sondern auch »Geld verdienen«.

Gerade bei Sponsoren gilt der Grundsatz, dass es nicht um das geht, was der Verein gut findet, sondern um das, was den Sponsoren nutzt. Darum können auch nur Vereine mit einem positiven Image erfolgreich Sponsoren werben. Hier greifen Öffentlichkeitsarbeit und Werbung ineinander.

Andere Förderer

Neben den Sponsoren, die Vereine finanziell unterstützen, gibt es auch Förderer, die Vereinen ideell beistehen. Hier handelt es sich um ein Feld, das äußerst sensibel bearbeitet werden muss. Wir sprechen in diesem Zusammenhang beispielsweise von den Honoratioren einer Stadt, von deren gutem Ruf ein Verein profitieren kann. Umgekehrt können Vereine aber auch dazu beitragen kann, das Image eines Unterstützers zu verbessern. Die Gefahr, die hierbei besteht, ist, dass die Zusammenarbeit öffentlich als »Kumpanei« oder im Extremfall sogar als »Mauschelei« empfunden beziehungsweise ausgelegt wird. Darum sollten Sie im Umgang mit solchen Förderern äußerst vorsichtig vorgehen.

Wenn Sie (potenzielle) Förderer zu Veranstaltungen einladen, dürfte das kein Problem sein. Wenn aber beispielsweise ein politischer Mandatsträger auf einer Ihrer Veranstaltungen spricht, sollten auch die Vertreter der anderen Parteien, die im Stadt- oder Gemeinderat vertreten sind, zu Wort kommen. Während Wahlkampfzeiten sollten Sie ganz auf Auftritte von politischen Größen verzichten.

Auch bei religiösen Würdenträgern sollten Sie auf den Proporz achten, es sei denn, Ihr Verein ist klar religiös geprägt und steht in direkter Verbindung mit einer Kirche oder einer vergleichbaren religiösen Einrichtung.

Die Medien

Die Medien spielen eine zentrale Rolle im Marketingmanagement eines Vereins. Sie sind die Mittler, die den Verein in die Öffentlichkeit bringen. An dieser Stelle sprechen wir bewusst von Medien, denn es geht auch bei kleineren Vereinen nicht mehr nur um die (Lokal-)Zeitung. Neben Funk und Fernsehen spielen auch die Internetmedien eine immer wichtigere Rolle in der Öffentlichkeitsarbeit von Vereinen. Der Medienarbeit werden wir deshalb in diesem Buch noch breiten Raum einräumen.

1.3.3 Ein erster Marketingplan

Sie haben nun festgestellt, wo sich Ihr Verein befindet, und bestimmt, welche Zielgruppen in den kommenden Monaten oder Jahren im Fokus Ihrer Bemühungen stehen. Nun geht es darum, einen Marketingplan zu entwickeln. Grundsätzlich gibt es für Vereine zwei unterschiedliche Pläne. Zunächst entwickeln Sie einen langfristigen Plan, in dem Sie festlegen, wie Ihr Verein in weiter Zukunft aussehen soll. Dabei geht es um eine Vision dessen, was Sie in einem Zeitraum von fünf, sechs oder auch zehn Jahren erreichen wollen. Wir nennen diesen langfristigen Plan deshalb auch »Die Vision«. Übrigens gibt es solche »Visionen« als Zielbeschreibungen in vielen Unternehmen. Hier ein Beispiel, wie solch eine Vision aussehen kann:

! **Beispiel: Vision**

In X Jahren stelle ich mir unseren Verein so vor:

Mitgliederzahlen	Die Mitgliederzahlen sollen sich gegenüber heute um mindestens 50% gesteigert haben.
Interne Vereinskultur	Die Mitglieder sind frei und reden offen über alle Fragen. Sie sind tolerant gegenüber ihren Mitmenschen und Vereinskameradinnen und -kameraden. Die Vereinsmitglieder sind untereinander hilfsbereit und knüpfen über das Vereinsleben hinaus Kontakte mit den anderen Mitgliedern. Sie bekennen sich zu den Zielen des Vereins und sind stolz darauf, in ihm Mitglied zu sein.
Bild des Vereins nach außen	Der Verein und seine Ziele sind in der Öffentlichkeit angekommen. Der Verein wird als wichtig für das Gemeinleben anerkannt. Es wird erkannt, was der Verein der Allgemeinheit gibt und die Allgemeinheit ist offen gegenüber den Anliegen des Vereins.
Spender und Sponsoren	Aufgrund der Wertschätzung des Vereins in der Öffentlichkeit etabliert sich der Verein für die Sponsoren als für sie lukrativer Werbeträger. Spender wissen, dass ihre Gelder zweckentsprechend verwendet werden. Sponsoren und Spender werden vom Verein betreut und regelmäßig über die Arbeit des Vereins informiert.

Eine solche Vision ist wichtig, um eine langfristige Zielsetzung vor Augen zu haben. Auf ihrer Grundlage können Sie einen Aktions- und Marketingplan entwickeln, mit dem Sie diesen Zielen näherkommen. Es empfiehlt sich, einen solchen Plan immer für zwei Jahre zu erstellen und jährlich zu überarbeiten. Nach einem Jahr stellen Sie beispielsweise fest, dass Sie im Bereich der Mitgliedergewinnung die für das Jahr gesetzten Ziele noch nicht erreicht haben, während die Maßnahmen im Rahmen der »internen Vereinskultur« besser gefruchtet haben, als Sie angenommen haben. Nun können Sie für das zweite Jahr Ressourcen aus dem Bereich der internen Vereinskultur abziehen und dafür im Bereich der Mitgliedergewinnung investieren.

Auf keinen Fall sollten Sie das Thema »interne Vereinskultur« ganz abhaken. Das Erreichte muss auch erhalten und gepflegt werden. Darum müssen Sie auch in diesem Bereich weiterarbeiten – wenn auch nicht mehr mit dem gleichen Aufwand wie zuvor.

Nachdem Sie das zweite Jahr des ersten Plans überarbeitet haben, entwickeln Sie die Maßnahmen für das dritte Jahr. Der nächste Marketingplan besteht also zur Hälfte aus dem überarbeiteten zweiten Jahr des ersten Plans und zur Hälfte aus dem folgenden, neu entwickelten Jahr.

1.3.3.1 Die Ressourcen

Alle Maßnahmen und Aktionen erfordern Einsatzbereitschaft, Zeit und Geld. Diese Komponenten greifen so ineinander, dass, wenn eine ausfällt, das gesamte Projekt ins Wanken gerät und wahrscheinlich scheitert.

Die Einsatzbereitschaft der Mitglieder ergibt sich nicht zuletzt aus der internen Vereinskultur. Nur, wer gerne im Verein ist, ist auch bereit, sich an Aktionen und Aktivitäten zu beteiligen. Wichtig ist dabei aber auch, dass die Mitglieder Aufgaben übernehmen, denen sie auch gewachsen sind.

»Zeit« wird immer eine hart zu knackende Nuss sein, zumal die meisten Vereine über einen relativ kleinen »harten Kern« an Mitgliedern verfügen, die aktiv an der Vereinsarbeit mitwirken. Dieser Umstand wird häufig bemängelt, aber an der Situation lässt sich meist nicht viel ändern. Hierauf gehen wir in Kapitel 2.5 noch näher ein.

Kommen wir nun zum Geld. Dem Autor ist kein Verein bekannt, der mit seiner finanziellen Situation zufrieden wäre. Es muss überall mit dem spitzen Bleistift gerechnet werden. Dabei übersehen Vereine häufig eine ganze Reihe von Finanzierungsmöglichkeiten. Bei der Kommune eine Förderung zu beantragen, ist bei ortsansässigen Vereinen beispielsweise normal. Auf die Idee bei der Landesregierung, beim Bund oder gar bei der EU nach Fördermitteln zu fragen, kommen die meisten Vereine indes nicht. Auch neue Finanzierungskonzepte, wie etwa das »Crowdfunding«, werden nicht ausprobiert, obwohl ein Verein dabei nichts verlieren kann. Deshalb sollte sich jeder Verein überlegen, ob er nicht ein Team bildet, das sich mit alternativen Finanzierungsmöglichkeiten befasst.

Zur Finanzsituation tragen nicht nur Einnahmen bei. Schon der römische Philosoph Marcus Tullius Cicero (106–43 v. Chr.) hat festgestellt: »Sparsamkeit ist eine gute Einnahme.« Nun wird jeder Verein von sich behaupten, dass er äußerst sparsam ist. Doch, wer sich Gedanken macht, wird sicher noch einiges an Sparpotenzial entdecken.

! **Tipp**

Sehr viel sparen können Sie beispielsweise, wenn mit dem Vereinseigentum pfleglich umgegangen wird. Darum sollte hierauf immer wieder mit Aushängen, aber auch mit deutlicher Ansprache hingewiesen werden.

1.3.3.2 Der Marketingplan

Nachdem Sie nun die Vision entwickelt und die Ressourcen analysiert haben, gehen Sie daran, einen Marketingplan zu erstellen, der auch einen Aktionsplan für die nächsten zwei Jahre beinhalten sollte. Im Rahmen dieses Marketingplans geht es aber nicht nur um Aktionen und Aktivitäten. Sie müssen auch grundsätzliche Weichen stellen. Deshalb müssen Sie die folgenden Punkte in den Plan aufnehmen:

- Wie sieht sich der Verein und wie will er gesehen werden? Soll dieses Bild verstärkt oder verändert werden? Bestehen hierzu schriftlich festgehaltene Grundsätze? Wenn nein: Müssen solche Grundsätze entwickelt werden?
- Wie stellt sich der Verein optisch nach außen dar? Gibt es ein einheitliches Erscheinungsbild? Wenn nicht: Muss es entwickelt werden? (Mehr hierzu in Kapitel 3)
- Welche materiellen, finanziellen und personellen Voraussetzungen sind vorhanden beziehungsweise müssen geschaffen werden, um die gesetzten Marketingziele zu erreichen?
- Schließlich: Mit welchen Aktionen und Maßnahmen sollen die Marketingziele erreicht werden? (Der Aktionsplan)

Der Aktionsplan muss auf jeden Fall klare Termine beinhalten. Termine sorgen nämlich dafür, dass ein gewisser Druck entsteht, der die mit dem Projekt beschäftigten Mitglieder und Mitarbeiter dazu antreibt, Aufgaben nicht vor sich her zu schieben. Wir neigen ja alle dazu, Dinge, die wir nicht so gerne machen, auf der berühmten »langen Bank« zu parken. Wissen die Betroffenen aber, dass die Dinge zu einem bestimmten Zeitpunkt fertig sein müssen, werden sie sich auch den eher unangenehmen Aufgaben stellen.

Gleichzeitig ermöglichen es Termine aber auch, Maßnahmen zu kontrollieren. Denn es geht hier nicht nur um den Abschlusstermin einer Maßnahme. Jede Maßnahme sollte aus »Bausteinen« bestehen, die terminiert werden. So können Sie immer sehen, ob alles nach Plan verläuft oder ob Sie irgendwo eingreifen müssen.

Im folgenden Beispiel zeigen wir, wie Sie die einzelnen Maßnahmen festhalten sollten:

! Beispiel: Aktionsplan

Projekt-Nr. 1000	
Bezeichnung der Maßnahme:	»Sing a Song« – Festival des Gesangvereins »Rot-Kehlchen«
Ziel der Maßnahme:	Imagemaßnahme nach außen, Findung neuer Sänger(innen)
Notwendige Maßnahmen (grob) Details in eigenen Maßnahmebeschreibungen.	Raumfestlegung, Werbung, Finanzierung, Programmgestaltung, technische Durchführung, Catering, Betreuung VIPs usw.
Ressourcen	_____ aktive Mitglieder, _____ EUR Finanzmittel
Angestrebtes Finanzziel	Mindestens Kostendeckung
Beginn der Maßnahme (Planung)	
Ende der Maßnahme (nach Durchführung)	
Terminbausteine	Raumfestlegung bis _____ Werbung bis _____ Finanzierung bis _____ Programmgestaltung bis _____ Technische Durchführung bis _____

Wie Sie sehen, ergeben sich aus dieser Vorgabe noch eine Reihe von Unterplänen. Diese erhalten dann die Projektnummern 1100, 1200, 1300 usw. Sollten sich in den einzelnen Bausteinen noch weitere Untermaßnahmen ergeben, versehen Sie diese entsprechend mit den Nummern 1110, 1120 usw. So behalten Sie alles unter Kontrolle.

Um den Überblick zu behalten, sollten Sie außerdem einen großen Wandkalender verwenden, auf dem alle Monate eines Jahres auf einen Blick zu sehen sind. Tragen Sie hier jeweils den Beginn und das Ende Ihrer Aktionen mit unterschiedlichen Farben ein und verbinden Sie diese Punkte mit einer Linie. So können Sie auch immer den Fortschritt der Projekte überwachen.

Die Umsetzung von Aktionen wird detailliert in Kapitel 15 besprochen.

1.3.4 Wer ist für was verantwortlich?

Grundsätzlich ist das Marketing eine zentrale Aufgabe der Vereinsführung, also des Vorstands. Gleichzeitig lebt das Vereinsmarketing aber auch von der Beteiligung möglichst vieler Vereinsmitglieder. Da die Aufgaben zur Umsetzung sehr vielschichtig sind, ist das Einbinden vieler Vereinsmitglieder nicht nur möglich, sondern auch notwendig. Innerhalb des Vorstands sollte es mindestens einen zentralen Ansprechpartner für Marketingfragen geben. Besser noch bilden so viele Mitglieder des Vorstands ein Marketingteam, wie benötigt werden, um den Verein nach außen zu vertreten.

Außerdem sollten für die Umsetzungsphase fünf Arbeitsgruppen gebildet werden:
- Erscheinungsbild nach außen (siehe Kapitel 3),
- Interne Vereinskultur (siehe Kapitel 2),
- PR & Medien (siehe Kapitel 4 bis 10),
- Werbung,
- Veranstaltungen und Aktionen.

1.4 Pläne sind die Basis der Zusammenarbeit

Pläne sind häufig in den Vereinen nicht sonderlich beliebt. Sie sind aber unverzichtbar, wenn die Arbeit der verschiedenen Teams funktionieren soll. Soweit möglich sollten die Pläne mit den Teams gemeinsam entwickelt werden.

Eine zentrale Bedeutung hat natürlich der Finanzplan. Leider werden Finanzpläne in Vereinen häufig nur in sehr grober Form aufgestellt. Am Ende decken die Einnahmen dann nicht einmal die Kosten. Deshalb müssen Sie sehr genau überlegen, wofür Geld ausgegeben werden soll und wie viel Geld eingenommen werden kann. Dabei gilt der Grundsatz, dass die Kosten eher etwas höher und die Einnahmen eher etwas niedriger angesetzt werden sollten. Es hilft Ihnen nicht weiter, wenn Sie sich die Zahlen »schönrechnen«. Am besten beginnen Sie mit einer Grobplanung, die Sie dann immer weiter verfeinern. Vergessen Sie aber nicht, auch hier ein Polster einzuplanen, denn es gibt immer Positionen, die man übersehen hat oder die teurer werden als zunächst veranschlagt.

Ebenso wichtig wie die Finanzplanung ist die Zeitplanung. Sie sollten den Zeitplan möglichst aufstellen, bevor Sie die ersten verbindlichen Vereinbarungen treffen. Denn in den meisten Fällen stellen Sie bei der Terminierung fest, dass Sie den zeitlichen Aufwand unterschätzt haben, sodass angedachte Termine gar nicht gehalten werden können.

Es ist nicht damit getan, einfach zu bestimmen, wann eine Veranstaltung stattfinden soll. Vielmehr geht es darum, die einzelnen Arbeitsschritte, die zur Veranstaltung führen, aufzulisten und deren Zeitbedarf zu klären. Außerdem müssen Sie Puffer einbauen, damit Ihr Zeitplan nicht schon bei den kleinsten Verzögerungen kippt. Wie schon erwähnt: Für eine Veranstaltung mittlerer Größe sollte der Planungszeitraum rund ein Jahr umfassen. Der erste – zunächst noch relativ grobe – Zeitplan wird vom Leitungsteam aufgestellt. Dabei gehen Sie am besten von hinten nach vorne vor. Also vom geplanten Veranstaltungstermin rückwärts. So merken Sie schnell, ob Ihnen genügend Zeit für eine vernünftige Planung zur Verfügung steht.

Danach sollte der grobe Plan in direkter Zusammenarbeit mit den Arbeitsgruppen verfeinert werden. Je genauer der Zeitplan ist, umso besser. Bitte nicht nach dem Motto »Es wird schon irgendwie klappen« vorgehen. Besser eine Aktion verschieben als sie improvisiert präsentieren zu müssen, weil Sie aus der Terminfalle nicht mehr herauskommen.

38

1.5 Veranstaltungen durchführen und nachbereiten

Auf die Durchführung von Veranstaltungen gehen wir in Kapitel 15 noch detailliert ein. An dieser Stelle sei aber schon darauf hingewiesen, dass Sie auch hier den personellen Aufwand nicht unterschätzen dürfen. Leider kommt es immer wieder vor, dass die Durchführung einer Veranstaltung an einigen wenigen Mitgliedern hängenbleibt, die dann vollkommen überlastet sind und die Veranstaltung irgendwie »über die Bühne bringen«. Das Ergebnis ist dann eine Aktion, nach der alle unglücklich beziehungsweise unzufrieden sind. So wird es immer schwieriger, Mitglieder dafür zu gewinnen, bei Veranstaltungen mitzuarbeiten.

Der Mindestbedarf an Personal für die Durchführung einer Veranstaltung ergibt sich aus den folgenden Aufgaben:
- Einweisung von Gästen (Parkplatzverwaltung, Sitzplatzzuweisung usw.),
- Kassendienst (jede Kasse sollte immer mit mindestens zwei – besser drei – Personen besetzt sein),
- VIP-Betreuung,
- Betreuung der Akteure (Redner, Künstler usw.),
- Technik (je nach Aufwand Licht und Ton getrennt),
- Sicherheit (Koordination Security, Sanitätsdienst, Feuerwehr usw.).

Häufig vernachlässigt wird die Nachbereitung einer Veranstaltung. Sie besteht zunächst aus einem Treffen derer, die aktiv an der Veranstaltung teilgenommen haben, also den Mitgliedern der verschiedenen Teams. Sie hatten die meiste Arbeit und konnten von der Veranstaltung letztlich nur sehr wenig selbst erleben (das gilt insbesondere für die Helferinnen und Helfer während der Veranstaltung). Ein solches Treffen hilft dabei, auch für weitere Aktionen genügend Hilfskräfte zu finden.

> **Wichtig** !
>
> Mit dem Nachbereitungstreffen bedanken Sie sich primär bei den Aktiven. Später sollte noch eine »Manöverkritik« erfolgen, die von den Teamleitern durchgeführt wird.

Die »Manöverkritik« umfasst eine genaue Analyse des gesamten Projekts. Dabei sollten Sie nicht nur die negativen Punkte berücksichtigen. Deshalb lauten die Fragestellungen für alle Nachbereitungen:

- Was hat besonders gut funktioniert? Diese Punkte sollten Sie notieren, damit Sie in Zukunft an ihnen festhalten können.
- Was hat zwar funktioniert, könnte aber noch verbessert werden? Hier bleibt es beim Grundkonzept, das ebenfalls schriftlich festgehalten wird. Das Grundkonzept wird allerdings um die besprochenen Maßnahmen ergänzt beziehungsweise entsprechend angepasst.
- Was hat nicht funktioniert? Warum nicht? Wie kann das in Zukunft vermieden werden?

Die Ergebnisse der »Manöverkritik« bilden die Basis für folgende Projekte. Auf diese Weise wird das Veranstaltungsmanagement zu einem permanenten Lernprozess.

2 Der wichtigste Kommunikator: das Mitglied

Wenn Sie sich mit kommerziellen Werbefachleuten unterhalten, werden diese – wenn auch aus geschäftlichen Gründen nach einigem Zögern – einräumen, dass es keine bessere Werbung gibt, als die sogenannte Mund-zu-Mund-Propaganda. Das Lob am Stammtisch oder die Empfehlung der Nachbarin bringt mehr, als mancher Flyer oder Werbespot. Denn hier erhält man Informationen von Menschen, denen man vertraut.

Für den Verein ist deshalb das Mitglied der wichtigste Kommunikator in der Öffentlichkeitsarbeit. Sie können noch so viele Außenkontakte knüpfen – sie werden nichts bringen, wenn sich die eigenen Mitglieder negativ über den Verein äußern. Darum sollte sich jeder Verein darum bemühen, für eine positive Resonanz durch die eigenen Mitglieder zu sorgen. Wir sprechen hier von der internen Vereinskultur.

2.1 Bedeutung der Gemeinschaft

Vor dem Hintergrund der »Mund-zu-Mund-Propaganda« der eigenen Mitglieder spielt die Gemeinschaftspflege eine besonders wichtige Rolle. Gemeinschaftspflege klingt in diesem Zusammenhang eher hausbacken und ein wenig verstaubt, so als sei dies nur etwas für ältere Vereinsmitglieder. Aber auch junge Menschen suchen die Gemeinschaft – sehen Sie sich einmal die großen Festivals wie »Rock am Ring« oder »Nature One« an. Selbst die Hersteller von Computer- oder Onlinespielen haben dies erkannt. Sie entwickeln wieder verstärkt Spiele, bei denen die Teilnehmer zusammen in einem Raum sitzen.

Allerdings haben die Generationen unterschiedliche Formen, wie sie Gemeinschaft erleben wollen. Dies sollten Sie entsprechend berücksichtigen. Hier stehen Sie allerdings vor einem nicht ganz einfachen Spagat. Denn Sie dürfen Ihren Verein nicht generationsmäßig spalten. Doch auch bei den Generationen selbst hat sich einiges verändert: Die »Alten« sind heute viel

41

länger jung und agil, während die Jugend einen viel weiteren geistigen Horizont als früher hat. Dadurch ergeben sich viele Schnittmengen, die eine Gemeinschaft von Jung und Alt ermöglichen.

Ein lebendiges Beispiel für nicht nur generationsübergreifende Veranstaltungen ist das Heavy-Metal-Spektakel im beschaulichen Wacken. Hier treffen sich 70 bis 80.000 Musikfans zu ihrem Festival – wobei weder das Alter noch der soziale Stand eine Rolle spielt. Eröffnet wird dieses Festival der härtesten Heavy-Metal-Bands von der Feuerwehrkapelle des Orts. Ein schönes Beispiel für gelebte Toleranz.

Es stimmt übrigens nicht, dass die jüngere Generation kein Interesse hat, sich freiwillig zu engagieren. Nach dem bereits angesprochenen Deutschen Freiwilligensurvey von 2014 (aktuellere Zahlen liegen derzeit nicht vor) sind im Durchschnitt 43,6 % der Bevölkerung freiwillig aktiv. 46,9 % der Jugendlichen zwischen 14 und 29 Jahre sind ehrenamtlich tätig, fast genauso viele wie die größte Gruppe (30 bis 49 Jahre mit 47 %), die man heute auch nicht zu den »Alten« zählen sollte.

Wenn Sie also die Ziele festlegen, die Ihr Verein mittel- und langfristig erreichen soll, vergessen Sie nicht, die eigene Vereinsgemeinschaft zu analysieren und auch hierfür die Weichen für die Zukunft zu stellen.

Eine Vereinsgemeinschaft ist optimal aufgestellt, wenn die Kontakte der Mitglieder über das Vereinsleben hinausgehen. Wo sich Freundschaften bilden und Interessengemeinschaften auch außerhalb des Vereins entstehen, lebt der Verein aus sich heraus und wird von seinen Mitgliedern ganz sicher äußerst positiv bewertet.

Ein wichtiger Aspekt wird in diesem Zusammenhang häufig übersehen oder unterschätzt. Mitglieder, die sich im Verein wohlfühlen, sind eher bereit, auch ehrenamtlich tätig zu werden. Diese ehrenamtliche Tätigkeit der Mitglieder wiederum ist nicht nur »die Seele« jedes Vereins, sie hat auch eine materielle Komponente. Durch das Ehrenamt können die Kosten im Verein gesenkt werden.

2.2 Aufgabe des Vorstands

Die Pflege der Vereinsgemeinschaft ist eine so wichtige Aufgabe mit einem so hohen Stellenwert, dass der Vorstand sie als eine seiner zentralen Aufgaben ansehen sollte. Vorstandsmitglieder sollten sich nicht durch ihre Arbeit vom »gemeinen Vereinsvolk« entfernen, sondern dessen Nähe suchen und die internen Aktionen aktiv begleiten. Bei größeren Vereinen sollten Sie überlegen, ob Sie nicht ein Vorstandsmitglied zum Mitgliederpartner ernennen (klingt freundlicher als Mitgliederbeauftragter). Er ist dann der zentrale Ansprechpartner für die Vereinsmitglieder und kümmert sich auch um ein aktives Vereinsleben.

Das heißt aber nicht, dass sich damit die anderen Vorstandsmitglieder aus der Aufgabe verabschieden können. In diesem Zusammenhang ist interne Transparenz besonders wichtig. Vereinsmitglieder sollten soweit wie irgendwie möglich über die Entscheidungen des Vorstands und vor allem über deren Gründe informiert werden. Auf der einen Seite steigert dies das Selbstwertgefühl des Mitglieds (»Ich bin wer im Verein«) und auf der anderen Seite ist das Mitglied so in der Lage, außerhalb des Vereins auf Äußerungen so zu reagieren, dass es dem Verein nutzt oder zumindest nicht schadet.

Zur Information der Mitglieder gehört also nicht nur, dass der Vorstand Entscheidungen gefällt hat, sondern auch, warum er sie gefällt hat. So bekommt das Mitglied Argumentationshilfen, wenn sich in der Öffentlichkeit jemand negativ über den Verein oder eine Entscheidung des Vorstands äußert. Soweit möglich, sollten auch anstehende Entscheidungen im Verein diskutiert werden. Je transparenter ein Verein intern arbeitet, umso lebendiger wird die Vereinsarbeit und umso engagierter werden seine Mitglieder intern und extern auftreten.

Wichtig !

Es entstehen immer wieder Situationen, in denen der Vorstand nicht alle Informationen weitergeben kann, weil auch auf externe Partner Rücksicht genommen werden muss (Öffentliche Hand, Vertragspartner usw.). Dann sollte man gegenüber den Mitgliedern aber zumindest die Information weitergeben, dass man hier in einer schwierigen Situation ist, über die man derzeit nicht sprechen kann – auch, um die Mitglieder vor unbedachten Äußerungen in der Öffentlichkeit zu schützen.

Zur Information der Mitglieder sollten Sie auch moderne Kommunikationsmittel nutzen. So können Sie Ihre Mitglieder heute schnell und relativ einfach über einen Newsletter informieren. WhatsApp erlaubt es Ihnen, Gruppen anzulegen, und auch über die Internetseite Ihres Vereins oder über Facebook können Sie allgemeine Informationen weitergeben. Bei den letztgenannten Kommunikationsmitteln sollten Sie jedoch darauf achten, dass Sie keine Informationen verbreiten, die nicht auch für die breite Öffentlichkeit bestimmt sind, beziehungsweise die Verteiler und Informationen so absichern, dass ein unbefugter Zugriff nicht möglich ist.

2.3 Das gesellige Moment nicht unterschätzen

Obwohl sich die Ansprüche an Vereine in den letzten Jahren verändert haben, gehört das gesellige Moment immer noch zu den tragenden Säulen des Vereinslebens. Selbst in Bürgerinitiativen, die sich wichtigen und ernsten Aufgaben stellen, sollte das gemeinsame Zusammensein nach einer Besprechung zum festen Bestandteil der internen Vereinsaktivitäten gehören.

Gerade in diesen »geselligen Runden« können auch kritische Fragen bezüglich des Vereins besprochen und aus einem anderen Blickwinkel betrachtet werden. Allerdings sollten Sie, wenn solche Themen angegangen werden, darauf achten, dass keine unnötigen Spannungen unter den Vereinsmitgliedern entstehen. Eine nicht zu unterschätzende Gefahr ist in diesem Zusammenhang der Alkoholkonsum einiger Mitglieder.

2.4 Streicheleinheiten gehören dazu

Häufig stellen Vereine die Frage, ob Mitgliederehrungen noch zeitgemäß sind. In diesem Zusammenhang sollten Sie nicht unterschätzen, dass diese »Streicheleinheiten« zum Vereinsleben gehören. Auch wenn viele Mitglieder gerne behaupten, dass sie auf so etwas keinen Wert legen, erwarten sie doch, dass ihnen auf die eine oder andere Weise für ihren Einsatz gedankt wird. Hierzu gehört auch die Ehrung für besondere Einsätze oder für langjährige Treue zum Verein.

Es stellt sich also nicht die Frage, ob die Ehrung noch zeitgemäß ist, sondern vielmehr, ob die Form, in der sie stattfindet, noch dem Zeitgeist entspricht. Meist laufen solche Ehrungen immer nach demselben Schema ab: Der Jubilar wird vorgestellt, eine kleine Laudatio, eine Urkunde – und das war es. Eigentlich ein bisschen wenig. Außerdem weckt diese Form der Ehrung nicht unbedingt das Interesse der Öffentlichkeit. Gestalten Sie die Ehrung doch einmal anders – und werben Sie damit auch für Ihren Verein.

Die Mitglieder, die beispielsweise schon viele Jahre dem Verein dienen, haben in dieser Zeit einiges erlebt. Schönes, Kurioses, Trauriges. In ihrem Vereinsleben spiegelt sich auch die Geschichte des Vereins wider. Das sollten Sie sich zunutze machen. Stellen Sie eine bunte Show zusammen, in der der Jubilar mit seinem Vereinsleben überrascht wird. Erzählen Sie die Geschichte des Vereins und zeigen Sie dabei auf, wie das Mitglied den Verein mitgeprägt und mitgestaltet hat.

Um ein solch buntes Programm zu gestalten, reicht es nicht aus, einige Bilder aus dem Archiv zu kramen und an die Wand zu werfen. Sie brauchen vielmehr ein Konzept. Ein Gesangverein sollte beispielsweise die alten Lieder, die zu Beginn der Vereinstätigkeit des Jubilars gesungen wurden, rauskramen und in der Originalkleidung der jeweiligen Epoche zu Gehör bringen. Anekdoten, die sich eigentlich um jeden Jubilar ranken, sollten in kleine Sketche gefasst werden, die dazwischen präsentiert werden. So wird das Programm auch für die Presse interessanter – es gibt gute Motive, die sich für eine Veröffentlichung eignen.

Außerdem können Sie jeden Abschnitt der »Zeitreise« mit einer Tanzeinlage einläuten, vom Charleston bis zum Breakdance. So erhalten Sie einen bunten Rahmen, in den Sie beispielsweise auch die Kinder- und Jugendgruppen des Vereins einbinden können. Versuchen Sie aber Ausreden für die Gruppen zu finden, damit niemand verrät, was eigentlich geplant ist – der Jubilar soll ja nichts merken.

Ein absoluter Höhepunkt ist es natürlich, wenn es Ihnen gelingt, Überraschungsgäste für die Veranstaltung zu gewinnen. Vielleicht können Sie einen ehemaligen Vereinskameraden ausfindig machen und zur Feier einladen, mit dem der Jubilar seinerzeit eng befreundet war, der dann aber verzogen ist.

Bei einem Sportler gibt es vielleicht noch die eine oder andere Anekdote bezüglich der Auseinandersetzung mit einem Schiedsrichter. Wenn diese Auseinandersetzung im Laufe der Zeit eher lustige Züge angenommen hat, könnten Sie auch diesen Schiedsrichter einladen.

Sie sollten natürlich keine Personen einladen, die während der Ehrung einen Eklat provozieren könnten. Hier ist Fingerspitzengefühl gefragt. Denn, wenn es irgendwie möglich ist, sollte der Jubilar vorher nicht informiert werden.

Vorsicht ist auch geboten, wenn es um eine ehemalige Partnerin oder einen Ex-Partner geht. Ist die zu ehrende Person verheiratet, sollte man vorher mit dem Partner sprechen – nicht, dass hier vielleicht doch noch alte Wunden aufgerissen werden.

Was früher mal eine lockere Unterhaltung war, nennt sich heute »Talkshow«. Dieses Element eignet sich hervorragend als »Roter Faden« für die Ehrung. Allerdings muss der »Talkmaster« gut vorbereitet sein. Er sollte sich im Vereinsleben des Jubilars bestens auskennen und weiterhelfen, wenn der zu Ehrende sich vielleicht an die eine oder andere Sache nicht erinnern kann.

Außerdem muss der »Talkmaster« eine Person sein, die frei reden und improvisieren kann. Das hört sich schwieriger an, als es ist – Sie werden bestimmt den richtigen Mann oder die richtige Frau in Ihren Reihen finden.

Meist erhält der Jubilar auch eine Auszeichnung in Form einer Urkunde oder einer Ehrennadel – vielleicht sogar vom Verband, dem der Verein angehört. Diese Auszeichnung sollte in die »Show« eingebunden werden. So kann man einen »Thron« auf der Bühne aufbauen, auf der der Jubilar als »König des Abends« Platz nimmt. Der Laudator wird dann von einem »Lakaien« des Königs angekündigt.

Passen Sie aber auf, dass die Auszeichnung nicht ins Lächerliche abrutscht. Es muss schon allen Gästen klar sein, dass es sich hier um etwas ganz Besonderes handelt. Die Angelegenheit sollte fröhlich sein – aber nicht albern.

Natürlich soll das Ganze eine Riesenüberraschung für den Jubilar werden. Darum sollten Sie die Vorbereitungen möglichst im kleinen Kreis vorantreiben. Auch hier gilt der Grundsatz, dass Sie mit der Planung gar nicht früh genug anfangen können.

Sie werden nicht umhinkommen, Personen aus dem direkten Umfeld des Jubilars einzubinden. Fotos und anderes Material lassen sich beispielsweise häufig nur über den Partner der zu ehrenden Person beschaffen. In solchen Fällen können Sie nur hoffen, dass das direkte Umfeld »dichthält«.

Natürlich sollten Sie die Presse informieren. Hier reicht aber ein kleiner Hinweis mit der Bitte um Verschwiegenheit im Anschreiben. Dort hat ganz sicher niemand einen Grund, Ihnen und dem Jubilar den Spaß zu verderben.

2.5 Die interne Vereinskultur

Jeder Verein sollte darauf Wert legen, dass das, was er nach außen darstellen will, auch im internen Vereinsleben praktiziert wird. Dabei müssen die internen Leitlinien nicht in schriftlicher Form vorliegen. Sie müssen aber gelebt werden. Es hat sich bewährt, die interne Kultur in einer »Philosophie« zusammenzufassen, die auch als Schild im Clubheim aufgehängt werden kann. Eine solche Philosophie kann beispielsweise lauten:

Beispiel: Interne Vereinskultur　　　　　　　　　　　　　　　　　　　　**!**

Die Mitglieder des Gesangvereins »Sangeslust« e.V. sind den Grundsätzen der Ehrlichkeit, der Toleranz, der Hilfsbereitschaft und der Fairness verpflichtet. Ehrlichkeit bedeutet auch, dass jeder seine Meinung offen und ehrlich sagen kann und soll. Er kann sich dabei auf die Toleranz der anderen Vereinsmitglieder verlassen, die seine Meinung auch respektieren, wenn sie sie nicht teilen. Jeder soll auch auf Missstände hinweisen. Er hat deswegen keine Sanktionen zu befürchten. Toleranz beinhaltet auch, dass die Mitglieder von sich aus die Grenzen der Schmähung des anderen nicht überschreiten und jedes Mitglied als gleichwertigen Partner anerkennen. Alle Mitglieder bilden eine Gemeinschaft, in der jeder gleich viel wert ist. Als Gemeinschaft, in der jeder den gleichen Wert hat, ist es selbstverständlich, dass sich die Mitglieder gegenseitig unterstützen. Diese Hilfsbereitschaft sollte auch über die Grenzen der Gemeinschaft Gültigkeit haben. Die Hilfsbereitschaft muss als Geben und Nehmen verstanden werden.
Zur Fairness gehört es auch, dass man sich gegenseitig auf Fehler hinweist, ohne dabei verletzend zu werden.

3 Das Erscheinungsbild nach außen

Fast alle Vereine haben ein Wappen oder Logo. Aber das wird in den unterschiedlichsten Farben oder Farbschattierungen öffentlich präsentiert. Auch der Namenszug sieht in jeder Veröffentlichung anders aus, prangt in einer anderen Schriftart auf dem Vereinsbus als am Clubheim. Kein Wunder also, dass der Verein nach außen nur schwer erkennbar ist, wenn die grundlegenden Erkennungsmerkmale nicht einheitlich gestaltet sind.

Schauen Sie sich einmal im kommerziellen Bereich um. Da gibt es z.B. ein Quadrat mit dickem, blauem Rahmen. Im Rahmen verläuft ein breiter, blauer Balken von links unten nach rechts oben, der oben und unten abgeflacht ist. Eigentlich nicht gerade aussagekräftig – und doch weiß jeder, der das Zeichen sieht, dass es sich um das Symbol der Deutschen Bank handelt.

Das einheitliche optische Bild nach außen spielt für den Verein eine wichtige Rolle. Wenn beispielsweise ein Verein sehr viel für die Kommune tut, aber nicht erkannt wird, wird er auch nur geringe Unterstützung erfahren und Schwierigkeiten haben, neue Mitglieder und Förderer zu finden.

Der Verein braucht also ein klares Bild nach außen. Im kommerziellen Umfeld spricht man hier vom Corporate Design.

Daneben gibt es auch die »Corporate Identity«. Hier geht es um die inhaltlichen Leitlinien des Vereins – wie verhält der Verein sich intern und wie wirkt er dadurch nach außen. Mit diesem Aspekt wollen wir uns hier aber nicht intensiver befassen, da wir viele Facetten der Corporate Identity bereits in Kapitel 2 besprochen haben.

3.1 Die CD-Elemente

Das Corporate Design wird auch kurz als CD (englisch ausgesprochen »si-di«) bezeichnet. Wir bedienen uns hier auch dieser Abkürzung. Die wichtigsten CD-Elemente sind das Logo, die Vereinsfarben, die Vereinsschrift und eventuell der Slogan beziehungsweise der Claim. Diese Begriffe werden in den folgenden Kapiteln erläutert.

3.1.1 Das Logo

Bei den meisten Vereinen gibt es zumindest ein Element, das immer einigermaßen gleich eingesetzt wird: Das Vereinswappen. Dieses Wappen ist das Logo des Vereins. Vereine, die über kein Wappen verfügen, können sich ein Logo selbst gestalten oder auch gestalten lassen. Dabei sollten Sie auf folgende Regeln achten:

- **Einfach und klar**
  Ein Logo darf kein Bilderrätsel sein. Es muss schnell erkenn- und erfassbar sein. Nehmen wir noch mal das Beispiel der Deutschen Bank. Ein Blick genügt und man weiß, um welches Unternehmen es geht. Dass der schräg verlaufende Balken dynamisch nach oben zeigt, wird der Betrachter zwar unterbewusst wahrnehmen, aber bewusst nimmt er nur die einfache Darstellung wahr.
- **Möglichst wenige Farben**
  Ein Logo sollte nicht zu bunt sein. Auch hier finden Sie die besten Beispiele im gewerblichen Bereich. Kaum ein Logo hat hier mehr als drei Farben. Auch dies hilft, das Logo sehr schnell wahrzunehmen. Beachten Sie hierzu auch die Hinweise in Kapitel 3.1.2.
- **»Graue Farbauswahl«**
  Die Farben sollten so angelegt werden, dass das Logo auch dann noch gut und eindeutig (wieder-)erkennbar ist, wenn es schwarz-weiß oder in Graustufen abgebildet ist.
- **Klare Schrift**
  Falls Schrift im Logo auftaucht, sollte sie klar und ohne Schnörkel sein.
- **Zeitlos**
  Ein Logo sollte nie nach aktuellen Trends gestaltet werden. Sonst könnte es schon nach wenigen Jahren »unmodern« sein und muss geändert werden. Ein Logo sollte aber auf lange Zeit unverändert bleiben.
- **Individuell**
  Das Logo soll in jeder Beziehung einmalig sein. Anregungen können Sie sich gerne bei anderen holen — aber »abkupfern« nimmt dem Logo den

Charakter, den es für den Verein haben soll. Außerdem wäre ein »abgekupfertes« Logo auch eine Urheberrechtsverletzung, die unter Umständen teuer werden kann.

Weil das Logo den Verein auf lange Zeit nach außen vertreten soll, sollten Sie in Erwägung ziehen, einen Grafiker mit seiner Entwicklung zu beauftragen. Das ist allerdings mit nicht unerheblichen Kosten verbunden. Deshalb lohnt es sich auch, im Internet nach Onlineangeboten zu suchen. Tragen Sie hierzu in der Suchmaschine »Vereinslogo erstellen lassen« ein.

3.1.2 Die Vereinsfarben

Ein Verein sollte auch anhand seiner Farben erkennbar sein. Um dies zu gewährleisten müssen Sie immer wiederkehrende Farben definieren, die vom Verein einheitlich verwendet werden. Dabei reicht es nicht aus, zu bestimmen, dass die Farbe Ihres Vereins »grün« sein soll. Es gibt unzählige Grüntöne. Suchen Sie die Vereinsfarbe am besten in einem Grafikprogramm aus. Dort gibt es in der Regel eine Funktion, in der Sie ablesen können, welche Werte die Farbe hat. Zur Farbbestimmung benötigen Sie zwei verschiedene Werte:

- **Für den Druck: die CMYK-Werte**
  Im Druck werden die Farben Cyan (ein Türkiston), Magenta (Farbe der Telekom), Yellow (ein kräftiges Gelb) und Kontrast (Schwarz) gemischt. Die Anteile der jeweiligen Druckfarbe müssen von Ihnen festgelegt werden. Sie können auch sogenannte Sonderfarben aus einem Farbfächer (meist Pantone- oder HKS-Fächer) auswählen. Diese Farben werden dann aber zusätzlich zu den vier Druckfarben verwandt, was den Druck exorbitant teuer macht.
- **Für die Bildschirmdarstellung: die RGB-Werte**
  Im Gegensatz zum Druck werden Farben am Monitor lediglich mit drei Farben (Rot, Gelb und Blau) dargestellt. Auch diese Werte müssen Sie ermitteln und festhalten.

> **! Tipp**
>
> Suchen Sie sich möglichst eine »websichere« Farbe aus, bei der zumindest im Internetbrowser von Microsoft und im Mozilla-Browser Firefox sichergestellt ist, dass Ihre Vereinsfarben auch richtig dargestellt werden. Diese Farben werden als Hexadezimalcode dargestellt (Beispiel: #00ff00). Die ersten beiden Zeichen hinter dem Doppelkreuz stehen für den Rotanteil, es folgen je zwei Zeichen, die für den Anteil von Grün und Blau stehen. Da es nur drei Farbkanäle und sechs Farbwerte pro Kanal gibt, existieren lediglich 216 verschiedene websichere Farben. Allerdings ist auch bei dieser Farbauswahl nicht sichergestellt, dass die Darstellung auf allen Browsern gleich ausfällt, da sich die Anbieter unterschiedlicher Standards bedienen. Lediglich Microsoft und Mozilla konnten sich auf einen gemeinsamen Farbspiegel einigen.

3.1.3 Der Slogan oder Claim

Der Slogan oder Claim ist eine Ergänzung zum Logo. Seine Schriftart, Farbe und Darstellung sollten Sie möglichst in Verbindung mit dem Logo festlegen. Häufig werden die Begriffe »Slogan« und »Claim« synonym verwendet, was aber nicht ganz richtig ist.

Während ein Claim mehr inhaltlich orientiert ist, ist der Slogan eher eine emotionale Aussage. So wäre beispielsweise für einen Fußballverein, der bereits seit über 100 Jahren besteht, »Sportlich fair seit über 100 Jahren« eine inhaltliche Aussage und als Claim anzusehen. Eher emotional wäre dagegen der Slogan »Spaß und Spannung für alle«.

Ein Slogan und/oder Claim ist nicht zwingend erforderlich. Entscheiden Sie sich jedoch für den Einsatz eines zusätzlichen »Spruchs« neben dem Logo, sollten Sie darauf achten, dass er seinerseits »zeitlos« ist, weil er über viele Jahre hinweg mit dem Logo verbunden bleiben soll.

3.2 Die CD-Broschüre

Um auch für die Zukunft immer auf die gleichen Gestaltungsmuster zurückgreifen zu können, sollte jeder Verein eine CD-Broschüre anlegen. In ihr sollten Sie die folgenden Daten erfassen:

- Aussehen des Logos (inkl. Farbangaben – siehe Kapitel 3.1.1).
- Aussehen des Logos in schwarz-weiß. Hier müssen Sie auch die Grautöne festlegen. Grautöne werden in Prozentanteilen von Schwarz angegeben. Diese Prozentanteile können Sie ebenfalls leicht mithilfe eines Grafikprogramms ermitteln.
- Standort und Größenfestlegung des Logos auf den Vereinsdrucksachen, auf Schildern und anderem (z. B. Vereinsfahrzeug, Clubheim usw.).
- Vereinsfarbe(n) als RGB- und CMYK-Werte.
- Einsatz der Vereinsfarben (z. B.: Vereinsfahrzeuge erhalten zwischen dem unteren und mittleren Drittel der Fahrzeughöhe – vom Boden gemessen – einen mindestens x Zentimeter und höchstens x Zentimeter breiten rundumlaufenden Streifen im Farbton – Angabe in CMYK).
- Eventuell Angaben zum Claim oder zum Slogan: Schriftart, Größe, Farbe, Position im Verhältnis zum Logo (z. B.: Schriftart »Anke print«, Höhe des ersten Buchstabens ca. 20 % der Höhe des Logos, beginnend in der Mitte unter dem Logo mit einem Abstand von 15 % der Logohöhe, nach rechts im Winkel von x Grad ansteigend).
- Festlegung einer Vereinsschrift, in der die Korrespondenz geführt wird (z. B.: Schrifttyp: Calibri, 12 Punkt – die 12 Punkt beschreibt die Schrifthöhe – Zeilenabstand 116 %).

Auch wenn es manchmal gestelzt wirkt: Umschreibungen sind besser als konkrete Maßangaben. Wenn Sie beispielsweise festlegen, dass das Logo auf einem DIN-A4-Blatt einen Abstand von 20 mm vom rechten und 20 mm vom oberen Rand haben soll, müssten Sie diese Angaben auch für alle anderen DIN-Formate ermitteln. Einfacher ist dann eine Beschreibung wie im folgenden Beispiel:

Beispiel: Position des Logos !

Auf allen DIN-Papieren steht unser Logo rechts oben und hat eine Breite von einem Zehntel der Blattbreite. Das Logo hat einen Abstand vom rechten und oberen Rand, der 50 % der Logobreite entspricht.

4 Das PR- und Medienteam

Bei PR- und Öffentlichkeitsarbeit denken die meisten an Printmedien (Zeitungen, Zeitschriften). Deshalb wird in vielen Vereinen immer noch vom »Pressewart« oder »Pressesprecher« gesprochen. Doch die PR ist eben keine Abkürzung für Presse, sondern steht für »Public Relations«, was im weitesten Sinne »Öffentlichkeitsarbeit« bedeutet. Eine zentrale Aufgabe stellt dabei der Umgang mit den Medien dar, sodass es eigentlich besser wäre, vom »Medienmanager« zu sprechen. Der Medienmanager agiert auf den folgenden Feldern:

- klassische Printmedien (Tageszeitungen, Fachzeitschriften, Mitteilungsblätter usw.),
- Funk und Fernsehen (durch die Digitalisierung gibt es immer mehr kleinere, lokal oder regional ausgerichtete Radio- und Fernsehsender, sodass dieses Gebiet auch für kleinere Vereine immer interessanter wird),
- klassische Informationsangebote des Vereins (Flugblätter, Flyer, Plakate, Festschriften usw.)
- digitale Informationsangebote des Vereins (Newsletter, Internetseite, Blog, WhatsApp usw.)
- soziale Netzwerke (Facebook, Instagram, Twitter, YouTube, Google+ usw.).

Der Medienmanager bedient sich dieser Medien auf der einen Seite, um die Öffentlichkeit über den Verein zu informieren (klassische Pressearbeit, die aber auch anderen Medien angeboten wird), und auf der anderen Seite, um sie als Werbekanäle zu nutzen.

Wie Sie sehen, hat der Medienmanager ein riesiges Feld zu bearbeiten. Diese Aufgabe kann ein einzelnes Vereinsmitglied unmöglich alleine bewältigen. Hierfür brauchen Sie ein »Medienteam«, auf dessen Mitglieder Sie die einzelnen Aufgabengebiete verteilen können.

Erweitern Sie das Aufgabenfeld von der reinen Medienbetreuung auf die gesamte PR-Arbeit, kommen auf dieses Team noch weitere zentrale Aufgaben zu. Es entwickelt dann auch Ideen für öffentlichkeitswirksame Aktionen und Veranstaltungen und sorgt für deren Terminierung, Koordinierung und Realisierung. Um hierin erfolgreich sein zu können, benötigt das Team noch weitere Fähigkeiten – müsste also letztlich noch erweitert werden.

! **Tipp**

Sämtliche Aktionen und Veranstaltungen werden natürlich nur nach Einbindung in den Marketing- beziehungsweise Aktionsplan umgesetzt.

Allerdings kommen Vereine schnell an ihre Kapazitätsgrenzen, wenn es darum geht, Vereinsmitglieder in die aktive Arbeit einzubinden. Berufliche und familiäre Verpflichtungen und auch Interessen in anderen Bereichen außerhalb des Vereins, führen dazu, dass meist nur wenige Mitglieder zur Verfügung stehen, die diese Aufgaben übernehmen wollen und können. Hier bleibt Ihnen nichts anderes übrig, als zunächst die Palette der Aufgaben nur teilweise in Angriff zu nehmen. Es ist beispielsweise besser, die klassischen Printmedien konzentriert zu bearbeiten und die sozialen Netzwerke zu betreuen, als in allen Feldern herumzustochern, ohne zu einem überzeugenden Ergebnis zu kommen.

4.1 Der PR- und Medienmanager

PR-Arbeit ist eine Aufgabe, bei der viel von der Kontaktfähigkeit des Teams abhängt. Nun gibt es aber viele Teilaufgaben, die eher hinter den Kulissen stattfinden. Außerdem wäre für Außenstehende – beispielsweise für Journalisten – verwirrend, wenn sie immer wieder einen anderen Ansprechpartner hätten. Vor diesem Hintergrund ist es unumgänglich, dass die Fäden an einer Stelle zusammenlaufen müssen. Diese Funktion übernimmt der PR- und Medienmanager. Seine Tätigkeit konzentriert sich im Wesentlichen auf vier Bereiche:

- Er fungiert als interner Ansprechpartner für die Mitglieder.
- Er steht Außenstehenden (z.B. Medienvertretern) als Ansprechpartner zur Verfügung.
- Er organisiert und koordiniert die Arbeit des PR- und Medienteams.
- Er stellt für die vorgenannten Gruppen das Bindeglied zum Vorstand dar.

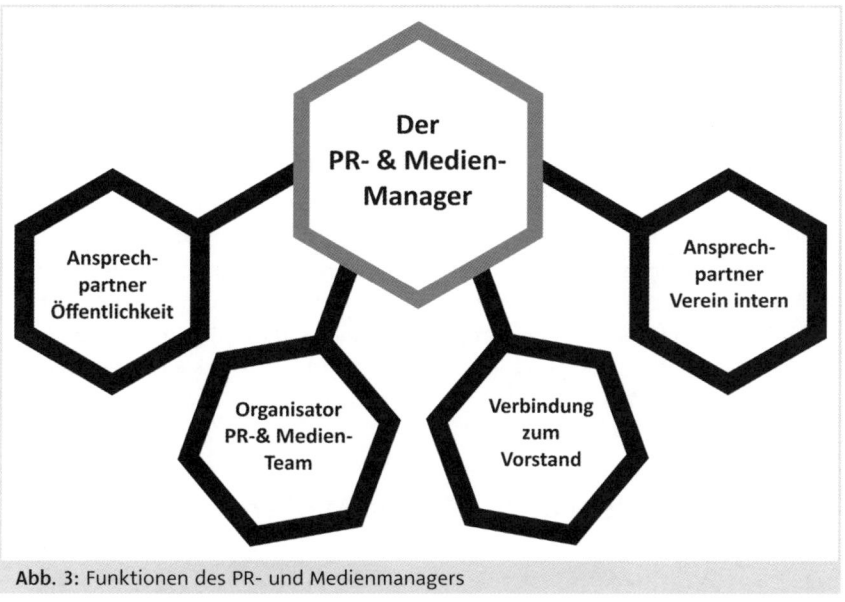

Abb. 3: Funktionen des PR- und Medienmanagers

4.2 Die Stellung des PR- und Medienmanagers in der Vereinshierarchie

Der PR- und Medienmanager sollte immer der erste Ansprechpartner der Medienvertreter (Journalisten) sein. Es gehört zu seinen Aufgaben, direkte Kontakte zu diesen Vertretern aufzubauen (hierauf gehen wir in Kapitel 5 detaillierter ein) und ihnen immer und jederzeit als Ansprechpartner zur Verfügung zu stehen. Seiner Aufgabe kann er also nur gerecht werden, wenn er über alles so umfassend wie möglich informiert wird. Aufgrund der Internetmedien müssen ihn diese Informationen so schnell wie möglich erreichen – nichts ist für einen PR- und Medienmanager peinlicher, als dass er von einem Journalisten erfährt, dass dieser dank Facebook besser informiert ist, als er selbst.

Gleichzeitig muss er aber auch die Kompetenz haben, im Namen des Vereins auftreten zu können. Vor diesem Hintergrund muss der PR- und Medienmanager zumindest einen direkten Draht zum Vorstand des Vereins haben. Vorzugsweise sollte er selbst Mitglied im Vorstand sein. Ist er nicht im Vorstand, muss mindestens ein Vertreter des Vorstands in engem Kontakt zum PR- und Medienmanager stehen und diesen jederzeit über die Vereinsabläufe informieren und ihm im Zweifelfall auch Verhaltensregeln vorgeben, wenn es z. B. zu kritischen Situationen kommt, in denen es besonders wichtig ist, dass der Verein von Anfang an eine klare Position vertritt.

! **Wichtig**

Der PR- und Medienmanager muss über alle Belange informiert sein. Es reicht nicht, wenn er lediglich über die Informationen verfügt, die auch für die Öffentlichkeit bestimmt sind. Denn er muss beispielsweise auch bei Rückfragen von Journalisten richtig reagieren können, was nur mit entsprechenden Hintergrundinformationen möglich ist.

4.3 Nicht jeder ist als PR- und Medienmanager geeignet

Der PR- und Medienmanager steht aufgrund seiner Funktion immer oder zumindest teilweise im Blick der Öffentlichkeit. Darum muss er einige Voraussetzungen mitbringen, um seiner Aufgabe gerecht werden zu können. Zunächst muss er in der Öffentlichkeit einen guten Leumund haben. Nur wenn der PR- und Medienmanager allgemein vertrauenswürdig ist, werden ihm auch die Medien vertrauen.

Außerdem muss er frei sprechen können. Dabei geht es nicht um »Vielsprecher«. Wer aber Probleme hat, ein Statement in klaren, zusammenhängenden Sätzen abzugeben, ist für die Position des PR- und Medienmanagers nicht geeignet.

Das, was der PR- und Medienmanager von sich gibt, muss Hand und Fuß haben. Er muss sich auch im Klaren darüber sein, welche Konsequenzen seine Aussagen haben. Sie müssen sich immer vor Augen führen, dass der PR- und Medienmanager der Repräsentant des Vereins ist – noch vor dem ersten Vorsitzenden. Damit wird die Position des ersten Vorsitzenden nicht untergraben. Im Gegenteil: Der PR- und Medienmanager hält ihm den Rücken frei, sodass er sich auf seine Aufgaben innerhalb des Vereins konzentrieren kann.

Tipp !

Aufgrund seines umfassenden Wissens über die Vereinsinterna muss ein PR- und Medienmanager auch wissen, wann er zu schweigen hat. Er muss also mit den Informationen, die ihm anvertraut werden, äußerst verantwortungsbewusst umgehen – auch gegenüber den eigenen Vereinsmitgliedern.

Was für das Reden gilt, gilt auch für das Schreiben. Der PR- und Medienmanager muss eine Pressemeldung oder einen Artikel schreiben, aber auch einen Werbetext für einen Flyer verfassen können. Wie man das macht, erfahren Sie im weiteren Verlauf dieses Buchs (siehe insbesondere Kapitel 6.2). Er muss die Dinge mit klaren, kurzen Sätzen auf den Punkt bringen. Es gibt sicher eine ganze Reihe von Mitgliedern, die »schöne Geschichten« schreiben können. Dies prädestiniert sie aber nicht zum PR- und Medienmanager eines Vereins.

Wichtig ist, dass dem PR- und Medienmanager klar ist, dass er den Verein vertritt. Mit seiner eigenen Meinung sollte er sich tunlichst zurückhalten. Kommt es zu einer Kollision zwischen der Meinung des Medienbeauftragten und der Meinung des Vereins, muss eventuell ein (anderes) Vorstandsmitglied die Vertretung nach außen übernehmen.

Darüber hinaus sollte der PR- und Medienmanager auch in seinem äußeren Erscheinungsbild nicht allzu bizarr auftreten. Natürlich ist es jedermanns eigene Sache wie er sich beispielsweise kleidet und der Verein kann und darf hier keine Vorschriften machen. Der PR- und Medienmanager soll aber als Vertrauensperson des Vereins auftreten. In dieser Rolle kann eine auffällige Frisur oder Kleidung kontraproduktiv sein. Zugleich ist aber zu beachten, dass der PR- und Medienmanager auch zum Verein passen muss. In Falle einer Hip-Hop-Initiative erwartet die Bevölkerung ein anderes Erscheinungsbild als bei einem Verein der Jagdhornbläser.

Das Alter spielt indes keine Rolle. Sowohl ältere als auch jüngere Mitglieder können durchaus geeignet sein, als PR- und Medienmanager zu fungieren.

4.4 Leitlinien für den PR- und Medienmanager

Im »Vereinsalltag« sollte der PR- und Medienmanager möglichst frei agieren können. In Konfliktsituationen ist der PR- und Medienmanager besonders gefordert. Hier muss er auch kurzfristig Rücksprache mit dem Vorstand halten können und wissen, wer für welche Fragen der richtige Ansprechpartner ist. Jeder Verein sollte für solche Notfälle einen »Krisenplan« bereithalten, zu dem auch Leitlinien für den PR- und Medienmanager gehören. Diese Leitlinien sollten beispielsweise die folgenden Fragen beantworten:

- Wer ist für welche Bereiche der direkte Ansprechpartner (z.B. Jugendarbeit, Finanzen, Sachwerte des Vereins, Behördenkontakte usw.)?
- Zu welchen Themen soll der PR- und Medienmanager nur nach Rücksprache mit dem zuständigen Vorstandsmitglied (je nach Problem auch mit dem gesamten Vorstand) öffentlich Stellung beziehen?
- Wie ist die Vereinsmeinung zu bestimmten Themen, die immer wieder in der Öffentlichkeit zur Sprache kommen?

Die hier genannten Punkte sind nur Mindestanforderungen. Die Leitlinien können – je nach Art des Vereins – auch sehr viel umfangreicher sein. Allerdings sollten sie den PR- und Medienmanager nicht »gängeln«. Sie sollten ihm vielmehr eine Hilfestellung sein.

4.5 Das PR- und Medienmeeting

Für die Arbeit des PR- und Medienmanagers müssen regelmäßige Treffen zwischen Vorstand und PR- und Medienmanager stattfinden. Der PR- und Medienmanager hat eine wichtige und damit starke Funktion innerhalb des Vereins, ist aber kein Entscheidungsträger. Diese Aufgabe ist dem Vorstand als Vertreter der Mitgliederversammlung vorbehalten.

Darum muss der PR- und Medienmanager seine Arbeit eng mit dem Vorstand abstimmen. Dazu gehört nicht nur, dass in Konfliktsituationen schnell Informationen beziehungsweise Stellungnahmen des Vorstands zu ihm gelangen. Es müssen auch Leitlinien entwickelt werden, die sich aus der Vision des Vereins (siehe auch Kapitel 1.3.3) ergeben. Diese Leitlinien müssen über den PR- und Medienmanager intern und extern kommuniziert werden.

Da sich die Bedingungen für den Verein stetig verändern, müssen auch immer wieder Korrekturen der Leitlinien vorgenommen werden. Je häufiger dies geschieht, umso weniger fallen die Korrekturen ins Gewicht: Eine Kurskorrektur ist für die Passagiere leichter zu verkraften als ein Wendemanöver des Schiffs. Darum sollten solche Abstimmungsmeetings mindestens alle sechs Wochen stattfinden.

5 Der Umgang mit den Medien

Es ist normal, dass jeder Verein von sich glaubt, seine Informationen seien die wichtigsten überhaupt. Für die Journalisten und Redakteure der verschiedenen Medien sieht das ganz anders aus. Sie werden tagtäglich mit Informationen bombardiert, die sie gar nicht alle verarbeiten können. In den Redaktionen stehen die Verantwortlichen also immer vor dem Problem, dass sie eine Auswahl treffen müssen. Dabei spielen zunächst rein sachliche Kriterien eine Rolle:

- Ist die Meldung für die Zielgruppe des entsprechenden Mediums interessant? Die Informationen eines lokal oder regional tätigen Vereins sind beispielsweise für ein überregional ausgerichtetes Medium uninteressant, weil sie nur eine kleine Teilmenge der Zielgruppe des Mediums interessieren.
- Ist die Meldung aktuell? Gerade in einer Zeit, in der Informationen via Internet in Bruchteilen von Sekunden übermittelt werden, spielt der Faktor Zeit eine immer wichtigere Rolle. Dabei hängt die Aktualität einer Meldung allerdings von der Art des Mediums ab. Ein Bericht über den Rekord eines Sportteams kann für eine monatlich erscheinende Sportillustrierte noch nach 14 Tagen interessant sein, weil bis dahin noch keine neue Ausgabe erschienen ist. Für eine Onlinezeitung kann eine Meldung aber schon am nächsten Tag nicht mehr aktuell sein.
- Ist die Meldung mediengerecht? Bevorzugt werden Mitteilungen mit Bildmaterial. Fotos sind auch für TV-Sender als Illustrationen für kurze Vorankündigungen interessant. Außerdem werden Meldungen bevorzugt, an denen nicht mehr viel geändert werden muss (siehe hierzu Kapitel 6.2.5).

Doch selbst dann, wenn Sie alle oben genannten Voraussetzungen erfüllen, kann es sein, dass Ihre Meldung nicht berücksichtigt wird. Denn es liegen immer noch mehr Beiträge auf dem Tisch des Redakteurs, als er verwerten kann. Hier entscheiden dann die emotionalen Kriterien. Kennt der Redakteur den PR- und Medienmanager, der ihn informiert, und findet er ihn sympathisch, wird er dessen Meldung bevorzugen. Beiträge, die aus einer Quelle kommen, die der Redakteur nicht persönlich kennt, werden eher hintenangestellt.

Journalisten sind Menschen wie Du und ich (auch wenn sie manchmal etwas anders wirken). Der PR- und Medienmanager sollte deshalb persönliche Beziehungen aufbauen. Bei diesem Kontaktaufbau werden oft schon die größten Fehler gemacht. Darum wollen wir hier auf die häufigsten Fallen beim Kontaktaufbau hinweisen:

- Der Chef ist selten Ihr Ansprechpartner. Wenn Sie sich direkt an den Chef wenden, haben Sie bei dem Journalisten, mit dem Sie später zusammenarbeiten müssen, schlechte Karten, denn er fühlt sich übergangen.
- Journalisten haben selten Zeit. Wenn Sie zur Unzeit anrufen, um Kontakt aufzunehmen, geht das daneben. Sehr schlecht ist es beispielsweise ein oder zwei Stunden vor Redaktionsschluss anzurufen.
- Nicht immer muss es die Redaktion sein. In vielen – insbesondere kommunalen und regionalen – Medien wird die »Arbeit vor Ort« meist von sogenannten »freien Journalisten« übernommen, sodass es Ihnen gar nichts nutzt, wenn Sie mit dem Chefredakteur per Du sind, den »Freien« aber kaum kennen.
- »Schmieren« bringt gar nichts. Die meisten Journalisten mögen es überhaupt nicht, wenn man versucht, sie mit kleinen oder auch größeren »Geschenken« zu beeinflussen. Suchen Sie eine persönliche Ebene, ohne sich anzubiedern.
- Gleichbehandlung ist alles. Die Medien stehen in einem harten Wettbewerb. Darum mögen die Journalisten es gar nicht, wenn andere früher über Informationen verfügen, als sie selbst. Sorgen Sie deshalb von Anfang an dafür, dass alle Journalisten Ihre Informationen gleichzeitig bekommen.

5.1 Der Kontaktaufbau

Bevor Sie sich darum bemühen, einen Journalisten kennenzulernen, müssen Sie herausfinden, wer überhaupt für Ihre Belange zuständig ist. Geht es um eine Lokalzeitung oder um eine regionale Zeitung, ist dies meist einfach, da die zuständigen Redakteure beziehungsweise Journalisten bekannt sind. Hier handelt es sich fast immer um »freie Mitarbeiter«. Sie werden von den Zeitungen nach veröffentlichten Zeilen bezahlt. Meist handelt es sich um Personen, die keine spezifische journalistische Ausbildung haben, aber doch im Stil der Zeitung schreiben können. Häufig erhalten die freien Mitarbeiter ihre Arbeit von der Redaktion zugeteilt, es kann aber auch sein, dass der oder die »Freie« auf eigene Faust schreibt. Es ist also nie verkehrt, wenn man sie direkt anspricht und z. B. zu einer Veranstaltung einlädt. Der Angesprochenen fühlt sich in jedem Fall ernst genommen und wird Ihnen auch gerne den Redakteur nennen, über den die Aufträge verteilt werden.

Muss man Kontakt mit der Redaktion aufnehmen, ist Vorsicht geboten. Es gibt hier das Problem des Anrufs per Unzeit. Gerade bei Tageszeitungen ist es nicht ganz einfach, den richtigen Zeitpunkt zu erwischen. Grundsätzlich ist der späte Nachmittag ein schlechter Zeitpunkt, da die Redakteure dann mit Hochdruck an der Ausgabe des nächsten Tags arbeiten beziehungsweise bei Terminen sind. Der frühe Vormittag fällt auch weg, weil die Arbeitszeit der meisten Redaktionen erst gegen Mittag oder am frühen Nachmittag beginnt.

Am besten wenden Sie sich zunächst an das Sekretariat, um herauszubekommen, wer der richtige Ansprechpartner ist. Schildern Sie in kurzen Sätzen, welche Aufgabe Sie im Verein haben und was Sie in Zukunft der Redaktion zusenden wollen. Man wird Ihnen dann die entsprechende Person nennen. Fragen Sie auch gleichzeitig nach einem günstigen Zeitpunkt für die Kontaktaufnahme.

5.2   Der erste Kontakt

Auf den ersten Kontakt sollten Sie sich gut vorbereiten. Machen Sie sich Notizen, wie Sie sich und Ihren Verein vorstellen wollen. Bedenken Sie dabei, dass Sie sich möglichst kurzfassen sollten. Wichtig ist auch, dass Sie verdeutlichen, dass Sie etwas von Ihrem Gesprächspartner lernen wollen.

Der folgende »Spickzettel« kann Ihnen bei der ersten Kontaktaufnahme helfen:

Spickzettel: Was Sie beim ersten Pressekontakt ansprechen sollten   **!**

- Vorstellung der eigenen Person (Vor- und Nachname, Funktion im Verein – die genauen Kontaktdaten reichen Sie per Mail nach),
- Vorstellung des Vereins (Name, Ziele, bei Traditionsvereinen das Alter, Besonderheiten der jüngeren Vergangenheit, die für die Presse interessant waren),

- Ihr eigentliches Anliegen (Informationen an die Presse geben; die Entscheidung, ob es zu einer Veröffentlichung kommt, bleibt bei der Redaktion),
- Fragen bezüglich der Informationsart (Wie möchte der Journalist Informationen bekommen – per Mail, in einer Cloud, auf CD? Als Textdatei, in einem bestimmten Schrifttyp und einer bestimmten Schriftgröße? Dateiformate und Auflösung von Fotos? Zusätzliche ausgedruckte Informationen erwünscht?).

Wichtig ist, dass Ihr Ansprechpartner mindestens genauso viel »Redezeit« hat, wie Sie. Spielen Sie also nicht den »Alleinunterhalter«, sondern lassen Sie einen munteren Dialog entstehen.

! Wichtig

Machen Sie sich während des Gesprächs Notizen. Bei einem persönlichen Gespräch unterstreicht das Ihr Interesse. Außerdem helfen die Notizen bei der Nachbereitung (siehe Kapitel 5.3).

Findet der erste Kontakt persönlich statt, werden Sie nur wenig Zeit zur Verfügung haben. Selbst, wenn Ihr Ansprechpartner freundlich reagiert, wird er nur ungern mehr als 15 Minuten für Sie erübrigen wollen beziehungsweise können. Einige grundlegende Informationen können Sie auch in gedruckter Form mitbringen. Der Wert eines solchen »Infopakets« ist jedoch zwiespältig. Auf der einen Seite kann es natürlich gut sein, dass der Redakteur in einer freien Minute in Ihren Unterlagen blättert und so dem Verein näherkommt. Auf der anderen Seite liegen auch in Zeiten des papierlosen Büros jede Menge anderer Unterlagen auf seinem Schreibtisch. Deshalb landen viele Dinge als überflüssig in der »Rundablage« (im Papierkorb).

! Tipp

Hier kann eine Visitenkarte sehr hilfreich sein, wenn sich darauf neben Ihren Kontaktdaten auch die Internetadresse der Vereinswebsite befindet.

Findet der erste Kontakt am Telefon statt, sollte das Telefonat vornehmlich genutzt werden, um ein persönliches Kennenlernen zu vereinbaren. Stellen Sie sich und den Verein kurz vor und betonen Sie, dass Sie, um alles richtig zu machen, die Hilfe des Redakteurs »als Profi« brauchen. Bieten Sie ihm dann einen Termin für ein Treffen an (beispielsweise zur nächsten Vereinsaktion). Lassen Sie dabei aber auch die Möglichkeit offen, sich zu einem anderen

Zeitpunkt und an einem anderen Ort zu treffen. Sagen Sie also nicht: »Ich würde mich gerne bei unserer Veranstaltung am ... mit Ihnen unterhalten.« Sondern formulieren Sie so: »Wir könnten uns ja am ... während unserer Veranstaltung treffen. Oder würden Sie einen anderen Termin bevorzugen?«.

5.3 Nachbereitung des ersten Kontakts

Da Sie es in der Regel mit mehreren Ansprechpartnern (Redakteur, freier Mitarbeiter) zu tun haben, müssen Sie sich die wichtigsten Fakten und Daten Ihrer Ansprechpartner in einer Tabelle zusammenstellen. Diese sollte so aufgebaut sein, dass Sie sie auch für Serienbriefe oder -mailings verwenden können. Solche Rundschreiben können Sie meist aus Ihrer Textverarbeitung heraus generieren oder mit speziellen Programmen erstellen. Mailings lassen sich beispielsweise sehr komfortabel mit dem Programm Supermailer erstellen, das recht preiswert zu haben ist.

Beim Aufbau der Tabelle sollten Sie so viele Elemente wie möglich in getrennten Spalten unterbringen, sodass Sie einzeln abrufbar sind. Straße, Hausnummer, Postleitzahl und Ort gehören in getrennte Spalten. Dadurch können die Straßen- und Ortsbezeichnungen auch im Text verwendet werden, was das Schreiben individueller wirken lässt.

Bereiten Sie auch Felder vor, die es Ihnen ermöglichen, die Mails beispielsweise in der »Sie-Form« und in der »Du-Form« zu schreiben. Hierzu gehören mindestens die folgenden Felder:

Feldbezeichnung	Inhalt bei Anrede »Sie«	Inhalt bei Anrede »Du«
Sie	Sie	Du
Ihre	Ihre	Deine
Ihrer	Ihrer	Deiner
Dich	Sie	Dich

Tab. 3: Felder für die Sie- und die Du-Form

! Tipp

Überlegen Sie genau, welche Felder Sie in Zukunft gebrauchen können, damit Sie von vorneherein eine komplette Datenbank haben. Das »Nachrüsten« ist – je nach Anzahl der Adressen – äußerst zeitaufwendig und umständlich.

Wenn Sie es mit vielen verschiedenen Ansprechpartnern zu tun haben, sind auch kleine Spickzettel sinnvoll, die Sie bei Veranstaltungen und Aktionen dabeihaben sollten.

5.4 Pflege von Kontakten

Einen Kontakt aufzubauen ist nicht ganz einfach – ihn zu verlieren dagegen schon. Wenn Sie einen direkten Draht zu einem Medienvertreter aufgebaut haben, sollten Sie ihn pflegen. Hierzu gehört, dass man Interesse an dem Menschen zeigt und nicht nur an seiner Funktion. Wenn Sie also mit dem Journalisten ins Gespräch kommen, reden Sie nicht immer nur von Ihrem Verein und darüber, was Sie alles vorhaben. Fragen Sie beispielsweise auch, wie sein Urlaub war, wenn Sie wissen, dass er gerade wieder mit dem Dienst angefangen hat.

Aufwendige Geschenke sind kontraproduktiv und passen nicht zu einem Verein (abgesehen davon, dass sich das die meisten Vereine auch nicht leisten können). Aber kleine Gesten verstärken den Kontakt. So hatte ein PR- und Medienmanager beispielsweise die Idee, für die Journalisten visitenkartengroße Ausweise zu basteln, mit denen sie sich an den Imbissständen des Vereins kostenlos verköstigen konnten. Bei den Journalisten kam diese Geste sehr gut an.

Wenn Sie den Geburtstag eines Journalisten kennen, gratulieren Sie ihm beim nächsten gemeinsamen Treffen. Ihm eine Karte zuzusenden ist auch noch in Ordnung – aber auch hier sollte es Geschenke nur in ganz besonderen Ausnahmefällen geben.

Dass Sie Ihre Kontaktpersonen zu den Aktionen und Veranstaltungen Ihres Vereins einladen, ist selbstverständlich. Allerdings werden die Redakteure Sie häufig enttäuschen. Glauben Sie aber nicht, dass Sie etwas falsch gemacht hätten. Denn auch wenn Sie einen Redakteur zu jeder Versammlung oder zu jedem Vereinsstammtisch einladen, wird er in den meisten Fällen nicht kommen. Das ist kein böser Wille und auch kein Desinteresse. Er ist schlicht und einfach zeitlich überfordert, denn es gibt noch eine Menge anderer Vereinstermine, und seine Hauptaufgabe besteht weniger darin, bei Veranstaltungen (zu denen er meist freie Mitarbeiter schicken muss) zugegen zu sein, sondern vielmehr darin, die Produktion der täglich erscheinenden Zeitung zu koordinieren.

Es ist – zumindest in der Anfangsphase – durchaus sinnvoll, wenn Sie in der Redaktion anrufen und nachfragen, ob die Unterlagen, die Sie eingesandt haben, so in Ordnung sind oder ob Sie noch etwas verbessern können. Auf diese Weise bekommen Sie hilfreiche Tipps und können Ihre Unterlagen fürs nächste Mal noch optimieren.

Nutzen Sie auch die »Saure-Gurken-Zeit«, in der wenig passiert und in den Redaktionen nur wenige Termine anstehen und nur wenig Material vorliegt, z. B. die Urlaubszeit im Sommer. Auch in dieser Zeit wird das Gedruckte gelesen. Zum einen fahren nicht alle in den Urlaub – und die, die verreisen, lassen sich ihre Lokalzeitung oft an den Urlaubsort nachsenden. Gleichgültig, ob einer nun verreist oder zu Hause bleibt – im Urlaub hat er viel mehr Zeit und Muße, die Zeitung zu lesen. Ein Bericht in dieser Zeit kann deshalb sehr erfolgreich sein.

6 Die unterschiedlichen Redaktionen

Bei der Kontaktaufnahme müssen Sie verschiedene Redaktionstypen unterscheiden. In den meisten Fällen haben es die Vereine vornehmlich mit der Lokalredaktion einer Tageszeitung zu tun, die für den kommunalen Bereich zuständig ist und ihren Sitz meist am Ort des Vereins oder in einem Nachbarort hat. Diese Redaktionen interessieren sich für das gesamte lokale Geschehen und veröffentlichen auch gerne Vorankündigungen.

Über der Lokalredaktion steht meist eine Hauptredaktion, die den regionalen Bereich betreut. Sie fungiert zwar oft als vorgesetzte Redaktion der Lokalredaktionen, nimmt aber nur in Ausnahmefällen Einfluss auf deren Arbeit. Die Hauptredaktionen sind immer dann Ihre Ansprechpartner, wenn es um Aktionen oder Veranstaltungen geht, die über den kommunalen Bereich hinaus von Bedeutung sind (große Sportveranstaltungen, Sängerwettbewerbe mit regionalen Chören, Konzertereignisse usw.). Allerdings sollten Sie auch die Lokalredaktion darüber informieren, wenn Sie mit der Hauptredaktion Kontakt aufnehmen. Diese dürfte sich schnell »übergangen« vorkommen, worunter die aufgebauten Kontakte leiden würden.

Hinzu kommen bei den Hauptredaktionen auch spezielle Fachredaktionen (z. B. für Sport oder Kultur). Hier sollten Sie schon im Vorfeld mit der Lokalredaktion klären, ob beispielsweise die Spielberichte des Fußballvereins an die Lokalredaktion oder an die Fachredaktion gesandt werden sollen. Die Fachredaktionen sind aber wirklich nur an den Informationen interessiert, die sich auf ihr Themengebiet beziehen. Der Sportverein versendet also Informationen zu seinen sportlichen Aktivitäten (Spielergebnisse, Meisterschaftsteilnahmen, Sportevents usw.) an die Sportredaktion. Die Vorankündigung eines bunten Abends oder der Hinweis, dass der Verein einen Stand auf dem Stadtfest haben wird, gehen aber an die Lokal- oder an die Hauptredaktion.

Dann gibt es noch Nachrichtenagenturen, die ihre Meldungen und Berichte den verschiedenen Publikationen anbieten und sich bei Abdruck Honorare zahlen lassen. Da diese Agenturen mindestens regional, meistens jedoch bundesweit tätig sind, interessieren sie sich meist auch nur für wirklich spektakuläre Meldungen, die bundesweit Interesse erzeugen.

Freie Journalisten und Redaktionsbüros arbeiten ähnlich wie die Nachrichten-agenturen. In vielen Fällen haben sie aber oft einen oder zwei feste Abnehmer für ihre Berichte. Gerade Lokalredaktionen arbeiten häufig und gerne mit freien Mitarbeitern. Sie sind gerade auf der kommunalen Ebene häufig die wichtigsten Ansprechpartner für den PR- und Medienmanager und dürfen auf keinen Fall unterschätzt werden.

! **Wichtig**

Der Medienwart eines Vereins sollte auf keinen Fall als freier Journalist für eine Lokalzeitung tätig sein, wenn mehrere Lokalblätter am Ort sind.

Hinzu kommen dann noch die Mitteilungsblätter der Kommunen und die am Ort kostenlos verteilten Werbeblätter. Diese sind besonders dankbare Abnehmer. Die Mitteilungsblätter der Kommunen sind in besonderem Maße an Vereinsankündigungen interessiert, weil sie damit das vielfältige kulturelle und soziale Leben in der Stadt oder Gemeinde dokumentieren können. Der redaktionelle Teil der Mitteilungsblätter wird zumeist von der Kommunalverwaltung betreut. Zumindest kann man Ihnen dort helfen, den richtigen Ansprechpartner zu finden. Viele Mitteilungsblätter drucken auch die Ankündigungsplakate in verkleinerter Form im Heft ab. Hier müssen Sie prüfen, ob die Abbildung nicht zu klein wird und der Text deshalb nicht mehr gut lesbar ist. Außerdem müssen Sie damit rechnen, dass Ankündigungen, auf denen die Logos von Sponsoren zu sehen sind, vom Partner der Kommune nicht akzeptiert werden, da diese größtenteils von Anzeigen leben und deshalb werbliche Unterstützung der Sponsoren ablehnen.

Bei den Werbeblättern richten sich die redaktionellen Veröffentlichungen nach dem Umfang der bezahlten Anzeigen. Je mehr Anzeigen, umso geringer wird die Chance, dass Ihr Beitrag gedruckt wird. Sowohl für die Werbe- als auch für die Mitteilungsblätter gilt, dass fertige Texte bevorzugt werden. Die Beiträge sollten aber möglichst kurz sein. Deshalb sind gerade hier aussagefähige Fotos besonders wichtig.

Hörfunk- und Fernsehredaktionen gewinnen auch für kleinere Vereine an Bedeutung. Bei den großen Anstalten sind es meist die (öffentlich-rechtlichen) Regionalsender beziehungsweise die Regionalfenster der Privatsender, die für

Vereine von Interesse sind. Hinzu kommen immer mehr kleine TV- und Radiosender, die regional ausgestrahlt beziehungsweise im Internet geschaltet werden. Sie bevorzugen Informationen von regionaler Bedeutung. Außerdem unterhalten viele dieser Sender Veranstaltungskalender. Wichtig ist hier, dass Sie den TV-Redaktionen auch visuelles Material zur Verfügung stellen. Aber bitte keine per Handy selbst gedrehten Videos. Diese haben meist nicht die Qualität, die in den Redaktionen benötigt werden. Dann ist es besser, den Redaktionen Bilddateien mit hochauflösenden Fotos zuzusenden (Datenformat und Auflösung vorher erfragen).

Außerdem gibt es noch Fachredaktionen, die sich mit den Themen von Vereinen befassen. Auch diese Zeitschriften sind wichtig, obwohl sie nicht unbedingt den Ruf des Vereins in der Öffentlichkeit stärken, da sie nur einen begrenzten Leserkreis haben. Sie fördern aber den Kontakt und den Erfahrungsaustausch mit anderen Vereinen gleicher Zielsetzung.

Schließlich gewinnen Onlineredaktionen immer mehr an Bedeutung. Hier reicht das Spektrum von elektronischen Veranstaltungskalendern bis hin zu »echten« Redaktionen, die Ihre Berichte verarbeiten. Bei den Veranstaltungskalendern müssen Sie sich meist anmelden und können dann Ihre eigenen Daten hochladen. In den Onlineredaktionen läuft alles vollautomatisiert ab, sodass Sie keine Kontakte knüpfen können. Häufig werden die Daten erst nach einer grundsätzlichen Prüfung freigegeben. Es macht aber keinen Sinn, zu versuchen, mit den »Prüfern« in Kontakt zu treten.

Anders sieht es bei Onlineportalen aus, die gerade im kommunalen und regionalen Bereich immer häufiger anzutreffen sind. Hier haben Sie es mit »echten Redaktionen« zu tun, zu denen Sie auch Kontakte aufbauen sollten. Für Onlineportale spielt Aktualität eine sehr große Rolle. Das kann für Vereine eine große Chance sein. So kann ein Fußballverein z.B. mit der Portalredaktion einen »Liveticker« vereinbaren. Der Ticker wird von einem Vereinsmitglied per Smartphone mit Informationen versorgt. Solche Einrichtungen kommen speziell bei der jüngeren Zielgruppe gut an.

6.1 Welche Redaktionen sollen angesprochen werden?

Bevor Sie mit einer Redaktion in Kontakt treten, sollten Sie darüber nachdenken, ob die entsprechende Redaktion für Ihren Verein wirklich von Bedeutung ist, und auch, ob das von Ihnen gelieferte Material von der Redaktion überhaupt angenommen wird. Direkte Kontakte sollten Sie immer nur zu den Redaktionen aufbauen, mit denen Sie in der Zukunft wahrscheinlich kontinuierlich zusammenarbeiten. Alle anderen Redaktionen beziehungsweise Ansprechpartner erfassen Sie zwar auch in Ihrer Datenbank (siehe Kapitel 5.3), aber Sie versorgen sie nur bei Bedarf mit Material und sprechen sie nur im Ausnahmefall persönlich an.

Überschätzen Sie bei der Auswahl Ihrer Ansprechpartner die Bedeutung Ihres eigenen Vereins nicht. Ein kleiner Verein mit lokalem Bezug hat bei regionalen und erst recht bei überregionalen Medien keine Chance. Wenn im Ausnahmefall ein außergewöhnliches Ereignis auch von überregionaler Bedeutung ist, reicht es aus, wenn Sie die entsprechenden Redaktionen speziell für diese Veranstaltung kontaktieren.

Der Kontaktaufbau ist zeitintensiv. Sie sollten sich deshalb auf einen kleinen Kreis konzentrieren und diese Kontakte dafür umfassend pflegen.

6.2 Informationsmaterial für die Redaktionen

Natürlich arbeiten die modernen Redaktionen alle mit digitalisierten Materialien. Das ist auch für die Vereine von Vorteil. So können Sie beispielsweise Fotos kurz nach einem Ereignis als Dateien versenden. Früher sind durch das Entwickeln von Filmen und das Erstellen von Abzügen Tage, oft sogar Wochen ins Land gegangen, sodass das Material für zeitkritische Medien schon uninteressant war. Abgesehen von den Fachredaktionen sind aber alle Redaktionen bestrebt, mit ihren Nachrichten möglichst schnell zu sein. Die Redaktionen stehen eben auch in einem Wettbewerb zueinander, weshalb wir hier noch einmal betonen, dass Sie Redaktionen gleicher Art auch zur gleichen Zeit informieren müssen.

Grundsätzlich können Sie für alle Medien das gleiche Material verwenden. Funk und Fernsehen »basteln« ihre Beiträge aus demselben Material, das Sie auch den Printmedien senden. Wenn es um visuelle Medien geht (hierzu gehören auch die Internetredaktionen) sollten Sie allerdings eine größere Anzahl an Fotos mitschicken als bei den Printmedien, bei denen meist zwei bis drei Fotos völlig ausreichend sind.

Fragen Sie auf jeden Fall bei den Redaktionen nach, ob sie die Daten auch auf CDs oder USB-Sticks annehmen. Häufig besitzen die Redaktions-PCs nämlich weder CD-Laufwerke noch USB-Anschlüsse. Damit soll verhindert werden, dass Viren in die empfindlichen Redaktionssysteme gelangen, die nicht selten direkt mit den Druckanlagen verbunden sind. Ein Virenbefall würde also auch die gesamte Produktion lahmlegen.

Gerade Bilddateien sind in der für Printmedien benötigten Auflösung ziemlich groß (siehe Kapitel 6.3). Deshalb greifen Redaktionen gerne auf eine »Cloud« zurück. »Clouds« werden von verschiedenen Unternehmen angeboten – teilweise sogar kostenlos. Vereinfacht ausgedrückt handelt es sich bei einer »Cloud« um Speicherplatz auf einem Server, den Sie über das Internet verwalten können. Mit einem speziellen Link, der Ihnen vom Cloudbetreiber zur Verfügung gestellt wird, können Sie auf die einzelnen Datenbestände zugreifen. Sie schicken also keine großen Datenmengen mehr an die Redaktion, sondern lediglich Links, unter denen die Fotos abgelegt sind. Dadurch können Sie auch eine größere Auswahl von Bildern in einem Verzeichnis ablegen und den Medien anbieten. Aber klären Sie erst, ob die Redaktion, mit der Sie zusammenarbeiten, tatsächlich auf Clouds zugreifen will.

6.2.1 Klassische Medieninformationen

Welche Informationen wann gebraucht werden, hängt vom jeweiligen Ereignis ab. Wegen seiner Bedeutung behandeln wir das Thema »Pressefotos« in einem eigenen Kapitel (siehe Kapitel 6.3). Hier geht es zunächst um die Textmaterialien, die Sie den Medien zur Verfügung stellen. Grundsätzlich gehören zu den klassischen Medieninformationen:

- Vorankündigungen,
- Waschzettel (Faktenpapier, aus dem der Redakteur oder Journalist einen Pressebericht erstellt),

- vorbereiteter Bericht,
- Nachberichterstattung (wenn kein Vertreter des Mediums vor Ort war),
- Interview (äußerst lebendige Form der Berichterstattung, die aber einiges an Geschick voraussetzt).

6.2.2 Das Anschreiben/die Begrüßungsmail

Im digitalen Zeitalter werden Sie nur noch selten einen Brief schreiben – denken Sie. Doch an der Bedeutung des Briefs hat sich nichts geändert. Er heißt im digitalen Zeitalter nur »E-Mail«. Alle Informationen an die Presse sollten immer mit einem – meist digitalen – Anschreiben verschickt werden. Hierbei sind einige Regeln zu beachten.

- Der **Betreff** ist so etwas wie die Schlagzeile eines Schreibens. Er muss packend formuliert sein und Neugier auf die eigentliche Botschaft wecken. Im digitalen Zeitalter gilt mehr denn je, dass der Betreff kurz sein muss, damit er nicht im Display eines Smartphones sinnentstellend abgeschnitten wird.
- Die **Anrede** sollte immer persönlich sein. Schreiben Sie also nicht an die »sehr geehrten Damen und Herren«, sondern an Ihren Ansprechpartner. Verzichten Sie dabei auf das verstaubte »Sehr geehrter Herr«, sondern grüßen Sie mit einem fröhlichen »Guten Tag Frau ...«.
- Die **Botschaft** sollte so kurz wie möglich sein, ohne in einen Telegrammstil abzurutschen. Konzentrieren Sie sich auf die wichtigsten Fakten. Bei einer Vorankündigung sollte beispielsweise im Anschreiben schon stehen, was wann und wo stattfindet.
- Der **Gruß** sollte ebenfalls zeitgemäß sein und darf ruhig auch einen Hinweis auf den Verein beinhalten (z. B. bei einem Sportverein »mit sportlichen Grüßen«).

6.2.3 Die Vorankündigung

Je nach Größe und Bedeutung eines Ereignisses oder einer Aktion fällt die Vorankündigung unterschiedlich umfangreich aus. Für die Medien gilt der Grundsatz »In der Kürze liegt die Würze«. Versuchen Sie sich in den Journalisten hineinzuversetzen – wie viel Platz wird er Ihnen für Ihre Ankündigung einräumen? Entsprechend gestalten Sie Ihre Vorankündigung. Die Vorankündigung zur Jahreshauptversammlung kann beispielsweise mit einem informativen Anschreiben und der beigefügten Tagesordnung auskommen.

Tipp   **!**

Werden auf der Jahreshauptversammlung kritische Punkte besprochen, laden Sie die Presse lieber nicht ein – Sie sind hierzu auch nicht verpflichtet. Weisen Sie in Ihrem Anschreiben darauf hin, dass viele Mitglieder Hemmungen haben, im Beisein der Presse zu sprechen. Informieren Sie die Presse aber später über den Verlauf der Versammlung oder halten Sie eine Pressekonferenz ab.

Bei größeren Aktionen oder Veranstaltungen fügen Sie noch zusätzliches Material bei, dass wir nun noch besprechen.

6.2.4 Der Waschzettel

Der Waschzettel ist ein Relikt aus der Steinzeit der Printmedien. Er erfreut sich bei den Journalisten aber immer noch großer Beliebtheit, weil er ihnen die Möglichkeit gibt, sich einen schnellen Überblick zu verschaffen. Der Waschzettel ist eine Faktensammlung, der die folgenden Punkte umfassen sollte:

Was findet/fand statt?	Art der Veranstaltung oder Aktion (Sängerfest, Demonstration, Vortrag, Tanzveranstaltung, Festival usw.)
Wann?	Termin der Veranstaltung und Aktion (Datum und Uhrzeit)
Wo?	Veranstaltungsort (Postanschrift, eventuell Wegbeschreibung)
Wer ist aktiv?	Redner, Sportler, Künstler usw. (mit kurzer Vorstellung – aber keine Biografien)
Inhalt	Kurze Hinweise auf die einzelnen Punkte der Veranstaltung/Aktion
Highlights	Besonders hervorzuhebende Punkte der Veranstaltung/Aktion

Tab. 4: Der Waschzettel

6.2.5 Der vorbereitete Bericht

In früheren Zeiten waren manche Journalisten gar nicht erfreut, wenn man ihnen fertige Beiträge mitgeschickt hat. Das hat sich grundlegend geändert. Im Gegenteil: Aufgrund des immer größer werdenden Drucks und der immer kürzer werdenden Bearbeitungszeit sind Redakteure heute dankbar, wenn Sie ihnen bereits druckreife Manuskripte zusenden. Doch ein Pressebericht ist kein Aufsatz. Er muss mediengerecht geschrieben werden. Je nachdem, für wen Sie schreiben wollen, sind die Anforderungen unterschiedlich. Für alle Beiträge gelten die folgenden Regeln:

- So viel wie nötig, so kurz wie möglich. Medienbeiträge sollten immer kurz sein. In vielen Printredaktionen gibt es sogar vorgeschriebene Grenzen (z.B. 10.000 Anschläge inkl. Leerzeichen – was gar nicht so viel ist, wie man zunächst vermutet). Bei TV und Hörfunk gilt der Grundsatz, dass gesendete Beiträge nicht länger als 90 Sekunden sein sollen.
- Von hinten kürzbar. Der Redakteur weiß, wie viel Platz er zur Verfügung hat. Ist Ihr Beitrag zu lang, muss er ihn »zurechtstutzen«. Damit er ihn leicht kürzen kann, gehören alle wichtigen Angaben nach vorne. Auf diese Weise kann der Redakteur beim Kürzen einfach von hinten wegstreichen, bis der Text passt.
- Alle wichtigen Fakten ergeben sich aus der Beantwortung der »W-Fragen«: Wer? Was? Wann? Wo? Wie? Warum? Woher?

Schreiben Sie für eine Zeitung, sollte der Aufbau Ihres Berichts nach den folgenden Regeln erfolgen. Zunächst kommt die Schlagzeile (neudeutsch auch »Headline« genannt). Obwohl sie meist aus drucktechnischen Gründen nicht übernommen wird, sollten Sie sich über die Schlagzeile Gedanken machen. Denn sie ist das Erste, was der Journalist liest. Und er wird an dieser Stelle bereits ein grundsätzliches Urteil über den Beitrag fällen. Eine Schlagzeile soll Neugier wecken und gleichzeitig kurz sein. Es gibt verschiedene Methoden, die sich bewährt haben, um eine Schlagzeile zu formulieren.

Da wäre zunächst die Frage-Antwort-Methode. Man formuliert eine Frage oder eine Antwort, um Spannung zu erzeugen. Der Schützenverein kann beispielsweise so formulieren: »116 Schützen – wer wird König?« Oder der Sportverein stellt fest: »Aufstieg geklappt – Trainer meldet ›Vollzug‹!«

Eine andere Möglichkeit besteht darin, mit dem Überraschungsmoment zu arbeiten. Nehmen wir noch einmal den Schützenverein: »Aar fiel bei 378. Schuss – und doch kein König«, könnte die Schlagzeile lauten, wenn eine Schützenkönigin ermittelt wurde.

Wortspiele gehören zur hohen Schule der Überschriftengestaltung. Solche Headlines sollte man immer mehreren Leuten zu lesen geben, um zu testen, ob sie auch verstanden werden. Ein Beispiel, wie man Wortspiel und Überraschungsmoment verknüpfen kann: Ein Kulturverein lädt die Musikgruppe »White Eagle« ein. Der clevere PR- und Medienmanager formuliert als Schlagzeile: »Weißer Adler landet in der Stadthalle«.

Namen von Prominenten sind immer Garanten für gute Schlagzeilen. Allerdings muss es sich auch um Personen handeln, die für die Medienkonsumenten prominent und nicht nur im Verein populär sind.

Nach der Schlagzeile kommt die Unterzeile, in der meist schon die ersten W-Fragen beantwortet werden. Um beim Beispiel unserer Band »White Eagle« zu bleiben: Country Stars »White Eagle« kommen am 16. April.

Nun folgt der »Fettanlauf« oder, wie man heute sagen würde, der »Teaser«. Er informiert vorab über das Ereignis, das noch stattfinden soll oder bereits stattgefunden hat, und ist quasi eine Kurzübersicht über den Inhalt des eigentlichen Artikels, der dann folgt.

Den Artikel schreiben Sie in kurzen, klaren Sätzen. Zum Einstieg haben sich Zitate bewährt, die Spannung aufbauen. Sie müssen nicht immer positiv für den Verein sein. Versuchen Sie sowieso nie, Dinge, die nicht schönzureden sind, positiv umzubiegen. Dann verzichten Sie besser ganz auf einen Bericht in den Medien. Wenn das Ligaspiel der Mannschaft in die Hose gegangen ist, kann der erste Satz im Beitrag durchaus lauten: »Das mache ich so nicht mehr mit«, tobte Trainer Willi Wadenbeiß in der Kabine des 1. FC Torlos.«

Schreiben Sie aktiv. Nicht »Die Mannschaft versuchte zu kontern, wurde aber von der gegnerischen Mannschaft im Mittelfeld gestoppt.« Der Satz ist zu lang und umständlich. »Die Mannschaft konterte. Doch im Mittelfeld war Schluss. Der Gegner übernahm wieder das Spiel.« ist viel prägnanter und lebendiger.

> **! Wichtig**
>
> Wenn Sie unaufgefordert einen vorbereiteten Bericht schreiben, können Sie den gleichen Beitrag an alle Medien schicken. Bittet Sie aber eine Redaktion darum, einen Bericht zu liefern, dürfen Sie ihn nur an diese Redaktion schicken – alle anderen Redaktionen müssen einen anderen Beitrag erhalten.

6.2.6 Nachberichterstattung

Es kommt immer wieder vor, dass Medienvertreter nicht zu den von Ihnen angekündigten Terminen erscheinen. Das ist kein Grund zur Panik. Oft sind Redaktionen überlastet und haben schlicht keine Mitarbeiter frei, die sie zu Ihnen schicken könnten. Dann müssen Sie die Nachberichterstattung selbst vornehmen. Wenn allerdings ein von Ihnen immer eingeladenes Medium keine Vorankündigungen bringt und niemals einen Mitarbeiter schickt, sollten Sie höflich nachfragen, ob etwas mit den von Ihnen eingereichten Unterlagen nicht stimmt. Die entsprechende Redaktion wird Ihnen dann sicher sagen, warum Ihr Verein ignoriert wird.

Es gibt auch Medien, die grundsätzlich keine Vertreter zu Veranstaltungen schicken. Hierzu gehören z. B. die Mitteilungsblätter der Kommunen oder die Werbeblätter, die kostenlos verteilt werden. Da diese Blätter an alle Haushalte gehen, sollten Sie sie nach jeder Veranstaltung mit Material versorgen. Hier können Sie auch an alle Medien die gleichen Unterlagen versenden.

> **! Wichtig**
>
> Die Nachberichterstattung muss immer zeitnah erfolgen. Informieren Sie alle Medien gleichzeitig, damit sich keines benachteiligt fühlt.

Im Anschreiben sollten Sie schon die wichtigsten W-Fragen beantworten: Was hat wann und wo stattgefunden? Und: Wer waren die wichtigsten Teilnehmer? Außerdem fügen Sie einen vorbereiteten Pressebericht und entsprechendes Bildmaterial bei.

Werden Sie von einem Medium gebeten, einen Bericht zu schreiben, dürfen Sie keinen Beitrag »von der Stange« liefern, wie er an alle anderen Medien geht. Schauen Sie sich den Stil des Mediums an und versuchen Sie, in der gleichen Art zu schreiben. Dieser Bericht muss dann aber spätestens zusammen mit dem Bericht für alle anderen Medien verschickt werden.

6.2.7 Das Interview

Alle Medien lieben eine »lebendige« Berichterstattung. Das gilt nicht nur für die entsprechenden Illustrationen (Fotos), sondern auch für den Textbeitrag. Besonders lebendig sind Interviews. Clevere PR- und Medienmanager »basteln« solche Interviews und sprechen sie anschließend z.B. mit dem Vereinsvorsitzenden ab. Sie können aber grundsätzlich nichts veröffentlichen, was vom Interviewpartner nicht gesagt oder nicht von ihm freigegeben wurde.

Insbesondere in kritischen Situationen, in denen eine Stellungnahme des Vereins verlangt wird, bieten sich Interviews an. Die Fragen sind hierbei quasi vorgegeben, sie ergeben sich aus dem, was die Öffentlichkeit vom Verein wissen will. Ein vom Verein versandtes Interview hat den Vorteil, dass Sie Ihre Stellungnahme einmal abgegeben haben und deshalb keine weiteren Interviewwünsche – die gerade in Konfliktsituationen häufig kommen – mehr erfüllen müssen. Das heißt allerdings nicht, dass Sie nach einem versandten Interview weitere Anfragen ablehnen sollten. Hier müssen Sie mit viel Fingerspitzengefühl von Fall zu Fall entscheiden.

Im Falle eines Interviews können Sie ausnahmsweise ein Portraitfoto des Interviewpartners verwenden. Besser wäre jedoch eine Aufnahme, bei der der Eindruck entsteht, es sei während des Interview aufgenommen worden. Hierzu setzen Sie ein Vereinsmitglied mit dem Rücken zur Kamera und den Interviewten ihm gegenüber. Das Vereinsmitglied kann auch noch ein Mikrofon in der Hand halten. Dann fotografieren Sie den Interviewten über die Schulter des »Interviewers« (Vereinsmitglied). Wichtig ist, dass der Betrachter nicht erkennt, wer das Mikrofon in der Hand hält, damit die Aufnahme von mehreren Medien genutzt werden kann.

Interviews sind insbesondere für den Hörfunk interessant. Sie können deshalb ein Interview auch aufnehmen. Dabei müssen Sie allerdings eine sehr gute Tonqualität erreichen. Denken Sie beim Aufnehmen eines Interviews auch an die Regel, dass ein Beitrag nicht länger als 90 Sekunden sein sollte. Lokale und regionale Fernsehanstalten nutzen solche Tondokumente ebenfalls und blenden währenddessen Fotos ein. Deshalb sollten Sie für jedes Interview mehrere Fotos zur Verfügung stellen. Neben Fotos vom Interviewpartner können Sie auch Fotos verwenden, die das Besprochene illustrieren. Wenn es beispielsweise um einen Streit über die Rasenpflege eines Fußballplatzes geht, können Sie auch Fotos mitschicken, die verdeutlichen, in welchem Zustand der Platz ist.

Spontaninterviews sollten Sie möglichst nicht zustimmen. Gerade hier müssen Sie mit Fangfragen rechnen und daran denken, dass eine falsche Formulierung eine negative Kettenreaktion auslösen kann. Bei entsprechenden Anfragen sollten Sie darauf hinweisen, dass die Vereinsvorstände keine Erfahrung mit Interviews haben. Bitten Sie stattdessen darum, dass die Fragen vorher eingereicht werden, damit sich die Vereinsmitglieder vorbereiten können. Eventuell können Sie sich mit dem Interviewer sogar darauf einigen, dass die Fragen schriftlich beantwortet werden. Steht ein Interview für das Fernsehen oder das Radio an, sollten Sie jemanden aus dem Vorstand wählen, der in der freien Rede geübt ist. Ungeübte Interviewpartner ziehen schnell den Spott der Öffentlichkeit auf sich, wie das schon fast berühmte »Boris-Becker-Äh« zeigt.

6.3 Bildmaterial für die Medien

Es heißt nicht umsonst, dass ein Bild mehr als tausend Worte sagt. Entsprechend sind die Medien darauf aus, möglichst gutes Bildmaterial zu erhalten und dieses auch einzusetzen. Es ist aber auch im Interesse Ihres Vereins, mit Bildern in den Medien präsent zu sein, denn illustrierte Nachrichten haben einen sehr viel höheren Aufmerksamkeitswert als reine Textmeldungen. Denken Sie dabei nicht nur an die Presse. Auch in den Veranstaltungskalendern der Regionalfernsehsender finden bebilderte Terminvorstellungen weitaus mehr Beachtung als eine reine Wortmeldung durch einen Sprecher. Da die Regeln für Fotos eigentlich für alle Medien gleich sind, gehen wir hier vom Pressefoto aus.

Fotos für die Presse sind keine Bilder fürs Familienalbum. Hier gelten andere Gesetze. Leider geben Vereine immer wieder »Schnappschüsse« oder Personen- beziehungsweise Gruppenfotos in der gleichen sterilen Art an die Presse, die dann entweder nur sehr klein oder auch gar nicht veröffentlicht werden. Warum? Weil Sie langweilig sind! Darum sollten Sie sich, wenn Sie selbst fotografieren, einige Gedanken darüber machen, wie Sie das Foto gestalten wollen.

Wenn Sie nicht mit einer Cloud arbeiten und auch keinen Datenträger verwenden dürfen, sollten Sie immer nur zwei Fotos per Mail verschicken (sonst wird die Mail zu groß). Fügen Sie am besten ein Bild im Hoch- und ein Bild im Querformat bei. Wie Sie ein Bild lebendig arrangieren, erläutern wir anhand des folgenden Beispiels:

Beispiel: Lebendige Fotos machen !
Ein Fußballverein veranstaltete ein Kindergartenturnier. Der PR- und Medienmanager stellte alle Kinder nach gewohnter Manier zu einem Gruppenfoto zusammen: Zwei Reihen, die vordere Reihe kniend. Vorne in der Mitte zwei Kinder mit einem Ball. Hinter den Kindern stehen die Betreuer. Es entstand eine Aufnahme, die alle Kinder zeigte – aber die lockere Atmosphäre des Turniers nicht widerspiegelte.
Ein Berufsfotograf ging ganz anders vor: Er drückte allen Kindern einen Ball in die Hand und forderte sie auf, den Ball bei »Drei« auf ihn zuzuwerfen. Das klappte natürlich nicht beim ersten Mal und einmal bekam der Fotograf – zur Gaudi der Kinder – den Ball ins Gesicht, doch dann gelang die Aufnahme: Lachende Kinder, fliegende Bälle – ein Bild, das eine Geschichte erzählte und die Stimmung des Turniers authentisch vermittelte.

An dieser Stelle fassen wir einige Tipps zusammen, die Sie beachten sollten, wenn Sie richtig gute Pressefotos machen wollen. Zunächst sollten Ihre Bilder, wie bereits geschildert, lebendig sein und eine positive Stimmung vermitteln, soweit das Thema dies hergibt. Aber es gibt kaum ein Thema, bei dem Sie keine positiven Bilder verwenden können. Selbst bei einem Nachruf auf ein verdientes Vereinsmitglied sollten Sie Fotos aus dem eigenen Archiv verwenden, die den Verstorbenen so zeigen, wie er wahrscheinlich selbst in der Erinnerung seiner Mitmenschen bleiben will.

Vermeiden Sie schockierende Aufnahmen. Wenn ein Tierschutzverein beispielsweise Fotos von gequälten Tieren benötigt, kann er sie zum einen gar nicht selbst machen (seine Mitglieder werden kein Tier quälen, um eine gute Aufnahme zu bekommen). Zum anderen gehören solche Aufnahmen in die Hände von Profis. Ein Amateur wird in den meisten Fällen – gerade auch bei Fotos von Fundstücken – keine befriedigenden Ergebnisse erzielen. Entdecken Vereinsmitglieder beispielsweise den Kadaver eines gequälten Tieres, sollten Sie lieber auf eine Aufnahme zurückgreifen, bei der Mitglieder des Vereins erkennbar schockiert um den Tierleichnam herumstehen (dabei müssen Sie wahrscheinlich auch nichts stellen, weil die Vereinsmitglieder schlicht schockiert sind).

Erzählen Sie mit Ihrem Bild eine Geschichte. Das gilt gerade auch für mehrstufige Vorankündigungen. So kann ein Theaterverein schon lange vor der ersten Vorstellung eine Pressemeldung mit einem Foto herausgeben, auf dem viele fleißige Hände zu sehen sind, die am Bühnenbild arbeiten. In der nächsten Phase könnte der Verein ein Bild versenden, das die ersten Proben ohne Kostüme vor dem fertigen Bühnenbild zeigt, und schließlich ein Bild von der Generalprobe (wo durchaus ein schwitzender Regisseur gut ins Bild passt).

Bemühen Sie sich um ein Foto, das aus dem Rahmen fällt. Auch hierzu ein Beispiel: Für ein Krimifestival sollte ein Foto mit dem Initiator des Festivals und dem Bürgermeister (die Kommune war Mitveranstalter) geschossen werden. Nun hätte der Fotograf die beiden natürlich breit lächelnd ablichten können. Besser wäre es natürlich, wenn er auch den ersten Plakatentwurf vergrößert und vor die beiden gelegt hätte, sodass der Titel des Krimifestivals schon mal bekannt wird. Doch außergewöhnlich wird die Aufnahme dadurch nicht. In unserem Fall hatte der Fotograf eine clevere Idee. Er brachte ein großes Messer mit, das er mit roter Farbe beschmiert hatte und ein altes Apothekerfläschchen, auf dessen Etikett »Arsen« stand. Nun musste sich ein Mitarbeiter rechts vor den Initiator des Festivals und den Bürgermeister stellen und die Sekretärin links – mit dem Rücken zur Kamera – und die »Mordwerkzeuge« hinter dem Rücken vor die Kamera halten. Schon bekam die Aufnahme eine eigene, außergewöhnliche Spannung und erzählte gleichzeitig eine interessante Geschichte.

Schnappschüsse sind nur in Ausnahmefällen gut. Deshalb sollten Aufnahmen, die nicht nachbearbeitet werden können, von Profis gemacht werden. Hierfür ist nämlich eine nicht gerade billige Ausrüstung notwendig. Mit dem Handy fotografierte Szenen eines Fußballspiels sind beispielsweise fast nie verwertbar. Wenn Sie das Geld investieren wollen, benötigen Sie eine Spiegelreflexkamera und – gerade für Sportveranstaltungen, bei denen man nicht so nah an die Sportler herangehen kann – ein Teleobjektiv. So eine Ausrüstung kann leicht 1.000 EUR und mehr kosten.

Tipp **!**

Wenn Sie eine eigene Fotoausrüstung haben, stellen Sie bei Sportveranstaltungen auch den »Sportmodus« Ihrer Spiegelreflexkamera ein. Dann werden in einem einstellbaren Abstand (bis zu Bruchteilen von Sekunden) so lange Fotos geschossen, wie Sie den Auslöser festhalten. Sie können dann aus den Aufnahmen die für Ihre Zwecke besten heraussuchen. Achten Sie aber darauf, dass Sie auch eine möglichst große Speicherkarte in der Kamera haben (bei 64 Gigabyte sind Sie auf der ganz sicheren Seite und können auch einige Hundert Aufnahmen machen).

Menschenmassen sind für Zeitungen und meist auch für andere Medien nicht geeignet. Die Tageszeitungen arbeiten mit sehr groben Rastern (Raster: Zerlegung eines Fotos in Bildpunkte). Zu große Personengruppen sind dann nicht mehr erkennbar. Es ist immer besser, wenn Sie eine Szene in den Vordergrund stellen und die Gruppe als Hintergrund nutzen.

Menschen und Tiere sollten immer von vorn oder von der Seite fotografiert werden. Die »Kehrseite der Medaille« ergibt keine pressegerechten Fotos. Einzige Ausnahme: Ein Hintern soll als Stilmittel eingesetzt werden, was aber vom Betrachter schnell als anstößig oder »eklig« wahrgenommen wird.

Das klassische Portraitfoto im »Passbildstil« wird von der Presse nicht geliebt. Wenn Ihr Verein einen neuen Vorsitzenden gewählt hat, darf dieser gerne so fotografiert werden, dass der Betrachter sieht, wie sehr er sich über seine Wahl freut (noch besser ist ein Händedruck des Vorgängers mit den applaudierenden Vereinsmitgliedern im Hintergrund).

Bilder dürfen arrangiert werden – aber sie dürfen nicht gestellt wirken. Ein verkrampftes Lächeln, das zum Grinsen mutiert, zerstört jedes Foto. Lassen

Sie die »Fotoobjekte« agieren: Sie sollen sich bewegen. Und machen Sie mehrere Aufnahmen, damit später das richtige Foto auswählen können.

6.3.1 Schwarz-Weiß-Fotos

Wenn Sie wissen, dass Ihre Aufnahmen schwarz-weiß gedruckt werden, sollten Sie sich die Aufnahmen am Computer in einem Bildbearbeitungsprogramm in schwarz-weiß ansehen (umwandeln in »Graustufen«). Sie erkennen dann, ob das Foto auch so noch wirkt. Für Schwarz-Weiß-Fotos gilt, dass möglichst wenig Elemente im Vordergrund stehen sollten.

6.3.2 Farbfotos

Farbfotos werden meist von Illustrierten und Fachzeitschriften benötigt. In letzter Zeit stellen aber auch immer mehr Tageszeitungen – zumindest teilweise – auf Farbe um. Bevor Sie aber Farbaufnahmen an eine Tageszeitungsredaktion senden, fragen Sie lieber nach, ob sie dort auch verwendet werden können. Achten Sie darauf, dass die Fotos nicht zu bunt werden und die Farben nicht zu grell sind.

6.3.3 Digitalisierte Bilder

Fast alle Zeitungen bevorzugen heute digitales Bildmaterial, das auf CD oder Diskette oder als E-Mail-Anhang zur Verfügung gestellt wird. Wollen Sie solche Bilder anbieten, achten Sie darauf, dass die Auflösung des Fotos mindestens 150 dpi (dot per inch = Punkte pro Zoll) beträgt, besser noch 300. Vergewissern Sie sich auch, welches Datenformat von der Redaktion verarbeitet werden kann. Bei Tageszeitungen werden JPG-Formate bevorzugt, die zwar etwas weniger Schärfe besitzen, dafür aber auch weniger Speicherplatz benötigen und sich schneller verarbeiten lassen.

Für Magazine sind Formate mit den Endungen ».eps« oder ».prn« von Vorteil. Hierbei handelt es sich um Postscript-Formate, die zwar sehr viel Platz beanspruchen (sie werden hier immer eine CD verwenden oder die Bilder in einer Cloud speichern müssen), aber systemunabhängig eingesetzt werden können und die nötige Schärfe für Magazine besitzen.

Vielleicht haben Sie auch schon vom sogenannten RAW-Format gehört. Hierbei handelt es sich um ein Bild im Rohformat, das von Fachleuten nachbearbeitet werden kann. Für Ihre Pressearbeit ist dieses Format jedoch nicht zu empfehlen.

Bevor Sie digitalisierte Aufnahmen per E-Mail verschicken, informieren Sie sich bei der Redaktion. Es kann sein, dass durch die Firewall des Verlags entsprechende Anhänge an E-Mails nicht akzeptiert werden und Ihre Bilder nicht ankommen!

6.3.4 Der klassische Filmabzug

Die Arbeit mit klassische Abzügen von Filmen wird in den Redaktionen immer seltener. Deshalb sollten Sie klassische Aufnahmen nur auf ausdrücklichen Wunsch der Redaktion »schießen«. Falls die Redaktion das wünscht (und Sie noch eine entsprechende Kamera besitzen), benutzen Sie einen guten Film mit hoher Lichtempfindlichkeit (mindestens 400 ASA), um pressefähige Fotos zu erhalten. Benutzen Sie Filme, mit denen möglichst wenige Aufnahmen gemacht werden können. Bedenken Sie, dass die Bilder immer so schnell wie möglich entwickelt werden müssen. Sie können also nicht warten, bis der Film »voll« ist und haben für Aufnahmen bezahlt, die gar nicht gemacht wurden.

Wenn Sie die Bilder entwickeln lassen, wählen Sie Hochglanzabzüge im Standardformat. In den meisten Fällen können Sie aber den Film bei der Redaktion abgeben, die ihn dann entwickelt. Das gilt vor allem für Schwarz-Weiß-Aufnahmen.

6.3.5 Die Bildunterzeile

Was häufig unterschätzt wird, ist die Bildunterzeile (BUZ). Sie muss für die Medien alle Fakten enthalten, die für die Meldung wichtig sind. Denn ein gutes Foto wird gerne groß gebracht und nur mit der BUZ veröffentlicht (was mehr bringt als ein Zweispalter in der gleichen Größe!). Die BUZ muss der Datei, die das Bild enthält, eindeutig zuzuordnen sein. Deshalb sollten Sie eine Bildunterzeile immer nach dem folgenden Schema schreiben: BUZ für [Dateiname]: Text der BUZ.

Es genügt, wenn Sie nur die wichtigsten Informationen notieren. Dazu gehören der Anlass des Fotos und die Namen der abgebildeten Personen. Achten Sie darauf, dass die Namen vollständig (Vor- und Nachnamen, Titel nicht vergessen!) und vor allem eindeutig zuordenbar sind, z.B. durch Hinweise wie »von links nach rechts« oder »obere Reihe«.

Wenn Sie eine Bildunterzeile formulieren wollen, bedenken Sie, dass sie kurz und prägnant sein muss. Berücksichtigen Sie dabei, dass die ersten Worte meist fett gedruckt werden. Schreiben Sie also unter einem Foto, bei dem beispielsweise ein Vereinsvorsitzender der Siegerin einen Kuss gibt nicht: »**Vereinsvorsitzender Paul Huber** gratulierte Frau Martina Mustermann zu ihrem Sieg im Tontaubenschießen«, sondern: »**Mit einem dicken Kuss** gratulierte Vorsitzender Paul Huber der Siegerin im Tontaubenschießen, Martina Mustermann«

! **Tipp**

Im Pressetext und in der Bildunterzeile verwenden Sie immer den Vor- und den Nachnamen. Die Anrede »Frau« oder »Herr« kann dann entfallen, was den Text lebendiger macht.

6.3.6 Bewegte Bilder

Dank Smartphone und Co ist es heute auch möglich, »Filmchen« von durchaus guter Bildqualität zu drehen. Obwohl solche »Clips« in den Medien immer beliebter werden (Privatsender füllen damit ja schon ganze Sendungen), sollten Sie überlegen, ob Sie so etwas an die Medien senden wollen. Wenn ja, sollten Sie nicht allzu sehr enttäuscht sein, wenn die Medien sie nicht veröffentlichen. Sie können sie dann immer noch auf YouTube oder Instagram hochladen (zu den neuen Medien siehe Kapitel 10.2).

Prinzipiell lassen sich mit modernen Smartphones durchaus qualitativ gute Beiträge drehen. Das gilt aber nur für die Bildqualität an sich. So stellt schon das Ruhighalten der »Handykamera« ein Problem dar. Wenn Sie aus der Hand drehen, werden Sie die Aufnahmen immer derart verwackeln, dass sie nutzlos werden. Sie sollten also zumindest ein Stativ anschaffen oder bauen, wenn Sie für die Medien drehen wollen. Drehen Sie mit dem Handy, sollten Sie an einem Standort bleiben. Bewegungen beim Laufen lassen sich kaum ausgleichen.

Tipp !

Wenn Sie wirklich beim Gehen mit dem Smartphone filmen wollen, gehen Sie ein wenig in die Knie. Das sieht zwar komisch aus, mildert das »Ruckeln« im Film aber zumindest ein wenig ab.

Bevor Sie mit dem »Dreh« beginnen, sollten Sie den Bildausschnitt genau kontrollieren. Achten Sie dabei auf störende Elemente, beispielsweise einen tiefhängenden Zweig oder Gegenstände, die angeschnitten nur das Gesamtbild stören. Wenn Sie die Möglichkeit haben, sollten Sie die Aufnahmen aus mehreren Perspektiven machen, damit Sie später das beste Ergebnis heraussuchen können.

In Camcordern und Smartphones sind zwar Mikrofone eingebaut, deren Qualität reicht aber für einen Sendebeitrag nicht aus. Wenn Sie also beispielsweise ein Interview aufzeichnen wollen, benötigen Sie auf jeden Fall ein gutes Mikrofon.

Arbeiten Sie mit einem Camcorder, haben Sie natürlich viel mehr Möglichkeiten als bei einem Smartphone. Um diese Möglichkeiten voll ausschöpfen zu können, sollten Sie sich spezielle Fachliteratur besorgen. Es würde den Rahmen dieses Buchs sprengen, wenn wir auf alle Details eingehen wollten.

Immer häufiger werden auch Aufnahmen mit Drohnen gemacht. Sie sind meist auch sehr interessant, teilweise sogar spektakulär. Allerdings müssen Sie im Umgang mit Drohnen eine ganze Reihe rechtlicher Bestimmungen beachten, auf die wir in Kapitel 6.3.8 genauer eingehen.

6.3.7 Das Bildarchiv

Legen Sie sich von Anfang an ein Archiv mit Ihren Aufnahmen an. Es kann immer wieder vorkommen, dass Sie Fotos benötigen, die Sie bereits vor einiger Zeit geschossen haben. Wenn Ihr Gesangverein beispielsweise einen Opernsänger eingeladen hat, mit dem der Chor bereits gesungen hat, sind solche Archivaufnahmen allemal schöner, als die von der Agentur des Opernsängers gelieferten Bilder, weil diese keinen Bezug zum Chor herstellen.

! Tipp

Spätestens, wenn Ihr Verein eine Chronik erstellen will, werden Sie feststellen, wie wertvoll ein Archiv der eigenen Aufnahmen ist.

Speichern Sie Ihre Aufnahmen nach Anlass und Themen sortiert auf CDs, die Sie nummerieren. Zusätzlich sollten Sie sich eine Tabelle (z.B. in Excel oder einem ähnlichen Programm) anlegen, in der Sie hinter der CD-Nummer eine Reihe von Stichwörtern abspeichern. So finden Sie Aufnahmen am schnellsten wieder.

6.3.8 Rechtliches

Beim Umgang mit Fotos sind einige rechtliche Dinge zu beachten. Im Vordergrund stehen dabei Urheber- und Persönlichkeitsrechte. Je nachdem, ob Sie fotografieren, mit dem Handy ober dem Camcorder filmen oder eine Drohne einsetzen, sind zusätzliche Bestimmungen zu beachten.

Fotos Dritter

Wenn Ihnen kommerzielle Fotografen Fotos zur Verfügung stellen, müssen Sie bedenken, dass diese Aufnahmen einem Copyright unterliegen und im Falle einer Veröffentlichung bezahlt werden müssen. Diese Kosten hierfür sind oft sehr hoch. Versuchen Sie deshalb, eigene Aufnahmen zu fertigen oder Bilder zu organisieren, die kostenlos veröffentlicht werden dürfen. Wenn Sie »Profiaufnahmen« verwenden wollen, klären Sie auf jeden Fall vor der Veröffentlichung ab, wie hoch die Kosten hierfür sind. Auf keinen Fall sollten Sie solche Aufnahmen ohne Genehmigung verwenden – das kann am Schluss sehr teuer werden.

Tipp !

Im Internet finden Sie auch Datenbanken, wie beispielsweise Pixabay, die Fotos rechtefrei anbieten. Bei anderen Archiven kann man Fotos recht günstig kaufen (Clip Dealer, Fotolia und andere). Lesen Sie hier die Nutzungsbedingungen genau durch. Von den Medien werden diese Aufnahmen allerdings meist nicht verwandt – sie können Ihnen aber beim Erstellen von Werbematerial sehr nützlich sein.

Nutzen Sie auf keinen Fall Fotos Dritter, deren Rechte nicht eindeutig geklärt sind, denn Sie wissen ja: Unwissenheit schützt vor Strafe nicht. Neben den rechtlichen Konsequenzen müssen Sie davon ausgehen, dass Sie zukünftig große Probleme bei den Medien haben werden, wenn Sie ihnen Bildmaterial zur Verfügung stellen wollen.

Wichtig !

Auch sehr alte Fotos sind nicht urheberrechtefrei. Je nach Sachlage können hier Rechte bis zu 100 Jahre gelten. Das »Recht am eigenen Bild« (siehe nächster Absatz) kann noch bis zu zehn Jahre nach dem Tod der abgebildeten Person von dessen Erben ausgeübt werden.

Wen oder was man fotografieren darf

Grundsätzlich gilt, dass Sie die Erlaubnis der Personen benötigen, die Sie fotografieren wollen. Ausnahmen gelten nur

- bei Personen der Zeitgeschichte. Das sind Menschen, die durch ihre Stellung, ihr Schaffen oder ihre Leistungen im öffentlichen Interesse stehen (z.B. Politiker, Künstler, Sportler usw.),
- wenn die Menschen nur als Hintergrund oder schmückendes Beiwerk für das eigentliche Motiv (z.B. eine Landschaft oder eine Sehenswürdigkeit) dienen,
- bei Fotos, die im Rahmen öffentlicher Veranstaltungen (Umzügen usw.) entstanden sind, an denen die fotografierte Person teilgenommen hat.

Diese Ausnahmen gelten aber nicht, wenn die fotografierte Person ein Interesse daran hat, dass keine Aufnahmen von ihr gemacht werden.

Etwas anderes ist es aber, wenn Sie beispielsweise die Mitglieder Ihres Vereins beim alljährlichen (internen) Sommerfest fotografieren. Dies kann schon eine Verletzung des allgemeinen Persönlichkeitsrechts der fotografierten Person darstellen.

! Tipp

Die Mitgliederversammlung kann beschließen, dass jedes Mitglied mit seinem Eintritt in den Verein, diesem die Erlaubnis gibt, Fotos von ihm zu machen und zu veröffentlichen. Achten Sie darauf, dass diese Genehmigung auch nach einem eventuellen Austritt des Mitglieds gültig bleibt. Hierauf müssen Sie allerdings im Mitgliedsantrag hinweisen.

Gerade Kinder sind sehr beliebte Motive, die auch bei den Medien gut ankommen. Aufnahmen von Kindern sind aber nur erlaubt, wenn die Erziehungsberechtigten vorab zugestimmt haben. Außerdem sollten Sie bei Aufnahmen mit Kindern nicht nur aus rechtlichen Gründen sehr vorsichtig sein. Was auf keinen Fall entstehen darf, ist der Eindruck, dass Sie die Kinder für Vereinszwecke missbrauchen.

Für die Form der Einwilligung gibt es keine Vorschriften. Prinzipiell reicht also ein mündliches Einverständnis aus. Sie sollten aber von Fall zu Fall entscheiden, ob es aus Beweisgründen nicht vielleicht doch besser wäre, eine schriftliche Einverständniserklärung einzuholen. Sie sollte die folgenden Punkte enthalten:

- den Ort und den Zeitpunkt der Aufnahme,
- den Zweck der Aufnahme (»zur Veröffentlichung in diversen Medien«) und
- den Hinweis, dass es möglich ist, die Einwilligung zu widerrufen (wobei der Widerruf nicht rückwirkend gilt).

Drehen mit der Drohne

Drohnen mit Kameras bestücken und tolle Aufnahmen aus der Vogelperspektive machen – das hört sich super an. Doch rechtlich ist das Drehen mit Drohnen eine nicht ganz einfache Sache. Das beginnt schon vor dem ersten Start. Sie müssen erst einmal klären, ob Sie eine Fluggenehmigung benötigen.

Wichtig　　　　　　　　　　　　　　　　　　　　　　　　　　!

Seit dem 01.10.2017 ist für Drohnen mit einem Gesamtgewicht von mehr als 2 kg ein sogenannter »Drohnenführerschein« erforderlich. Den Drohnenführerschein erhalten Sie von Stellen, die das Luftfahrt-Bundesamt hierfür zertifiziert hat. Dort bekommen Sie auch weitere Informationen zum Thema »Drohnen« (www.lba.de, dort unter »Luftpersonal« die Seite »Unbemannte Fluggeräte« aufrufen).

Drohnen gehören zu den sogenannten unbemannten Luftfahrtsystemen (AUS = Unmanned Aerial Systems). Wird eine Drohne außerhalb des Sports beziehungsweise der Freizeitgestaltung genutzt, muss dafür eine Aufstiegserlaubnis eingeholt werden, wenn die Drohne

- schwerer als 5 kg Gesamtmasse ist oder
- sich bei der Inbetriebnahme näher als 1.500 Meter zu einem Flughafen befindet.

Auf Flugplätzen müssen Sie zusätzlich eine Erlaubnis der Luftaufsichtsstelle oder der Flugleitung einholen.

Wichtig　　　　　　　　　　　　　　　　　　　　　　　　　　!

Sobald sich eine Kamera an der Drohne befindet, gilt der Flug nicht mehr als Sport- oder Freizeitvergnügen.

Eine Drohne darf nur in Sichtweite des »Drohnenpiloten« auf der Erde genutzt werden. Tragen Sie während des Flugs eine Brille, die simuliert, dass Sie wirklich »an Bord der Drohne« sitzen (sogenannte FPV-Brillen), ist der vorgeschriebene Sichtkontakt nicht mehr gegeben. Auf den Einsatz einer FPV-Brille müssen Sie schon bei der Genehmigung hinweisen, da die normale Aufstiegsgenehmigung solche Flüge nicht umfasst.

Keine Aufstiegserlaubnis erhalten Sie, wenn

- die Drohne insgesamt mehr als 25 kg wiegt,
- die Flugbahn über Menschenansammlungen hinwegführt,
- Unfall- oder Unglücksorte und Rettungseinsätze überflogen werden,
- auf der Flugstrecke Justizvollzugsanstalten, militärische Anlagen, Industrieanlagen und Kraftwerke überfolgen werden und
- die Regelungen für Luftsperrgebiete und Gebiete mit Flugbeschränkungen (z. B. Einflugschneisen) verletzt werden (dies ist schon der Fall, wenn die Drohne in den entsprechenden Luftraum eindringt).

Was erlaubt ist und was nicht, erfahren Sie im Detail auf der Internetseite der Deutschen Flugsicherung (www.dfs.de). Auf der Startseite finden Sie die Rubrik »Drohnenflug«, die viele wichtige Informationen zum Einsatz von Drohnen enthält.

Die Fluggenehmigungen werden in den einzelnen Bundesländern unterschiedlich gehandhabt. Was in allen Fällen verlangt wird, ist eine ausreichende Haftpflichtversicherung. Die Deckungssumme richtet sich hier nach §37 des Luftverkehrsgesetzes (LuftVG) und beträgt für eine Drohne bis 5kg Startgewicht 750.000 Sonderziehungsrechte (Internationaler Umrechnungskurs des Internationalen Währungsfonds IWF), was knapp 900.000 EUR entspricht. Für Drohnen bis 5kg können Sie eine Allgemeine Aufstiegserlaubnis einholen, die bis zu zwei Jahre gültig ist. Für schwerere Drohnen oder Drohnen mit Verbrennungsmotor sind Einzelerlaubnisse notwendig.

Die für die Erlaubnis zuständigen Behörden finden Sie ebenfalls auf der Internetseite der Deutschen Flugsicherung. Außerdem müssen die Ordnungsbehörden und die Polizei informiert werden, insbesondere dann, wenn Sie in geschlossenen Ortschaften drehen. Außerdem ist zu beachten, dass der Mindestabstand zu Flughäfen (1,5 km) eingehalten wird und die maximale Flughöhe über Grund (AGL) von 100 Metern nicht überschritten wird. Zusätzlich muss ein ausreichender Sicherheitsabstand zu Personen, fremden Sachen und öffentlichen Verkehrswegen (Straßen, auch Binnenwasserstraßen) und Hochspannungsleitungen eingehalten werden. Schließlich ist die Privatsphäre zu beachten, die durch einen Drohnenflug schnell verletzt werden kann.

! Wichtig

Das allgemeine Persönlichkeitsrecht kann ein Notwehrrecht begründen. Dies geht so weit, dass ein Geschädigter unter Umständen sogar den Absturz einer Drohne herbeiführen kann.

Dies ist nur ein grober Überblick, der verdeutlichen soll, dass der Einsatz von Drohnen beim Filmen – insbesondere, wenn die Aufnahmen veröffentlicht werden sollen – eine ganze Reihe rechtlicher Risiken in sich birgt. Umfassende Informationen hierzu erhalten Sie beispielsweise im Internet auf der Seite der schon genannten Deutschen Flugsicherung und auf der Internetseite www.drohnen.de.

7 Die Pressekonferenz

Eine Pressekonferenz sollten Sie nur in Ausnahmefällen und bei besonders herausragenden Ereignissen veranstalten. Zum einen ist eine Pressekonferenz für Sie selbst mit einigem Aufwand verbunden, zum anderen ist sie auch für Journalisten zeitintensiv und Zeit ist bei Medienvertretern ein rares Gut. Bevor Sie sich für eine Pressekonferenz entscheiden, sollten Sie überlegen, ob Sie nicht lieber eine ausführliche Pressemappe (siehe Kapitel 8) an die Medien versenden und darin einen Ansprechpartner für Rückfragen zum Thema anbieten sollten.

Pressekonferenzen werden häufig kurzfristig einberufen, wenn es darum geht, in Krisensituationen an die Öffentlichkeit zu treten. Richtig ist, dass Sie im Falle einer Krise schnell reagieren müssen – ob aber eine Pressekonferenz der richtige Weg ist, ist mehr als zweifelhaft. Die Gefahr, dass die Medien bereits besser über die Details informiert sind, als die Vereinsvertreter, ist groß. Außerdem bergen Pressekonferenzen die gleichen Gefahren wie Interviews: Schon eine falsche Formulierung kann zu unerwünschten Veröffentlichungen führen. Deshalb sollten Sie lieber eine Presseerklärung herausgeben. Unter Umständen können Sie dann eine Pressekonferenz zu einem späteren Zeitpunkt ankündigen. Diese muss dann natürlich auch stattfinden.

Grundsätzlich sollten Sie sich vor der Planung einer Pressekonferenz die folgenden Fragen stellen:

- Was ist der Anlass der Pressekonferenz?
- Ist dieser Anlass für die Öffentlichkeit so wichtig, dass Journalisten bereit sind, die Zeit dafür zu opfern, die eine Pressekonferenz kostet?
- Hat der Verein die richtigen Ansprechpartner für die Journalisten, die inhaltlich ausreichend informiert sind und sich auch so ausdrücken können, dass es keine Missverständnisse gibt?
- Gibt es für das Thema der Pressekonferenz eine klare, eindeutige Position des Vereins?
- Gibt es überhaupt genügend Journalisten, die für eine Pressekonferenz angesprochen werden können?

Haben Sie sich für eine Pressekonferenz entschieden, kommt eine Menge Arbeit auf Sie und Ihr Team zu. Im weiteren Verlauf dieses Kapitels gehen wir auf die wichtigsten Punkte ein, die Sie erledigen müssen, bevor die Pressekonferenz stattfinden kann.

7.1 Die Podiumsteilnehmer

Wichtig ist, dass die Vereinsvertreter auf dem Podium über die notwendige Kompetenz bezüglich des Themas verfügen. Beim Vorstellen der ersten Mannschaft eines Fußballvereins ist beispielsweise der erste Vorsitzende nicht zwingend erforderlich. Unverzichtbar sind hingegen der sportliche Leiter und der Trainer der Mannschaft. Je nach Anlass der Konferenz können auch andere Personen für die Medien interessant sein. Will ein Verein beispielsweise das Programm zu seinem 50-jährigen Bestehen vorstellen, kann auch das älteste Vereinsmitglied mit aufs Podium gehen.

Neben der Kompetenz sollten die Podiumsteilnehmer auch über eine vernünftige Ausdrucksweise verfügen. Vernünftig heißt in diesem Zusammenhang nicht, dass sie reines Hochdeutsch sprechen (das tut sowieso so gut wie kein Mensch). Die Teilnehmer sollten aber dazu in der Lage sein, klar und eindeutig zu formulieren und sich auch durch Fragen der Medienvertreter nicht aus der Fassung bringen lassen. Ein »Äh« oder ein Stolperer im Satz ist keine Katastrophe, aber die Aussprache sollte schon so sein, dass sie für die Zuhörer nicht nervig wird.

Die Podiumsteilnehmer sollten sich auch darüber im Klaren sein, dass nach der Pressekonferenz Fotos gemacht werden. Entsprechend sollten sie so gekleidet sein und aussehen, wie sie sich selbst gerne auf einem Foto sehen möchten. Aber bitte nicht übertreiben. Legere, ordentliche Kleidung ist tausendmal besser als ein Anzug mit Krawatte, bei dem sich der Betrachter des Fotos direkt sagt: »Den hat der doch nur wegen der Zeitung angezogen«.

7.2 Der Moderator

Die Aufgabe des Moderators sollte der PR- und Medienmanager übernehmen. Er eröffnet die Pressekonferenz, indem er die anwesenden Medienvertreter begrüßt und die Podiumsteilnehmer vorstellt. Nach den Eröffnungsstatements der Podiumsteilnehmer erteilt der Moderator den Medienvertretern das Wort und leitet so die Fragerunde ein.

Zu Beginn der Pressekonferenz sollte der Moderator den Ablauf und die Modalitäten erläutern. Hierzu gehört, dass die Statements, Fragen und Antworten eine gewisse Zeitspanne nicht überschreiten sollen. Dies hat der Moderator während der Konferenz zu überwachen. Allerdings sollte er bei Zeitüberschreitungen nicht gleich mit Wortentzug drohen, sondern lieber freundlich darauf hinweisen, dass die Sprecher zum Schluss kommen sollten.

Der Moderator sollte grundsätzlich keine eigenen Stellungnahmen abgeben. Hat er aber den Eindruck, dass sich ein Podiumsteilnehmer missverständlich ausgedrückt hat, sollte er eine Verständnisfrage nachschieben (»Hast du damit gemeint, dass ...?«).

7.3 Der Termin der Pressekonferenz

Wollen Sie eine Pressekonferenz ansetzen, bei der es nicht um eine aktuelle Stellungnahme geht (siehe Kapitel 7), sollten Sie den Termin mit Bedacht auswählen. Planen Sie beispielsweise ein großes Fest oder eine Veranstaltungsreihe, können Sie den Termin für die vorbereitende Pressekonferenz schon lange im Voraus festlegen.

Die Konferenz sollte ca. drei Wochen vor Beginn der Veranstaltung oder Kampagne stattfinden. Versuchen Sie sich bei der Auswahl des Datums in die Situation der Medienvertreter hineinzuversetzen, die Sie einladen wollen. Achten Sie dabei nicht nur auf die Termine anderer Vereine, die von den Medienvertretern wahrgenommen werden müssen. Journalisten sind auch nur Menschen. Eine Pressekonferenz während eines Fußballweltmeisterschaftsspiels der deutschen Nationalmannschaft ist deshalb keine so gute Idee.

Sie können eine Pressekonferenz aber durchaus in die Ferienzeit legen. Diese Zeit wird ja allgemein als »Saure-Gurken-Zeit« für die Medien gescholten. Tatsächlich suchen die Medienvertreter während der Ferienzeit häufig nach Themen und räumen Ihren Interessen dann auch mehr Platz ein. Zwar wird häufig behauptet, dass gerade die kommunalen oder regionalen Tageszeitungen in dieser Zeit nicht so häufig gelesen wird wie sonst, aber das ist ein Irrtum. Gerade während der Ferien beziehungsweise des Urlaubs haben die Leserinnen und Leser mehr Zeit, um die Tagespresse in Ruhe zu lesen. Viele, die verreisen, nutzen das Angebot der Zeitungen und lassen sich ihre Exemplare nachsenden.

Da die meisten Termine der Medienvertreter aufs Wochenende fallen und Anfang der Woche einiges vom Wochenende aufgearbeitet werden muss, sollten Sie den Termin für Ihre Pressekonferenz in die Wochenmitte legen.

Auch über die Uhrzeit Ihrer Pressekonferenz sollten Sie sich Gedanken machen. Eine Pressekonferenz am Abend ist selten erfolgreich, da sich dann die Termine der Medienvertreter häufen. Da sie abends häufig unterwegs sind, beginnen die meisten Medienvertreter ihren Arbeitstag erst am späten Vormittag, sodass zu frühe Termine ebenfalls kritisch sind. Es bietet sich daher an, den Termin für Ihre Pressekonferenz in die Mittagszeit zwischen 10:30 und 14:00 Uhr zu legen. Bei Pressekonferenzen, die zu dieser Zeit stattfinden, sollten Sie einen kleinen Imbiss bereitstellen (siehe Kapitel 7.7).

! **Tipp**
10.30 Uhr als Starttermin ist auch für Radioredakteure ideal. Sie können die Meldung in der Mittagssendung unterbringen. Das ist für den Verein von Vorteil, denn zu dieser Zeit haben die Lokalsender nachweislich mit die meisten Zuhörer.

7.4 Der Konferenzort

In den meisten Fällen wählen Vereine das Vereinslokal oder das Clubheim als Ort für die Pressekonferenz. Da die Konferenz zeitlich nicht ausufern sollte, ist dies auch meist eine gute Wahl. Bei längeren Pressekonferenzen müssen Sie jedoch Anreize schaffen und einen Konferenzort wählen, der für die Medienvertreter besonders interessant ist. Da während beziehungsweise nach der Konferenz auch Fotos geschossen beziehungsweise Videos gedreht werden, sollte der Konferenzort eine Kulisse für spannende Aufnahmen bieten. Allerdings sollten Sie das Thema »Konferenzort« auch nicht überstrapazieren. Da die meisten Medienvertreter so wenig Zeit wie möglich aufwenden möchten, zählt vor allem, dass der Ort der Pressekonferenz gut erreichbar ist und über ausreichend Parkplätze für die Medienvertreter verfügt.

7.5 Die Einladungen

Bevor Sie die Einladungen – vorzugsweise per E-Mail – verschicken, prüfen Sie noch einmal ob Ihnen alle Adressen vorliegen und ob Sie keinen Medienvertreter vergessen haben. Sie verspielen schnell gute Kontakte, wenn Medienvertreter durch die Berichte ihrer Kollegen erfahren, dass Sie eine Pressekonferenz abgehalten haben.

Sie sollten die Einladungen ca. 14 Tage vor dem Termin verschicken, damit die Medienvertreter die Pressekonferenz in ihre Terminkalender einplanen können. Nennen Sie den Termin, den Ort und das Thema. Außerdem sollten Sie einen »Appetitanreger« einfügen. Wenn Sie beispielsweise ein Konzert ankündigen wollen, zu dem Sie einen sehr bekannten Sänger eingeladen haben, weisen Sie darauf hin, dass dieser »Star« auf der Pressekonferenz bekanntgegeben wird. Verraten Sie in der Einladung aber nicht zu viel, sonst haben die Journalisten keinen Anreiz, zu Ihrer Pressekonferenz zu kommen.

Bitten Sie um Rückmeldung, ob und wie viele Personen an der Pressekonferenz teilnehmen werden, damit Sie besser planen können. Erhalten Sie von einem Medium keine Rückmeldung, heißt das aber nicht, dass von dem entsprechenden Medium kein Vertreter kommt. Leider werden häufig keine Rückmeldungen gegeben.

7.6 Zuständigkeiten klären

Eine Pressekonferenz kann niemals von einer Person bewältigt werden. Der PR- und Medienmanager muss hierbei den Rücken frei haben, damit er sich ausschließlich um die anwesenden Medienvertreter kümmern und die Konferenz leiten kann (siehe Kapitel 7.1).

Für die verschiedenen Aufgaben benötigen Sie ein Team. Wie viele Personen dieses Team umfasst, hängt von der Größe der Pressekonferenz ab. Sie brauchen zunächst eine zentrale Anlaufstelle, bei der alle Fäden hinter den Kulissen zusammenlaufen. Diese ist besonders wichtig, wenn mit technischen Geräten (PC, Beamer, Tontechnik usw.) gearbeitet wird beziehungsweise gearbeitet werden muss. Der »Chef hinter den Kulissen« sollte von Anfang an in die Planung der Konferenz eingebunden sein.

Nehmen zusätzliche Referenten oder Experten an der Konferenz teil, sollten sie einen eigenen Betreuer haben. Im Normalfall werden Sie jedoch keine weiteren Personen zur Konferenz einladen. Es kann aber beispielsweise notwendig werden, dass Sie bei einer Pressekonferenz zu einem heiklen Thema den Vereinsanwalt hinzuziehen.

Je nach Größe der Pressekonferenz werden Lautsprecher, Mikrofone usw. benötigt. Außerdem können und sollten visuelle Hilfsmittel zur Verfügung stehen (Laptop, Beamer usw.). Hier sollte ein Fachmann des Vereins zur Verfügung stehen, der dafür sorgt, dass diese Dinge während der Konferenz problemlos eingesetzt werden können. Die Technik sollte so früh installiert werden, dass eine »Generalprobe« möglich ist. Nichts ist ärgerlicher als ein Ausfall der Technik während der Pressekonferenz. Denken Sie auch daran, Reserven für Verschleißmaterialien bereitzustellen. Es wäre schade, wenn die Qualität der Konferenz leidet, nur, weil eine Sicherung kaputtgeht und kein Ersatz vorhanden ist oder weil keine Batterien für die Mikrofone vorhanden sind.

7.7 Sonstiges zur Pressekonferenz

Zu jeder Pressekonferenz gehört eine Pressemappe, auf die wir im nächsten Kapitel detailliert eingehen.

Bei der Bewirtung der Journalisten sollten Sie es nicht übertreiben. Einige Schnittchen, ein paar Kaltgetränke und Kaffee reichen völlig aus. Wenn Sie die Konferenz in den Mittagstunden durchführen, können Sie auch heiße Würstchen mit Kartoffelsalat anbieten. Bedenken Sie beim Festlegen der Verköstigung aber auch, dass es immer mehr Vegetarier und Veganer gibt. Sie sollten also auf jeden Fall eine fleischlose Alternative anbieten können.

8 Die Pressemappe

Eines der wichtigsten Instrumente bei Veranstaltungen jeder Art ist die Pressemappe. Sie beinhaltet alles, was Medienvertreter wissen müssen und was ihnen die Arbeit erleichtert. Bevor wir auf den Inhalt dieser Mappe eingehen, sollten wir kurz auf deren Form eingehen.

Obwohl wir in einer mehr und mehr digitalisierten Welt leben, sollten die Informationen der Pressemappe auch in ausgedruckter Form vorliegen. Gleichzeitig müssen alle Informationen aber auch digital zur Verfügung stehen.

In den meisten Fällen speichern Sie die Daten vorzugsweise auf eine CD. Gleichzeitig sollten Sie den Journalisten, die keine CDs einsetzen können, anbieten, dass Sie ihnen ausgewähltes Material per Mail zusenden können. Hierzu nummerieren Sie die Bestandteile der Pressemappe, sodass der Journalist Ihnen einfach die Nummern des Materials sagen kann, das er gerne per Mail hätte. Außerdem können Sie die Materialien in einer Cloud ablegen und den Journalisten die entsprechenden Links zur Verfügung stellen.

Die Ausdrucke stellen Sie den Journalisten in einer Mappe zur Verfügung. Verwenden sie aber keine Schnellhefter, da Medienvertreter lose Blätter bevorzugen. Bei der Auswahl der Mappe sollten Sie nicht übertreiben. Eine einfache Kunststofftasche reicht vollkommen aus. Wichtig ist nur, dass die Presseunterlagen nicht aus der Mappe fallen.

Im Kopf der Ausdrucke sollte auch stehen, in welcher Datei die Daten zur Verfügung stehen. Verwenden Sie für die Dateien aussagefähige Bezeichnungen. Bei Fotos sollten Sie nicht die von Ihrer Kamera vergebene Bezeichnung (IMG-123) übernehmen, sondern auf den Inhalt des Bilds eingehen (Preisverleihung KiGa-Turnier SG 06).

In der Pressemappe sollten folgende Unterlagen zu finden sein:
- Inhaltsverzeichnis der Mappe mit Dateinamen der einzelnen Elemente,
- kurze Übersicht über das Thema der Veranstaltung, der auftretenden Personen, des Programmverlaufs usw. (Waschzettel oder neudeutsch »Factsheet«),

- vorbereitete Pressemeldung,
- vorbereiteter Pressebericht – kurz (bis ca. 2.000 Anschläge inkl. Leerzeichen),
- vorbereiteter Pressebericht – mittel (bis ca. 4.000 Anschläge inkl. Leerzeichen),
- vorbereiteter Pressebericht – lang (bis ca. 8.000 Anschläge inkl. Leerzeichen),
- Hintergrundinformationen zum Thema der Aktion oder Veranstaltung, Biografien der Referenten, Namen, Fakten und Zahlenmaterial,
- Fotos und anderes visuelles Material wie Diagramme und andere Grafiken,
- Allgemeine Informationen zum Verein – soweit vorhanden eine Imagebroschüre (sonst Factsheet mit Angaben zur Mitgliederstärke, zu den Tätigkeitsbereichen, zu herausragenden Ereignissen und Erfolgen usw.),
- CD mit dem digitalisierten Material der Pressemappe.

Anstatt der drei Presseberichte (kurz, mittel oder lang) können Sie auch einen Bericht verfassen, der leicht von hinten gekürzt werden kann.

9 Krisenmanagement

Dass im Verein immer alles rund läuft und es nie Probleme gibt, ist ein Wunschtraum. Solange sich die Schwierigkeiten innerhalb des Vereins klären lassen, ist alles gut. Wenn es aber zu Problemen kommt, die an die Öffentlichkeit gelangen, ist der PR- und Medienmanager gefragt. Hier muss zwar schnell reagiert werden, dennoch heißt das oberste Gebot: Ruhe bewahren.

Ein Fehler ist es auf jeden Fall, in Krisensituationen zu schweigen. Denn wenn die Medien auf einen Missstand aufmerksam geworden sind, werden sie bohren. Bekommen sie keine Informationen vom Verein, vermuten sie, dass etwas vertuscht werden soll, wodurch der Verein indirekt dazu beiträgt, dass die Angelegenheit aufgebauscht wird. Die Medien werden, wenn sie einmal Blut geleckt haben, schon an Informationen kommen – doch der Verein ist dann in der Defensive, was immer eine schlechte Ausgangslage ist.

Es hat sich in Krisensituationen immer wieder gezeigt, dass eine offensive Vorwärtsstrategie besser ankommt als eine Verschleierungstaktik, die im Endeffekt alles nur schlimmer macht. Ein Beispiel, wie man es nicht machen sollte, war die Reaktion von VW beim sogenannten »Diesel-Skandal«. Durch den Versuch, die Angelegenheit zu verschleiern, weckte VW erst die Recherchelust der Journalisten. Zudem war die Medienstelle von VW zu lange zu schweigsam.

Auch im Verein kann es zu schwerwiegenden Krisen kommen. Nehmen wir einmal einen ganz schlimmen Fall an: Ein Mitglied des Sportvereins wird verhaftet, weil man bei ihm kinderpornografisches Material gefunden hat. Dieses Vereinsmitglied ist auch noch Trainer bei der Kinderabteilung des Vereins. Zugegeben, eine der schlimmsten Situationen, in die ein Verein geraten kann, doch ausschließen kann so etwas keiner.

Wenn Sie jetzt erst über Krisenmanagement in der PR nachdenken, ist es zu spät. Sie sollten sich schon vorher, sozusagen in »krisenlosen Zeiten«, auf solche Ausnahmesituationen vorbereiten. Zunächst sollten Sie einen Notfallplan aufstellen, aus dem hervorgeht, wer für welche Problembereiche der richtige Ansprechpartner ist (z.B. für Finanzen der Geschäftsführer, für

Probleme mit der Kommunalverwaltung der erste Vorsitzende, für Kinder- und Jugendfragen der Jugendwart usw.).

Außerdem sollten Sie Leitlinien entwickeln, wie der Verein sich in Krisensituationen verhält. Einige Grundregeln können beispielsweise lauten:

- Bei Anfragen auf eine neu entstandene Krisensituation nicht direkt reagieren. Darauf hinweisen, dass Sie derzeit dabei sind, die Lage zu überblicken und einzuschätzen. Zusagen, dass eine Stellungnahme in Arbeit ist und in Kürze folgen wird (die Stellungnahme muss dann aber auch tatsächlich zeitnah erfolgen).
- Grundsätzlich keine Aussagen nach außen, solange es keine gemeinsame Argumentationsrichtlinie des Vereins gibt.
- Bei gerichtlichen Auseinandersetzungen grundsätzlich darauf verweisen, dass es sich um ein schwebendes Verfahren handelt, zu dem Sie derzeit keine Stellung nehmen werden.
- Werden Mitglieder von ihren Aufgaben suspendiert, darauf hinweisen, dass dies geschieht, um Schaden vom Verein abzuhalten, aber keine »Vorverurteilung« des Betroffenen darstellt.
- Wenn irgend möglich, keine Namen in Verlautbarungen oder Statements verwenden.
- Wenn es um Vereinsmitglieder geht, grundsätzlich keine Stellungnahme, bevor nicht mit dem Mitglied gesprochen wurde. Gegenüber den Medien mitteilen, dass noch keine Gelegenheit bestand, mit dem Betroffenen zu sprechen, und vorher keine Stellungnahmen abgeben werden.
- Statements und Stellungnahmen immer nur »zeitnah« oder »rasch« zusagen. Genaue Termine nur dann nennen, wenn 100% sicher ist, dass sie eingehalten werden.

Sie sollten sich diese Krisenleitlinien immer wieder einmal vornehmen und überarbeiten oder ergänzen. Die oben genannten Punkte machen zunächst den Eindruck, als wollten Sie damit Prozesse verzögern. Dem ist aber nicht so. Natürlich müssen hier Entscheidungen so schnell wie möglich herbeigeführt und kommuniziert werden. Aber überhastetes Handeln, das dazu führt, dass Sie Ihre Aussagen von heute bereits am nächsten Tag korrigieren müssen, trägt nicht zur Entschärfung der Lage bei.

Auch wenn die Situation noch so schwierig ist: Versuchen Sie nicht, relevante Sachverhalte zu vertuschen. Das heißt natürlich nicht, dass Sie alles preisgeben müssen! Hier ist schlicht Fingerspitzengefühl gefragt. Eine Salamitaktik, bei der Sie nur zugeben, was bereits bekannt ist, geht fast nie auf. Wenn beispielsweise der damalige Verteidigungsminister Karl-Theodor zu Guttenberg gleich nach Bekanntwerden seiner zumindest teilweise abgeschriebenen Doktorarbeit Farbe bekannt hätte, wäre der Vorfall wahrscheinlich nicht zur »Plagiatsaffäre« herangewachsen und er hätte sein Amt vielleicht sogar behalten können. Dieser »Fall« zeigt im Übrigen auch, wie schnell man seinen guten Ruf, den der damalige Minister ja unbestritten hatte, durch falsches Krisenmanagement in kürzester Zeit verspielen kann.

Ein ähnliches Beispiel ist das Verhalten des ehemaligen Bundespräsidenten Wulff. Seine Taktik, immer nur das in der Öffentlichkeit zuzugeben, was bereits bekannt war, führte dazu, dass der gesamte Vorgang in die Länge gezogen wurde. Je länger aber ein kritischer Vorgang in der Öffentlichkeit diskutiert wird, umso negativer wird er von der Öffentlichkeit gesehen. Dabei muss auch berücksichtigt werden, dass die Presse, wenn sie erst einmal an einem Thema dran ist, meist nicht aufgibt, bevor sie nicht auch das letzte Detail aufgedeckt hat.

Gerade bei Vereinen, die zum großen Teil von Spenden und Sponsoreneinnahmen leben, wird es besonders kritisch, wenn es um Geld geht. Werden Spendengelder von einer Person oder einer Gruppe veruntreut, fließen sie nicht dem ihnen zugedachten Zweck zu oder arbeitet ein über sie finanziertes Projekt nicht korrekt, müssen die Alarmglocken des Vereins sofort läuten. Auch wenn nur der Anschein unkorrekten Verhaltens entsteht, muss der Verein reagieren. Natürlich müssen Sie bei Verdachtsmomenten nicht herausposaunen, dass Sie etwas argwöhnen. Parallel zur internen Klärung der Sachverhalte sollten Sie aber schon in enger Zusammenarbeit mit allen Betroffenen und dem PR- und Medienmanager eine Vorwärtsstrategie entwickeln, die zum Einsatz kommt, sobald die Angelegenheit nach außen dringt.

Allerdings ist es nicht Ihre Aufgabe, Schwierigkeiten im Verein nach außen zu tragen. Das erwartet auch keiner von Ihnen. Wenn die Dinge intern geklärt werden können, sollte es damit auch gut sein. Dringt dann später doch etwas in die Öffentlichkeit, können Sie darauf verweisen, dass Sie die Angelegenheit intern abschließend klären konnten. Aber auch dann gilt, dass Sie alle Fakten auf den Tisch legen müssen.

Krisen vorzeitig erkennen
Krisen kommen in der Regel nicht aus heiterem Himmel. Sie entwickeln sich. Wer Augen und Ohren offenhält, kann sie meist frühzeitig erkennen. Je früher, desto besser – denn am Anfang lassen sich Krisen leichter bewältigen.

Entwickeln Sie eine gewisse Sensibilität. Beschwerden von Spendern über ein Projekt oder kritische Anmerkungen über einen Vereinsmitarbeiter müssen Sie sofort beantworten. Ihre Reaktion muss dem Kritiker signalisieren, dass Sie seine Vorwürfe ernst nehmen und alles tun, um die Angelegenheit zu klären und – falls die Vorwürfe berechtigt sind – die entsprechenden Missstände abzustellen.

Auch wenn im Umfeld Ihres Vereins Ereignisse stattfinden, die die Öffentlichkeit erregen, sollten Sie sofort prüfen, ob diese Ereignisse auch auf Ihren Verein zurückfallen könnten. Wurde z.B. eine Jugendgang gefasst, die mehrere Einbrüche in Ihrer Gegend begangen hat, und Sie unterhalten im Rahmen Ihrer Vereinstätigkeit Einrichtungen, die von den Mitgliedern der Gang genutzt wurden, sollten Sie überlegen, wie Sie auf Angriffe reagieren. In solchen Situationen wird ein Jugendtreff in der Öffentlichkeit schnell als kriminelle Keimzelle abgestempelt.

Haben Sie eine Krisensituation erkannt, sollten Sie überlegen, wen Sie ansprechen müssen, um Schäden zu vermeiden oder wenigstens zu minimieren. Adressaten für die Krisen-PR können sein:
- Medienvertreter und andere Multiplikatoren, wenn es um öffentliche Schadensbegrenzung geht,
- Spender und Sponsoren, wenn Dinge nur ihnen gegenüber ge- und erklärt werden müssen,
- Mitglieder und Mitarbeiter des Vereins, wenn eine interne Bereinigung noch möglich ist.

Bedenken Sie aber, dass bei den letzten beiden Adressaten nicht verhindert werden kann, dass durch sie Informationen an die Öffentlichkeit gelangen. Überlegen Sie also sehr genau, wie Sie vorgehen wollen.

10 Die neuen Medien

Funk und Fernsehen gehören heute zu den klassischen Medien. Unter neuen Medien verstehen wir die diversen Möglichkeiten, sich im Internet zu präsentieren. Hierzu zählen beispielsweise die sogenannten sozialen Medien (Social Media) wie Facebook und Google+. Außerdem dürfen wir in diesem Zusammenhang soziale Bildnetzwerke wie Instagram, Pinterest und Snapchat nicht vergessen. Auch der Kurznachrichtendienst Twitter kann – beispielsweise im Rahmen des Krisenmanagements – eine wichtige Rolle spielen. Hinzu kommen Videodienste wie YouTube oder Vimeo. Schließlich gehört in dieses Spektrum auch die eigene Internetseite (Homepage).

Für diese Medien sollten Sie aus zwei Gründen ein eigenes Team bilden. Zum einen verlangen die verschiedenen Medien einige Kenntnisse, um sie vernünftig bedienen zu können. Zum anderen müssen sie ständig kontrolliert und aktualisiert werden. Gerade bei den sozialen Medien besteht auch die Gefahr, dass andere Nutzer hier Dinge hochladen, die der Verein dort nicht haben will. Dann müssen Sie sofort reagieren, weil die Beiträge – je nach Einstellung – geteilt werden, also auch auf anderen Plattformen erscheinen.

Manche glauben, dass die Internetangebote kaum oder gar nicht dem Wandel unterworfen sind. Doch dem ist nicht so. Ein Musterbeispiel über die Veränderungen in diesem Segment ist – oder besser war – die Plattform »Wer kennt wen«. Dieses »deutsche Facebook« spielte lange Zeit eine wichtige Rolle im Medienmix des Internets und ist inzwischen vom Markt verschwunden. Zurzeit ist gerade bei jüngeren Nutzern ein Trend zu beobachten, der von Facebook weggeht, während YouTube und Instagram immer mehr an Bedeutung gewinnen.

10.1 Die eigene Homepage

Eine eigene Internetseite sollte jeder Verein haben. Wobei der Ausdruck Internetseite eigentlich falsch ist, denn es ist ja nicht nur eine Seite, sondern viele.

10.1.1 Der Name der Homepage

Für das Erstellen einer Homepage benötigen Sie zunächst eine Adresse, unter der die Seite später hochgeladen wird. Diese Adresse wird Domain genannt und besteht immer aus drei Teilen, die durch einen Punkt getrennt werden:

- www = Host Name (steht für World Wide Web und bleibt bei allen Namen gleich),
- frei wählbarer Text = Second Level Domain,
- com, net, de usw. = Top Level Domain (Kennzeichnung zur Art der Internetseite (z.B.: kommerzielle Seite mit internationalem Charakter: com) oder Länderkennung (Deutschland: de).

Der Name der Internetseite des Kegelclubs »Ruhige Kugel« könnte beispielsweise lauten: »www.ruhige-kugel.de«. Während der Host Name (www) vorgegeben ist und die Top Level Domain vorzugsweise »de« für »Deutschland« lauten sollte, können Sie die Second Level Domain selbst formulieren. Dabei sind die folgenden Regeln zu beachten:

- Die Second Level Domain darf maximal 63 Zeichen lang sein. Um sie sich gut merken zu können, sollte Sie sich allerdings eine möglichst kurze, einprägsame Bezeichnung aussuchen.
- Sie darf keine Leerzeichen enthalten.
- Erlaubt sind alle Zeichen des lateinischen Alphabets, die Ziffern 0 bis 9 und der Bindestrich (streng genommen kommen noch 93 weitere Zeichen der »Liste für internationalisierte Domains« hinzu, die wir aber hier vernachlässigen können).
- Bindestriche dürfen weder am Anfang noch am Ende der Second Level Domain stehen. Außerdem darf der Bindestrich nicht an dritter und vierter Stelle der Domain eingesetzt werden.

Jeder Homepagename (jede Domain) darf natürlich nur einmal vergeben werden. Um zu prüfen, ob der von Ihnen ausgewählte Name noch nicht vergeben ist, können Sie die Adresse – wenn sie mit ».de« endet – auf der Seite der DENIC (https://www.denic.de/webwhois/) prüfen. Ist der Name vergeben, können Sie dem Eigentümer der Adresse die Domain eventuell abkaufen. Einfacher ist es aber, sich einen neuen Namen auszusuchen.

Die DENIC eG ist eine Genossenschaft, die die Top Level Domain ».de« verwaltet. Sie hat ihren Sitz in Frankfurt.

10.1.2 Provider auswählen

Nun brauchen sie noch einen Internetprovider. Der Provider stellt Ihnen Speicherplatz auf seinem (Groß-)Rechner zur Verfügung und sorgt für die Verbindung zum Internet. Er übernimmt darüber hinaus, je nach Anbieter, noch unterschiedliche Zusatzleistungen, wie die Registrierung Ihrer Internetseite, »Baukästen« für eine eigene Internetseite usw. Aber Vorsicht: Diese Zusatzleistungen sind oft nicht kostenlos.

Da der Provider seine Leistungen nicht kostenlos zur Verfügung stellt, lohnt es sich, im Internet zu recherchieren und die Preise zu vergleichen. Neben den »großen« Providern (AOL, T-Online, 1&1 usw.) gibt es auch eine ganze Reihe kleinerer Provider mit sehr interessanten Angeboten. Vergleichen Sie jedoch genau: Häufig ist das Leistungsspektrum eines vermeintlich günstigen Angebots letztlich viel zu teuer, weil Sie jede Zusatzleistung extra bezahlen müssen.

10.1.3 Werkzeuge für die eigene Homepage

Es gibt verschiedene Möglichkeiten, eine eigene Homepage zu erstellen. Sie können sie von einem Mitglied oder von einem Profiunternehmen (komplett in einer Programmiersprache) anfertigen lassen. Letzteres ist allerdings sehr, sehr teuer. Dann gibt es sogenannte »Baukästen«, die meist auch von den Providern angeboten werden. Sie verlangen keine Programmierkenntnisse und bieten relativ viel Spielraum für eine kreative Seitengestaltung. Allerdings verfügen solche »Baukästen« meist über keine Zusatzleistungen wie beispielsweise den Einbau geschützter Bereiche, die nur Mitgliedern mit einem Codewort zugänglich sind, Shopsysteme für den Verkauf von Fanartikeln usw.

Tipp   **!**

Auf der Internetseite www.homepage-baukasten-testsieger.de können Sie sich einen Überblick über die verschiedenen Angebote verschaffen.

10.1.4 Erst planen, dann bauen

Auch wenn Sie mit einem »Baukasten« zu Werke gehen: Ohne einen Plan werden Sie viel unnötige Arbeit haben. Denn Korrekturen, z.B. beim Seitenaufbau, sind häufig sehr aufwendig. Verbindungen zwischen den Seiten müssen geändert und angepasst werden, neue Zuweisungen können notwendig werden und, und, und.

Darum sollten Sie zunächst ein Pflichtenheft erstellen, aus dem hervorgeht, was Sie mit der Seite erreichen wollen. Die primären Ziele dürften dabei sein:

- öffentliche Aufmerksamkeit erzeugen, um neue Mitglieder, Spender und Sponsoren zu gewinnen,
- die Popularität des Vereins steigern,
- eventuell einen eigenen Mitgliederbereich zur vereinfachten Vereinskommunikation integrieren,
- bei Sportvereinen: schnelle Ergebnisberichterstattung,
- eventuell die Integration eines Merchandising-Shops oder Kartenvorverkaufs.

Je nach Art des Vereins können Sie natürlich noch eine ganze Reihe anderer Ziele mit der Seite verfolgen. Sie sollten im Vorfeld auch die folgenden Fragen klären:

- Wird der Verein insgesamt dargestellt oder erhalten einzelne Abteilungen oder Gruppen einen eigenen Bereich auf der Homepage?
- Soll ein Bereich »Aktuelles« oder »News« integriert werden? Das ist empfehlenswert, da eine Internetseite von der Veränderung lebt. Allerdings muss dann auch geklärt sein, wer die Neuigkeiten einpflegt – »News« die einige Wochen alt sind, wirken eher lächerlich.
- Soll es auch Bereiche für bestimmte Zielgruppen geben? Zum Beispiel: Neumitglieder (Satzung, Mitgliedsantrag zum Download), Medien (Foto- und Bildmaterial zum Download), Onlineshop, Kartenvorverkauf usw.

10.1.5 Mit drei Klicks zum Ziel

Eine Homepage besteht aus verschiedenen Ebenen. Stellen Sie sich das System wie eine Pyramide vor. An der Spitze steht die eigentliche Homepage, die immer angezeigt wird, wenn jemand die Adresse der Vereinsseite aufruft. Von hier aus gelangen die Besucher auf andere Seiten, auf denen weitere Informationen zu Themen zu finden sind, die auf der Startseite nur angerissen werden. Details hierzu befinden sich noch eine Ebene tiefer. So können Sie jede Menge Ebenen schaffen. Aber Sie sollten sich darüber im Klaren sein, dass die Besucher der Seite schnell müde werden, immer weiter zu klicken, wenn sie etwas erfahren wollen. Die Erfahrung lehrt, dass ein Besucher möglichst mit drei Klicks auskommen sollte, was mit der Startseite vier Ebenen entspricht.

Für einen Sportverein mit mehreren Abteilungen könnten Sie beispielsweise die folgende Struktur wählen:

Ebene 1: Startseite	Ebene 2	Ebene 3	Ebene 4
Begrüßung, Aktuelles	Der Verein stellt sich vor	Der Verein heute	Der Verein insgesamt
			Die Abteilungen
			Siege, Rekorde
			Termine
		Vereinsgeschichte	Chronik des Vereins
			Menschen, die den Verein prägten
		Ausblick	Unsere Ziele
			Jugendarbeit im Verein
	News	Presseberichte	
		Spielberichte	Abteilungsberichte
		Tabellen, Fakten	Abteilungsinfos

Ebene 1: Startseite	Ebene 2	Ebene 3	Ebene 4
	Wir suchen Dich	Das kannst Du tun	Mitgliedsantrag
	Presse	Pressetexte und Fotos zum Download	Eventuell getrennt nach Abteilungen
	Mitgliederbereich (passwortgeschützt)	Mitgliederversammlung	Protokolle der Mitgliederversammlungen
			Termin & Tagesordnung der MV
			Möglichkeit zur Antragstellung
		Fragen an den Vorstand	Antworten des Vorstands auf häufig gestellte Fragen
		Diskussionsforum	

Tab. 5: Exemplarische Struktur eines Internetauftritts

Der passwortgeschützte Mitgliederbereich ist sehr sensibel. So werden von den Mitgliedern im Bereich »Fragen an den Vorstand« oder im »Diskussionsforum« oft Beiträge eingestellt, die nicht mal unterstes Niveau erreichen. Wenn Sie diese Bereiche nicht ständig überwachen und kontrollieren können, sollte Sie lieber auf sie verzichten. Alternativ können Sie hier eine E-Mail-Adresse einbauen, über die Fragen an den Vorstand gestellt werden können, die Sie dann nach einer Prüfung entweder nur individuell beantworten oder mit Ihrer Antwort auf der Internetseite veröffentlichen.

Die oben gezeigte Struktur macht auch deutlich, wie wichtig es ist, dass Sie sich über den Aufbau der Seiten hinlänglich Gedanken machen.

10.1.6 Material für die Seite(n) sammeln

Nun brauchen Sie Text und vor allem Illustrationsmaterial (Fotos, Cliparts, wenn möglich Video-Clips usw.). Bevor Sie die eigentliche Seite erstellen, sammeln Sie am besten alles Material, das Sie auf der Seite verwenden wollen, und sorgen dafür, dass es in digitaler Form vorliegt. Bevor das Material genutzt wird, sollten Sie es aber einer genauen Prüfung unterziehen.

10.1.7 Rechtliches

Grundsätzlich können Sie davon ausgehen, dass jedes Material, das Sie nicht selbst erstellen, durch die sogenannten Urheberrechte geschützt wird. Das heißt, dass Sie die Zustimmung des Inhabers dieser Rechte haben müssen, wenn Sie sie veröffentlichen wollen. Was häufig übersehen wird: Auch fremde Texte unterliegen diesen Urheberrechten.

10.1.7.1 Private Fotos

Fotos aus privaten Archiven können besonders riskant sein. Denn hier können auch eventuell gut erkennbare Personen eine Veröffentlichung ablehnen (sogenanntes »Recht am eigenen Bild«). Ausgenommen sind Aufnahmen, bei denen die betroffene Person davon ausgehen muss, dass die Fotos veröffentlicht werden. Sie sollten sich auf jeden Fall von dem, der Ihnen die Fotos zur Verfügung stellt, bestätigen lassen, dass er und die abgebildeten Personen mit einer Veröffentlichung einverstanden sind.

Auch Fotos von Mitgliedern können nicht ohne deren Zustimmung veröffentlicht werden. Sie sollten deshalb eine Zustimmung in den Mitgliedsantrag einbauen, der das Mitglied durch Ankreuzen zustimmt. Aber Vorsicht: Sie können die Zustimmung nur zur Bedingung machen, wenn dies in der Satzung geregelt ist.

10.1.7.2 Gewerbliches Material

Bei Bildmaterial von Berufsfotografen, Firmen, Grafikern usw. sind die Urheberrechte besonders genau zu beachten. Viel Ärger haben sich Vereine beispielsweise dadurch eingehandelt, dass sie Ausschnitte aus Kartenmaterial ungenehmigt auf ihrer Internetseite eingebaut haben, um den Weg zum Clubheim, Stadion usw. zu visualisieren. Auch diese Ausschnitte sind geschützt und viele Kartenverlage reagieren sauer, wenn Sie ihr Material ungefragt verwenden. Auf der anderen Seite sind sie aber in den meisten Fällen auch bereit, eine kostenlose Zustimmung zu erteilen, wenn auf die Quelle hingewiesen wird (»Mit freundlicher Genehmigung des XYZ-Verlags«).

Professionelle Fotos sind in vielen Fällen teuer. Es gibt aber auch Fotoarchive im Internet, die Bildmaterial zu günstigen Preisen anbieten (z. B. Fotolia oder Clipdealer). Einige Seiten stellen die Fotos sogar kostenlos zur Verfügung (z. B. Pixelio oder Pixabay). Aber auch hier sollten Sie die Bedingungen zur Veröffentlichung genau durchlesen.

Texte wie auch Fotos der Presse dürfen ebenfalls nicht ohne Erlaubnis verwandt werden. In den meisten Fällen ist die Erlaubnis jedoch kein Problem, wenn Sie bei der Redaktion anfragen und einen entsprechenden Vermerk anbringen.

10.1.7.3 Impressum

Nicht nur für kommerzielle Seiten gilt die Impressumspflicht. Ein Impressum muss ganz bestimmte Daten beinhalten. Es sollte auf einer eigenen Seite stehen und von allen anderen Seiten direkt über einen Link aufrufbar sein.

Die Pflichtangaben im Impressum ergeben sich auch für Ihre Internetseite aus dem Telemediengesetz. Das ist Pflicht:

1. Name und Anschrift des Anbieters: Der komplette Name des Vereins und dessen Anschrift (Straße, Hausnummer, Postleitzeitzahl und Ort). Die Angabe einer Postfachadresse reicht nicht aus.
2. Informationen zur schnellen Kontaktaufnahme: Telefonnummer, Faxnummer (falls vorhanden) und E-Mail-Adresse. Sie sollten dabei in der Adresse nicht das @-Zeichen verwenden, sondern »(at)« schreiben. So vermeiden Sie, dass die Adresse von Spam-Robots (Automaten, die Adressen für unerwünschten E-Mail-Versand sammeln) ausgelesen und missbraucht wird.
3. Vertretungsberechtigter: mindestens die Anschrift und die Kontaktdaten des ersten Vorsitzenden.

10.1.8 Qualität

Prüfen Sie auch die Qualität des Materials. Das gilt sowohl für die technische als auch für die gestalterische Seite. Viele Aufnahmen sind für das Familienalbum vielleicht optimal – für die Vereinshomepage hingegen sind sie nicht einsetzbar.

10.1.8.1 Gestaltung

Fotos für die Internetseite sollten nicht zu viele Details enthalten, es sei denn, Sie wollen mit einer »Massendarstellung« etwas aussagen. Soll beispielsweise eine gut besuchte Veranstaltung illustriert werden, können Sie ein Foto verwenden, das über die Köpfe hinweg »geschossen« wurde, wobei die Bühne im Hintergrund nur noch schemenhaft erkennbar ist. Ansonsten sollten die Fotos ähnlich wie Aufnahmen für die Presse gestaltet sein (siehe Kapitel 6.3).

10.1.8.2 Technische Details

Sämtliche Texte sollten möglichst unformatiert im txt-Format vorliegen. Texte, die Sie beispielsweise aus Word herauskopieren und in die Internetseite einfügen, können aufgrund der Word-Formatierung, die Sie mitkopieren, ganz anders aussehen, als Sie es wünschen. Sie nachträglich zu formatieren ist schwierig, da der »Format-Müll« von Word entfernt werden muss. Eine txt-Datei enthält keine Formate und ist deshalb besser zu bearbeiten.

Tipp !

Laden Sie Texte in das von Windows mitgelieferte Programm Wordpad und speichern Sie die Daten als »Nur-Text-Dokument«. Lassen sich die Dateien nicht öffnen, benutzen Sie zunächst das Originalprogramm. Öffnen Sie die Datei, markieren Sie den Text und kopieren ihn in die Zwischenablage (STRG und C gleichzeitig drücken). Dann öffnen Sie Wordpad und fügen den Text aus der Zwischenablage mit STRG und V ein.

Bei Fotos müssen Sie darauf achten, dass das Datenvolumen der Bilddateien so klein wie möglich ist, da große Dateien die Ladezeit Ihrer Seite erhöhen. Das Format »bmp« beispielsweise ist äußerst wuchtig. Sollte die Datei, die Sie erhalten haben, sehr groß sein, können Sie sie in einem Bildbearbeitungsprogramm durch folgende Maßnahmen verkleinern:

- Wandeln Sie Fotos in ein JPG-Format um.
- Grafiken, Strichzeichnungen, Cartoons usw. sollten Sie in das Format »gif« umwandeln.
- Verwenden Sie für die Internetdarstellung immer das Farbprofil RGB.
- Rechnen Sie das Foto im Bildbearbeitungsprogramm auf die benötigte Größe herunter.
- Die Auflösung sollte nicht über 100 dpi (Punkte pro Zoll) liegen. Fotos für die Medien verlangen mindestens das Dreifache. Also nicht die Presseaufnahmen 1 : 1 übernehmen.

10.1.9 Seitengestaltung

Während wir über den Seitenaufbau bereits gesprochen haben (siehe Kapitel 10.1.5), wenden wir uns jetzt der Gestaltung zu. Welche Farben verwenden wir? Wo kommen die Schalter hin, über die man zu den Unterseiten gelangt? Welche Elemente sollen auf allen Seiten auftauchen? Wo werden sie platziert? Usw.

10.1.9.1 Das Farbschema

Legen Sie die Farben fest, die Sie für den Seitenhintergrund, die Schalter und andere wiederkehrende Elemente verwenden wollen. Achten Sie darauf, dass die Seite nicht »kunterbunt« wird und die Farben miteinander harmonieren. Am besten legen Sie in einem Grafikprogramm eine Musterseite an und probieren dort die Farben aus. Haben Sie die richtigen Farbtöne gefunden, verwenden Sie die Funktion »Pipette«, die in nahezu allen Grafikprogrammen vorhanden ist, um den sogenannten HEX-Code (HEX steht dabei für Hexadezimal) zu ermitteln, mit dem die entsprechende Farbe bei der Internetprogrammierung definiert wird.

In erster Linie sollten Sie die Vereinsfarben nutzen (siehe Kapitel 3.1). Zusätzliche Farben sollten mit der Art Ihres Vereins harmonieren. Ein Segelclub könnte beispielsweise ein helles Blau verwenden, ein Gartenbauverein eher ein erdfarbenes Braun oder ein helles Grün. Wichtig ist, dass die Farben nicht zu kräftig sind und die Seite nicht »erschlagen« beziehungsweise die Texte darauf nur schwer lesbar machen.

10.1.9.2 Das Textschema

Am besten lesbar ist auch im Internet eine schwarze Schrift auf weißem Grund (auch deshalb sollte die Hintergrundfarbe möglichst dezent sein). Daran sollten Sie sich bei längeren Texten unbedingt halten. Überschriften können auch mal in anderen Farben dargestellt werden. Wichtig ist, dass die Seite nicht unruhig wirkt, da dies die Interessenten an der Vereinsseite schnell »verscheucht«. Deshalb sollten Sie auch nicht zu viele unterschiedliche Schriftarten verwenden.

Beachten Sie bei der Auswahl der Schriften, dass es zu Darstellungsproblemen kommen kann, wenn der Schrifttyp, den Sie verwenden, auf dem Rechner des Betrachters nicht installiert ist. Dann wird eine Ersatzschrift verwandt, die eventuell so gar nicht in Ihr Layout passen will.

Tipp !

Eine Liste der Standardschriften, die für das Internet zur Verfügung stehen, finden Sie im Netz unter http://www.grazersoft.com/webdesign-schriftarten.html.

Sie sollten auch die Schriftgrößen eindeutig definieren. Dabei unterscheiden Sie Überschriften der 1. und 2. Generation, Zwischenüberschriften, Fließtext und Bildunterzeilen (BUZ). Die Aufteilung könnte beispielsweise so aussehen:

Textart	Beispiel 1	Beispiel 2
Überschrift der 1. Generation	**Arial Black — 16 Punkt**	**Times New Roman fett — 16 Punkt**

Textart	Beispiel 1	Beispiel 2
Überschrift der 2. Generation	Arial – 16 Punkt	Times New Roman – 16 Punkt
Zwischenüberschriften	Arial fett – 12 Punkt	Times New Roman fett – 12 Punkt
Fließtext	Times New Roman – 11 Punkt	Arial – 11 Punkt
Bildunterzeile	Times New Roman kursiv – 11 Punkt	Arial kursiv – 11 Punkt

Tab. 6: Definition von Schriften und Schriftgrößen

In der Vergangenheit wurden die Fließtexte meist in einer Serifen-Schrift wie Times New Roman gesetzt. Heute werden serifenfreie Schriften wie Arial bevorzugt.

Wenn dies mit dem Gesamtlayout harmoniert, können Sie den Überschriften auch unterschiedliche Farben zuweisen. Prüfen Sie aber immer anhand von Testseiten, ob der Text dann nicht zu unruhig wird.

Bei den Fließtexten wird oft der »Durchschuss« unterschätzt. Darunter versteht man den Abstand zwischen den Zeilen. Als Faustregel gilt: Zwischen einen Buchstaben mit Unterlänge (z.B. ein »g«) in der oberen und einen Buchstaben mit Oberlänge (z.B. ein »f«) in der unteren Zeile sollte ein um 90 Grad gedrehtes »n« passen.

Da es keine Faustregel ohne Ausnahmen gibt, sollten Sie den Durchschuss mit der von Ihnen gewählten Schrift auf jeden Fall testen. Dabei sollten Sie zwei Grundsätze beachten:

- Je länger die Textzeile ist, umso breiter sollte der Durchschuss sein.
- Auf einer Seite darf es im Fließtext nur einen Durchschussabstand geben.

Daraus ergibt sich, dass auf einer Bildschirmseite möglichst auch nur eine Zeilenlänge vorhanden sein sollte. Texte sollten deshalb möglichst nur in

Spalten gleicher Breite gesetzt werden. Das bedeutet aber nicht, dass auf einer anderen Seite keine andere Zeilenlänge gewählt werden kann.

Tipp

Optimal ist es, wenn alle Fließtexte auf allen Seiten in der gleichen Schriftart und mit dem gleichen Durchschuss gestaltet werden. Wenn Sie mit unterschiedlichen Spaltenbreiten arbeiten, sollten Sie einen Mittelwert für den Durchschuss festlegen, der bei allen Varianten angewandt wird und bei dem der Text immer gut lesbar ist.

Den sogenannten »Blocksatz« (links und rechts glatt abschließend) sollten Sie nur anwenden, wenn Sie mit langen Zeilen arbeiten. Bei kurzen Zeilen kann dies zu sehr unschönen Auseinanderzerrungen von Worten kommen, die das Lesen erschweren. Hier ist der sogenannte »Flattersatz rechts« (links glatt abschließend, rechts ohne Formatierung) besser geeignet.

10.1.9.3 Weitere Tipps

Wichtig ist, dass die Seite möglichst auf allen geläufigen Browsern und allgemein bekannten Betriebssystemen lauffähig ist. Dabei müssen Sie sich jedoch im Klaren darüber sein, dass manchmal einige Qualitätsmerkmale verloren gehen. So kommt es beispielsweise beim Netscape Navigator ab und zu vor, dass die Seiten ein wenig verzerrt dargestellt werden. Daran können Sie nichts ändern. Wichtig ist aber, dass die Seite selbst dann noch leicht bedienbar ist.

Das Thema »Auflösung« wird immer wichtiger. Unter Auflösung versteht man die Anzahl der Bildpunkte (Pixel), aus denen sich die Internetseite zusammensetzt. Da das Internet inzwischen auch auf Smartphones, Tablets usw. genutzt wird, wird es immer schwieriger, die richtige Auflösung zu finden. Unter anderem, weil sich die Werte immer sehr schnell ändern. Interessante und wertvolle Informationen hierzu finden Sie unter https://conversion-junkies.de/online-marketing/analyse/.

! **Tipp**

Man kann auch sogenannte »dynamische Seiten« gestalten, die sich dem jeweiligen Ausgabemedium anpassen. Doch das sollte man Experten überlassen, die Sie aber vielleicht auch unter Ihren Vereinsmitgliedern finden. Es gibt inzwischen auch schon einige »Baukästen«, die solche Seiten generieren.

Mehr oder weniger große Animationen werden bei den Websitegestaltern immer beliebter – beim Besucher der Website hingegen werden sie eher als nervig und störend empfunden. Insbesondere dauerblinkende Texte sind ein großes Ärgernis. Verzichten Sie deshalb auf Animationen von Überschriften. Auch andere Animationen auf der Internetseite sollten vom Besucher jederzeit abgeschaltet werden können.

Videos – z. B. von sportlichen Leistungen – sollten nicht in die Seite integriert, sondern ausgelagert werden. Legen Sie das Video beispielsweise unter YouTube ab und verknüpfen Sie die ausgelagerte Datei mit Ihrer Seite. So können Sie das Video auch problemlos auf Ihrer eigenen Website sehen.

Der Besucher Ihrer Website will sich mit Ihren Inhalten befassen, nicht mit den Strukturen der Seite. Darum muss das Grundgerüst immer gleich bleiben. Das bedeutet:

- Der Kopfbereich einer Seite sollte immer die gleichen Elemente enthalten (z. B. das Vereinswappen, den Vereinsnamen und den Titel der gerade geöffneten Seite).
- Die Navigationsleiste sollte immer an der gleichen Stelle zu finden sein, wobei nicht zu betätigende Schalter ausgegraut werden (Beispiel: Der Schalter, der zum Öffnen der geöffneten Seite gebraucht wird, macht nun keinen Sinn und wird ausgegraut).
- Die Hintergrundfarbe des Informationsbereichs und des Navigationsbereichs bleibt immer gleich (auch Weiß ist hier eine Hintergrundfarbe).

10.1.10 Seiten »programmieren«

Die Fachleute sprechen beim Erstellen von Internetseiten eigentlich nicht von »programmieren«, weil hier keine Programmiersprache verwendet wird, sondern eine sogenannte Seitenbeschreibungssprache. Doch damit wollen wir uns nicht aufhalten. Es gibt grundsätzlich drei Wege, eine Internetseite zu erstellen.

10.1.10.1 In HTML schreiben

Mit jedem normalen Texteditor können Sie eine Internetseite in HTML anlegen. Aber Vorsicht: Textverarbeitungsprogramme sind keine Texteditoren! Der wohl bekannteste Texteditor ist der MS-Editor, der auch als Notepad bezeichnet wird. HTML steht für »Hypertext Markup Language«. Dabei handelt es sich um eine sogenannte »Auszeichnungssprache« oder »Seitenbeschreibungssprache«. Die Auszeichnungen werden normalerweise als kurze Befehle in spitzen Klammern am Anfang und Ende eines auszuzeichnenden Bereichs gesetzt. Um ein Wort in Fettschrift auszuzeichnen, schreiben Sie beispielsweise »<b>Fettschrift</b>«. Der Schrägstrich beim zweiten Befehl (hier Tag genannt) zeigt an, dass es sich um das schließende Gegenstück zum vorangegangenen <b>-Tag (für »bold« = fettgedruckt) handelt.

Wer diesen Weg gehen will, sollte sich eingehend mit HTML befassen. Das Problem ist nämlich, dass Sie nicht sofort sehen, was Sie gestaltet haben. Sie müssen es sich erst im Browser anzeigen lassen, um zu erkennen, ob Sie bei der Auszeichnung einen Fehler gemacht haben.

Tipp   **!**

Neben einer ganzen Reihe von Büchern werden auch im Internet mehr oder weniger umfangreiche HTML-Lehrgänge angeboten.

10.1.10.2 Es geht auch ohne HTML-Kenntnisse

Spezielle Editoren ermöglichen ein leichteres Erstellen der Seiten. Hierbei werden meist keine Kenntnisse in HTML vorausgesetzt, die Seite wird vielmehr automatisch in HTML ausgezeichnet. Einige dieser Editoren besitzen auch einen WYSIWYG-Modus (What you see is what you get = Was du siehst, ist, was du bekommst), der die bereits erstellte Seite schnell und sicher anzeigt. In vielen Fällen wird hier aber der Code, der letztlich ins

Internet geladen wird, aufgebläht, was spätere Eingriffe in den Quellcode erschwert.

Beliebte – teilweise kostenlose – HTML-Editoren sind

- Phase 5 (für Schulen und Privatanwender kostenlos; alle anderen können Lizenzen ab rund 50,00 EUR erwerben; http://www.phase5.info/.
- Programmers Notepad (kostenlos, aber leider gibt es nur eine englische Version; http://www.pnotepad.org/.
- PalinEDIT.NET (ebenfalls kostenlos; https://www.gaijin.at/dlplaineditnet.php).
- Mobirise (äußerst komfortabel, kostenlos – und leider wieder nur in Englisch verfügbar; https://mobirise.com/).

Es gibt aber noch jede Menge andere Editoren im Netz. Hier lohnt sich das »Schnüffeln«.

10.1.10.3 CMS

Die »hohe Schule« der Websitegestaltung ist die Arbeit mit sehr komplexen und vielseitigen Werkzeugen, die als Content-Management-Systeme (CMS) bezeichnet werden. Diese Systeme bieten eine Vielzahl von Möglichkeiten und sind – wenn man sie beherrscht – eine tolle Möglichkeit, semiprofessionelle Websites zu erstellen. Wer sich allerdings als »Neuling« an ein CMS wagt, sollte genügend Geduld mitbringen. Viele Systeme sind so umfangreich, dass das Erlernen ähnlich aufwendig wie bei einer Programmiersprache ist. Es gibt eine ganze Reihe kostenloser CMS-Systeme. Zu den bekanntesten gehören beispielsweise WordPress (www.wordpress.de), Joomla (https://www.joomla.org/3/de) und Typo3 (in Englisch, die Umstellung auf Deutsch ist problematisch, da die Sprache nicht ausgewählt, sondern vorher installiert werden muss; www.typo3.de).

10.1.11 Bekanntmachung

Wenn Ihre Seite einfach nur im Netz steht, bringt das wenig. Jetzt müssen Sie die Öffentlichkeit darauf aufmerksam machen, dass sie existiert, damit sie auch besucht wird. Um die Besucherfrequenz Ihrer Seite voranzutreiben, müssen Sie den Namen der Seite (die Internetadresse) veröffentlichen. Dabei gibt es sehr viele Möglichkeiten:

- Die Adresse gehört auf den Briefbogen des Vereins, auf alle Plakate, Handzettel und andere Veröffentlichungen.
- Die Mitglieder sollten gebeten werden, in Ihren E-Mails die Fußnote »Übrigens – besuch doch mal die Seite www.unser-xyz-verein.de« anzubringen.
- Zum Start der neuen Seite verfassen Sie einen Pressebericht, der an alle Medien (auch an den Rundfunk) geschickt wird.
- In Foren und sozialen Netzwerken wie »Facebook« sollte auf die Seite hingewiesen werden. Auch dazu sollten die Mitglieder aufgefordert werden.
- Sie können durchaus soweit gehen, dass Sie die Internetadresse auch auf T-Shirts oder Trikots des Vereins drucken.
- Letztlich darf auch die Mund-zu-Mund-Propaganda nicht fehlen. Ob beim heimischen Kaffeeklatsch oder beim Bierchen an der Theke – wenn es passt (aber bitte auch nur dann), sollten Sie auf Ihre Internetseite hinweisen.
- Natürlich sollte die Seite auch über die wichtigsten Suchmaschinen zu finden sein. Leider ist es so, dass die besten Plätze bei einer Suche oft »verkauft« werden und sehr teuer sind. Dennoch sollten Sie sich zumindest bei www.google.de, www.yahoo.de, www.lycos.de, www.altavista. de, www.msn.de und www.fireball.de eintragen. Wie das geht, erfährt man auf den einzelnen Seiten.

Es gibt zwar Programme (online wie offline) zum automatischen Eintragen in Suchmaschinen, die häufig sogar kostenlos sind, aber die Zuverlässigkeit dieser Programme kann durchaus angezweifelt werden.

10.1.12 Die Pflege nicht vergessen

Eine noch so gut gemachte Homepage ist nur dann etwas wert, wenn sie aktuell bleibt und gut gepflegt wird. Wenn auf der Startseite »News« stehen, dürfen diese nicht fünf, sechs Jahre alt sein. Auch die Daten des Vorstands (so sie denn veröffentlicht werden) müssen aktuell gehalten werden.

Was für den Inhalt gilt, gilt ebenso für die technische und gestalterische Seite der Homepage. Auch hier müssen Sie mit der Zeit gehen. Die Seite muss also von zwei Seiten betreut werden. Auf der einen Seite redaktionell, auf der anderen technisch.

Da technische Änderungen nicht so häufig anfallen wie redaktionelle, reicht hierfür in der Regel ein einzelner Experte im Verein. Für den redaktionellen Bereich hingegen müssen sie schon ein Team von mehreren Personen bilden, die sich die Betreuungsarbeit teilen. Wenn die Arbeit nur von einem Mitglied übernommen wird, kann die Aktualität – beispielsweise im Falle einer Krankheit des Mitglieds – schnell leiden und hat ein Besucher die Seite auch nur einmal enttäuscht verlassen, kommt er in den meisten Fällen nicht mehr wieder.

Deshalb sollten Sie folgende Regeln einhalten:
- Die Seite wird in regelmäßigen Intervallen mit neuen Inhalten versorgt. Auf der Startseite sollten mindestens einmal in der Woche neue Beiträge zu finden sein.
- Echte News (etwa die Spielergebnisse der Sportmannschaft am Wochenende) werden umgehend eingepflegt. Sie sollten spätestens am nächsten Tag auf der Internetseite zu finden sein.
- Regelmäßig werden alle Funktionen der Seite geprüft, es wird über technische Verbesserungen nachgedacht und diese werden umgesetzt. Die Prüfung sollte monatlich erfolgen. Technische Umsetzungen können auch langfristig geplant werden (z.B. einmal im Jahr).

Nachrichtenanbieter, Routenplaner und Wetterdienste bieten für nicht kommerzielle Seiten häufig die Möglichkeit, einen Code einzubinden, der dann beispielsweise täglich neue Meldungen auf Ihre Seite bringt, die Wettervorhersage für die nächsten drei Tage im Heimatort des Vereins präsentiert oder die Möglichkeit gibt, sich eine Wegbeschreibung vom Heimatort des Besuchers zum Vereinslokal anzuzeigen. Sie sollten diese Möglichkeiten nutzen, wenn sie sich in das Layout Ihrer Seite integrieren lassen. Dadurch wird die Seite automatisch täglich aktualisiert.

10.2 »Soziale Medien«

Unter »sozialen Medien« (neudeutsch »Social Media«) versteht man Plattformen im Internet, auf denen sich Menschen »treffen« um dort digital zu plaudern. Dabei wird sowohl Sinniges als auch Unsinniges verbreitet. Derzeit am bekanntesten dürfte – zumindest in Deutschland – Facebook sein. Dadurch, dass es mittlerweile möglich ist, mit dem Handy Fotos und Videos zu produzieren, holen andere Dienste wie »YouTube« oder »Instagram« jedoch mächtig auf und gewinnen immer mehr an Bedeutung.

10.2.1 Facebook

Befassen wir uns zunächst mit dem »Platzhirsch« Facebook. Diese Plattform hat für den Verein durchaus Vorteile, die dafürsprechen, dort angemeldet zu sein. Über Facebook können Sie beispielsweise Kontakt mit dem Umfeld des Vereins halten. Bei ständiger Kontrolle des eigenen Accounts (Account: Präsenz im sozialen Netzwerk) erfahren Sie viel über positive und negative Tendenzen in der Öffentlichkeit und können schnell reagieren.

Facebook wird auch zum Terminaustausch genutzt. Hierfür können Sie Ihre Termine in einen Kalender eintragen, der für jedermann zugänglich ist (wenn Sie sie für alle freigegeben haben). Der Terminkalender bietet Ihnen eine hervorragende (kostenlose) Plattform, um für Ihre eigenen Veranstaltungen und Aktionen zu werben. Aber Vorsicht: Wenn sich in Facebook auch einige hundert Personen als Besucher Ihrer Veranstaltung anmelden, heißt das nicht, dass sie auch wirklich kommen.

In Facebook ist es auch möglich, Gruppen einzurichten, sodass Sie mit Ihren Vereinsmitgliedern in einem eigenen Forum in Kontakt treten können.

Durch den öffentlichen Teil Ihrer Facebook-Seite können Sie auch Kontakte mit Fans auf- und ausbauen und das Image des Vereins verbessern.

Allerdings gilt auch für Facebook, dass es nichts gibt, was keinen Haken hat. Ein Vorteil von Facebook kann z.B. schnell zum Problem für den Verein werden. Nachrichten, die in Facebook veröffentlicht werden, können von den Besuchern der Seite »geteilt« werden. Das heißt: Die Botschaft wird an alle Mitglieder der eigenen Gruppe weitergegeben. Dadurch kann sich eine positive Nachricht binnen kürzester Zeit unter einer riesigen Gruppe verbreiten. Aber auch negative Meldungen – ja sogar Lügen – können sich genauso schnell verbreiten.

Daraus ergibt sich schon, dass Sie sich bei der Anlage einer Facebook-Seite Zeit nehmen sollten, um die einzelnen Einstellungen so vorzunehmen, dass Sie möglichst viele »Problemfälle« von vorneherein vermeiden. Allerdings sind die hier möglichen Einschränkungen nur begrenzt, da sie eigentlich dem Charakter der Plattform, ein Forum von allen für alle zu sein, widersprechen. Deshalb muss eine Facebook-Seite auch ständig kontrolliert werden, um nachteilige Einträge zu entfernen.

! **Tipp**

Entfernen Sie keine berechtigte Kritik, sondern reagieren Sie hierauf. Eine Facebook-Seite, auf der nur Lobeshymnen auf den eigenen Verein gepfiffen werden, entlarvt die Facebook-Gemeinde schnell und wird sie im besten Fall meiden – oder, schlimmer, auf anderen Facebook-Seiten brandmarken.

Wie man eine Facebook-Seite erstellt und betreut, wissen einige Ihrer Mitglieder bestimmt. Das gilt nicht nur für die jüngeren Mitglieder, auch die älteren sind heutzutage bei Facebook aktiv. Wichtig ist, dass es eben nicht mit dem Erstellen des Accounts getan ist – er muss auch ständig kontrolliert und überwacht werden. Sie sollten deshalb nur eine Facebook-Seite anlegen, wenn sichergestellt ist, dass sie unter permanenter Kontrolle steht.

10.2.2 Instagram

Instagram ist eigentlich keine klassische Social-Media-Plattform. Hierbei handelt es sich um ein kleines Programm, eine sogenannte »App«, mit deren Hilfe man Fotos und Videos im Internet veröffentlichen kann. Die bevorzugte »Hardware« für Instagram ist das Smartphone. Das Programm bietet zusätzlich eine Reihe von Filter an, mit denen sich Aufnahmen z.B. auch verfremden lassen.

Da der Mensch eher ein »visueller Typ« ist und Bilder dem Wort vorzieht, entwickelt sich Instagram prächtig. Ende 2013 hatte Instagram rund 150 Millionen Nutzer. Mitte 2017 waren es bereits 700 Millionen. Instagram scheint – insbesondere bei jüngeren Menschen – Facebook den Rang streitig zu machen. Was Mark Zuckerberg (Inhaber von Facebook) nicht weiter stören wird, da das 2010 veröffentlichte Instagram-Tool seit Ende 2012 zum Facebook-Imperium gehört.

10.2.2.1 Installation von Instagram

Um Instagram nutzen zu können, müssen Sie die Anwendung (»App«) zunächst herunterladen. Je nach Betriebssystem beziehen Sie das kostenlose Programm über den App Store, den Google Play Store oder den Windows Phone Store. Installiert wird die Software auf dem Smartphone. Anwender müssen mindestens 13 Jahre alt sein. Man kann auch per PC ein Instagram-Konto eröffnen. Dort sind aber die Funktionen nicht so umfangreich wie bei der Smartphone-Variante.

Zunächst legen Sie Ihr Profil an. Hierfür ist eine gültige E-Mail-Adresse notwendig, die Sie angeben müssen, damit die vergebenen Zugangsdaten (Benutzername und Passwort) bestätigt werden können. Neben den Zugangsdaten können Sie zusätzlich weitere private Informationen angeben und auch ein individuelles Profilfoto hochladen.

10.2.2.2 Bildmaterial hochladen

Über Instagram können Sie die gerade geschossenen Fotos direkt hochladen oder ältere Aufnahmen aus einem virtuellen »Album« übernehmen. Dazu klicken Sie einfach auf das Kamerasymbol. Die Aufnahme kann dann auch in Instagram bearbeitet werden.

10.2.2.3 Direktversand

Mit dem integrierten Tool »Instagram direct« können Fotos und Videos an einen ausgesuchten Personenkreis versandt werden, ohne sie allgemein zu veröffentlichen. Diese Funktion ist für Vereine insofern interessant, als hierüber auch Informationen an den Vorstand, bestimmte Vereinsgruppen oder alle Mitglieder versandt werden können.

! **Tipp**

Instagram kann auch direkt mit der eigenen Facebook-Seite verbunden werden, sodass beispielsweise bei Wettkämpfen eine Art »Liveberichterstattung« mit Videos oder Fotos möglich ist.

11 Klassische Werbemittel

Wenn auch die Digitalisierung die Werbelandschaft der Vereine stark verändert hat, spielen die klassischen Werbeformate (Plakat, Flyer, Handzettel) immer noch eine wichtige Rolle. Nicht zuletzt deshalb, weil die heimische Geschäftswelt noch relativ häufig Anzeigen innerhalb der gedruckten Werbemedien der Vereine schaltet.

Darüber hinaus ist die Bevölkerung noch nicht so Internet-orientiert, dass sie auf die »Klassiker« verzichten könnte. Auch wenn die Zahl der »Totalverweigerer« des Internets abnimmt, gibt es doch immer noch eine große Zahl von Menschen, die dieses Kommunikationsmittel nur sporadisch oder selten nutzen.

11.1 Grundsätzliches zur Printwerbung

Gleichgültig, um welche Art der Printwerbung (gedruckte Werbung) es sich handelt: Wichtig ist, dass der Leser sie schnell erfassen kann. Darum sollten Sie bei Plakaten und Handzetteln mit klaren, aufmerksamkeitsstarken Bildern oder Grafiken arbeiten und sich auf die wichtigsten Daten (Was? Wann? Wo?) beschränken. Auch wenn Sie ein Faltblatt gestalten, das weitere Informationen enthalten soll (wir gehen hierauf noch ein), sollte das Titelblatt nur die vorgenannten Informationen beinhalten.

Drucksachen können heute zu sehr günstigen Konditionen bezogen werden. Die mit Abstand günstigsten Angebote finden Sie bei Internetdruckereien. Dabei sind jedoch zwei Punkte zu berücksichtigen. Zum einen, dass Internetdruckereien immer nur das drucken, was Sie liefern, Sie also für alle Fehler selbst verantwortlich sind. Zum anderen, dass Internetdruckereien trotz ihrer günstigen Preise den Verein teuer zu stehen kommen können. Nämlich dann, wenn die örtliche Druckerei als Sponsor auftritt und nicht berücksichtigt wird. Sie könnten dann die Unterstützung der örtlichen Druckerei verlieren. Im Ergebnis ist dann der Verlust an Sponsoreneinnahmen weitaus höher als die Ersparnis durch die Auftragsvergabe an die günstige Internetdruckerei.

! Tipp

Häufig legen auch andere Sponsoren Wert darauf, dass die heimische Wirtschaft unterstützt wird, da sie aus diesem Umfeld die eigenen Kunden rekrutieren. Auch hier kann es Ihnen passieren, dass ein Sponsor abspringt, weil Sie einer Internetdruckerei den Vorzug gegeben haben.

Spricht nichts gegen eine Internetdruckerei, sollten Sie die Druckvorlagen äußerst gewissenhaft gestalten. Meist verlangen die Druckereien sogenannte PDFs. Die meisten Grafikprogramme können solche Dateien erzeugen. Es gibt aber auch Umwandlungsprogramme (Konverter), mit denen Sie PDFs erzeugen können. Diese Konverter werden meist als Druckertreiber installiert. Über den Druckbefehl wird dann die Erstellung der Datei gestartet. Im Internet gibt es eine ganze Reihe solcher Programme, die Sie kostenlos nutzen können.

Beim Erstellen der Datei müssen Sie auf die folgenden Regeln achten, um optimale Druckergebnisse zu erzielen:

- Legen Sie die Datei im gewünschten Farbmodus an. Soll schwarz-weiß gedruckt werden, wandeln Sie die grafischen Elemente in Graustufen um. So erkennen Sie schon am Monitor, ob die Abstufungen klar genug sind und die Motive klar erkennbar bleiben. Wollen Sie in Farbe drucken, müssen Sie die Elemente im Vierfarbmodus CMYK anlegen. Vorsicht: Für die Monitordarstellung wird ein dreifarbiger Modus verwendet (RGB), sodass Sie optisch nicht erkennen können, ob die Daten drei- oder vierfarbig angelegt sind. Dies müssen Sie manuell kontrollieren.
- Für einen sauberen Druck muss die Datei mit 300 dpi (300 dot per inch = Punkte pro Zoll) angelegt werden. Fast alle Grafikprogramme geben Ihnen die Möglichkeit, Bilder zu vergrößern oder zu verkleinern. Dadurch verändert sich aber auch die dpi-Zahl der Abbildung. Wird ein Foto mit 300 dpi auf die doppelte Breite vergrößert, halbiert sich die dpi-Zahl. Darum sollten Abbildungen immer in einem Bildbearbeitungsprogramm auf die später benötigte Größe eingestellt und dann auf 300 dpi hoch- oder auch heruntergerechnet werden.
- Bevor Sie eine PDF erstellen, sollte jeder Text in Kurven umgewandelt werden. Aber Vorsicht: Nach der Umwandlung sind Korrekturen des Texts äußerst schwierig, da Sie es jetzt nicht mehr mit Text, sondern mit sogenannten Vektorgrafiken zu tun haben. Die Umwandlung stellt aber si-

cher, dass beim Drucken auch das herauskommt, was Sie sich vorgestellt haben. Verwenden Sie in der Datei Schriften, die in der Druckerei nicht vorliegen, wird eine Ersatzschrift genommen, die ganz anders aussehen kann. Alternativ zur Umwandlung können Sie auch die Schriften in die PDF-Datei einbetten (quasi mitschicken). Doch wird hier nur eine Schrift vergessen, kann das schlimme Folgen für das Druckergebnis haben.

- Beachten Sie auch, dass die Druckerei einen »Beschnitt« benötigt. Gibt die Druckerei beispielsweise vor, dass der Beschnitt 3 mm beträgt, müssen Sie für eine Drucksache im Format DIN A4 (297 x 210 mm) eine Vorlage in der Größe 303 x 216 mm erstellen. Soll eine Hintergrundfarbe verwendet werden oder ein Element über den Rand des Blatts hinausragen, müssen diese Elemente über das eigentliche Blatt bis zum Beschnittrand reichen.
- Die Druckerei teilt Ihnen auch mit, welchen Sicherheitsabstand sie vom Rand des Blatts halten sollen. Meist wird dieser Abstand von der Beschnittkante aus gemessen. In diesem Bereich sollten dann keine Texte oder andere wichtige Details stehen (wie z.B. das Vereinslogo – wenn es nicht bewusst angeschnitten werden soll).

Tipp !

Auf allen Drucksachen, die Sie verteilen, müssen Sie den Hinweis V. i. S. d. P. (Verantwortlich im Sinne des Presserechts) sowie den Namen und die Anschrift des Vereins (wie er beim Registergericht eingetragen ist) anbringen. Der Hinweis kann sehr, sehr klein erfolgen – aber er darf nicht durch das Vereinswappen ersetzt werden, obwohl dann jeder weiß, wer für die Drucksache verantwortlich ist.

11.2 Vorbereitung einer Print-Werbekampagne

Eine Drucksache gehört meist zu einer Werbekampagne. Die einzelnen Elemente (Anzeige, Plakat, Handzettel usw.) müssen deshalb möglichst gleich gestaltet sein, damit der Leser bzw. Betrachter sofort erkennt, dass sie alle für die gleiche Sache werben. Folgende Elemente sollten auf allen Drucksachen zu finden sein:

- Logo und Name des Vereins – eventuell zusätzliches Logo der Veranstaltung (die Platzierung kann durch CD-Richtlinien vorgegeben sein (siehe Kapitel 3.2),

- Titel der Veranstaltung (z.B.»Jugend turnt!«) – eventuell mit Unterzeile (z.B.»internationales Turnfest«),
- Slogan zur Veranstaltung – kann auch entfallen, wenn er sich aus dem Titel ergibt,
- Daten (wann, wo, Eintritt),
- falls ein Veranstaltungslogo fehlt, ein Emblem (z.B. Piktogramm).

Sie sollten zunächst einen Entwurf des Kampagnenplakats entwerfen (mehr zum Thema »Plakate« siehe Kapitel 11.5). Dieser Plakatentwurf sollte sich in alle DIN-Formate verkleinern lassen. Dann haben Sie eine Vorlage, an der Sie sich immer orientieren können.

11.2.1 Zwei Logos?

Je nach Größe und Bedeutung einer Veranstaltung oder Aktion macht es Sinn, hierfür ein zusätzliches Logo zu gestalten. Dies gilt vor allem für wiederkehrende Veranstaltungen. Hierzu ein Beispiel:

! **Beispiel: Veranstaltungslogo**

Ein Kleinkunstverein veranstaltete jährlich ein Krimifestival. Der Verein hatte als Logo eine Eule, die auf einem Buch saß. Für das Krimifestival ließ man sich von einem befreundeten Künstler ein spezielles Logo schaffen: Eine Schreibfeder, die in eine Blutlache getunkt wurde. Auf den Werbemitteln dominierte diese Feder, da sie einen direkten Bezug zur Veranstaltung herstellte. Schon beim zweiten Festival hielten die Interessierten Ausschau nach dem Symbol des Festivals.

Wichtig ist, dass an dieser Stelle für die Sache und nicht für den Verein geworben wird (der tritt hier zunächst in den Hintergrund). Darum muss das Veranstaltungslogo im Vordergrund stehen.

11.2.2 Titel, Unterzeile und Slogan

Der Titel der Veranstaltung sollte kurz und eindeutig, aber zugleich auch so sein, dass er Aufmerksamkeit erzeugt. Gelingt dies nicht zu Ihrer Zufriedenheit, ergänzen Sie den Titel durch eine Unterzeile. Bei sich wiederholenden Veranstaltungen bleibt der Titel immer gleich. Hier einige Beispiele:

Beispiel: Mögliche Veranstaltungstitel		!
Turnfest Testhausen	Einfacher, klarer Titel – aber kaum Aufmerksamkeit auslösend	
Jugend turnt	Klar und Aufmerksamkeit erzeugend – benötigt aber eine Unterzeile (Turnfest Testhausen)	
Jugend aktiv	Aufmerksamkeitsstark aber zu unpräzise in der Aussage	

Eine Lösung könnte darin bestehen, dass Sie »Jugend turnt« als Titel nehmen, als Unterzeile »Turnfest Testhausen« und als Slogan »Hier sind wir aktiv«. Auf dem Plakat könnte dies einen Block bilden, wie er in Abbildung 4 zu sehen ist.

Abb. 4: Titel, Unterzeile und Slogan

11.3 Anzeigenwerbung

Anzeigen in Zeitungen und Zeitschriften gehören zwar zu den klassischen Werbemitteln – sind aber häufig für einen Verein zu kostspielig und in den meisten Fällen auch gar nicht notwendig, weil Vereine über die Redaktionen PR-Beiträge als Vorankündigungen für ihre Veranstaltungen schalten können.

! Tipp

Klassische Anzeigen lassen sich häufig auch kostenlos in den Mitteilungsblättern von Kommunen unterbringen. Allerdings müssen Sie dann meist eine Vorlage liefern, auf der sich keine Logos von Sponsoren befinden, da die Herausgeber (das sind nicht die Kommunen) dies ablehnen.

Wenn Sie sich die Auflagen von Zeitungen anschauen, meinen Sie vielleicht, dass der Preis für die Anzeige bei so vielen (möglichen) Kontakten doch nicht so hoch sei. Sie müssen aber den sogenannten »Streuverlust« bedenken. Nehmen wir an, eine Zeitung hat eine Auflage von 60.000 Exemplaren in der Region. Zu Ihrer Zielgruppe zählen aber nur die Bürgerinnen und Bürger Ihrer Kommune. Hier hat die Zeitung aber nur 9.000 Leser. Damit haben Sie einen Streuverlust von 85%! Dies ist eine vereinfachte Berechnung – Agenturen berücksichtigen noch die Anzahl der Mehrfachlesungen, z.B. durch eine Familie, die nur eine Zeitung bezieht, und kommen so zu einem etwas niedrigeren Prozentsatz – im positiven Fall vielleicht 75%. Nun müssen Sie aber noch die Leserinnen und Leser hinzurechnen, die Ihr Angebot nicht interessiert. Der Streuverlust zeigt also: Eine hohe Auflage ist kein Garant für erfolgreiche Werbung.

Anzeigenwerbung sollte deshalb immer die absolute Ausnahme sein. Sie macht meist nur Sinn, wenn Sie ein überregional interessantes Angebot haben, etwa ein Sportfest mit der Beteiligung von Weltmeistern oder ein Konzert mit einem international bekannten Opernsänger.

Neben der Werbeanzeige gibt es in vielen Zeitungen auch Textanzeigen (meist bei Partnervermittlungen oder Immobilienangeboten). Diese sind zwar preiswert, können aber für die Zwecke des Vereins nicht sinnvoll genutzt werden.

! Tipp

Sucht Ihr Verein einen Mitarbeiter und schalten Sie im Zuge dessen eine Stellenanzeige, sollten Sie diese auch nutzen, um den Verein vorzustellen. Stellenanzeigen sind bei fast allen Zeitungen sehr viel günstiger als reine Werbeanzeigen.

11.3.1 Finanzierung von Anzeigen

Wollen oder können Sie auf Anzeigen nicht verzichten, suchen Sie sich Partner, die Ihnen bei der Finanzierung unter die Arme greifen. Ähnlich wie beim Plakat oder beim Handzettel, können Sie Werbeflächen innerhalb der eigenen Anzeige »verkaufen«. Wenn Sie beispielsweise ein Fest veranstalten, bei dem Speisen und Getränke angeboten werden, können Sie versuchen, Ihre Lieferanten als Sponsoren einer Anzeige zu gewinnen. Häufig beteiligen sich beispielsweise Brauereien, wenn ihr Logo in der Anzeige erscheint.

Tipp !

Wenn Sie mit Lieferanten Verträge für ein Fest abschließen, können Sie diese auch dazu verpflichten, sich an der Werbung für die Veranstaltung zu beteiligen. Dies ist durchaus üblich.

Sie können auch ein wenig mit der Eitelkeit der Menschen »spielen«. Es gibt viele, die ihr Bild gern in der Zeitung sehen. Bitten Sie sie doch, eine kleine Anzeige (einspaltig) zu sponsern. Die Anzeige besteht dann aus dem Foto des Sponsors und dem Untertext »Ich bin am … auf dem Sommerfest im Waldstadion – und du?« Mehrere solche Anzeigen über eine Ausgabe verteilt bringen mehr als eine große Anzeige und werden durch die Sponsoren komplett fremdfinanziert.

11.3.2 Anzeigengestaltung

Gerade, weil Anzeigen sehr teuer sind, sollten Sie überlegen, ob Sie ihre Gestaltung nicht besser in professionelle Hände geben sollten. Wenn Sie schon viel Geld für das Schalten der Anzeige ausgeben, sollte die Anzeige von höchster Qualität sein, damit Sie Ihre Ziele erreichen und das hohe Investment rechtfertigen können.

Lassen Sie eine Anzeige von einer Agentur gestalten, klären Sie von vornherein ab, dass Ihnen die Agentur alle grafischen Elemente überlässt und auch das Nutzungsrecht für Ihre Werbekampagne einräumt. Sonst verlieren Sie den Wiedererkennungseffekt, weil Plakate, Flyer usw. nicht miteinander kommunizieren. Die meisten Agenturen werden das zunächst ablehnen, weil sie auch die Plakate und Handzettel – natürlich für ein weiteres Honorar – gestalten wollen. Bleiben Sie in dieser Sache hart.

Wollen Sie selbst eine Anzeige gestalten, sollten Sie die folgenden Tipps befolgen:

- Lassen Sie sich vom Anzeigenvertreter der Zeitung, in der Sie inserieren wollen, beraten. Wenn Sie Ihre Anzeige in mehreren Zeitungen schalten wollen, sollten Sie auch mit allen Anzeigenberatern sprechen. Sie erhalten hier viele Informationen, die Sie später nutzen können.
- Wichtiger als der Text ist ein optischer Blickfang. Das muss nicht unbedingt ein Foto sein. Wenn Sie beispielsweise ein spezielles Logo für die Veranstaltung besitzen, können Sie es ebenfalls nutzen. Bei der Auswahl von Fotos sollten Sie bedenken, dass bei Tageszeitungen häufig sehr grobe Raster verwendet werden, mit denen das Bild in Punkte zerlegt wird. Das Motiv eines Bilds sollte deshalb keine feinen Details beinhalten, klare Konturen und möglichst wenige weiche Übergänge besitzen.
- Dass hübsche Damen oder Herren in knapper bis gar keiner Bekleidung verkaufsfördernd sind, wird oft behauptet, und wer die professionelle Werbung anschaut, findet diese These dort bestätigt. Ein Verein sollte sich hier in Zurückhaltung üben. Das gilt sogar für FKK-Vereine – denn hier soll ja die Freikörperkultur und nicht die Erotik gefördert werden.
- Das Bild soll den Umworbenen natürlich positiv ansprechen. Hier gilt: »Klein kommt gut«. Ein Tierschutzverein sollte beispielsweise keinen ausgewachsenen Hirsch abbilden, wenn dieser auch noch so majestätisch aussieht. Das Rehkitz kommt in jedem Fall besser an. Vorsicht allerdings beim Einsatz von Bildern mit Kindern. Hier entsteht schnell der Eindruck, dass Sie Ihren eigenen Nachwuchs vermarkten, was in der Bevölkerung nicht gut ankommt.
- Die Texte sollten so knapp wie möglich sein. Der Slogan und einige wenige Zeilen müssen reichen. Ein langer erläuternder Text – der sogenannte Fließtext – wird meist nicht gelesen und wirkt eher abschreckend. Hinzu kommt, dass Anzeigen wissenschaftlichen Erkenntnissen zufolge maximal drei Sekunden betrachtet werden. In dieser Zeit muss Ihre Botschaft beim Leser ankommen.

11.4 Die Beilage

Bei größeren Aktionen oder Veranstaltungen ist es ratsam, keine Anzeige zu schalten, sondern der Zeitung eine Beilage zur Verfügung zu stellen. Es gibt auch spezielle Agenturen, die das Verteilen von Beilagen in bestimmten Bereichen flächendeckend übernehmen. Hierbei entstehen allerdings erhebliche Kosten. Andererseits lässt sich beispielsweise ein Sportfest auf einem vierseitigen DIN-A4-Beileger viel besser präsentieren als in einer knappten Anzeige.

Tipp !

Achten Sie bei einer Beilage auf das Papiergewicht. Je schwerer der Beileger ist, umso teurer wird es. Allerdings müssen Sie auch beachten, dass das Papier nicht so dünn sein darf, dass die Rückseite durchscheint. Hier gibt es auch die Möglichkeit, ein Papier »mit doppeltem Volumen« zu wählen, das bei gleichem Gewicht dicker ist als normales Papier.

Da Sie die Beilage nur bei außergewöhnlichen Veranstaltungen oder Aktionen nutzen werden, wird es hier auch möglich sein, die Kosten über Anzeigen im Beileger zu decken, wenn Sie die richtigen Argumente haben. Versuchen Sie es bitte nicht auf die »Mitleidstour«, sondern argumentieren Sie mit den Vorteilen, die der Anzeigenkunde hat:

- Die Anzeige kommt ohne Zuschlag in Farbe (die meisten Internetdruckereien bieten keinen Schwarz-Weiß-Druck mehr an und können dennoch mit äußerst günstigen Preisen aufwarten),
- flächendeckende Verteilung im Bereich der Zielgruppe (= geringer Streuverlust),
- Nutzung der Popularität des Vereins,
- aufgrund interessanter Inhalte wird die Beilage länger verwahrt und nicht gleich vernichtet.

Es gibt also eine Reihe von Argumenten, die für Anzeigenschaltungen in Ihrer Beilage sprechen. Allerdings müssen über diese Anzeigen auch einige Kosten gedeckt werden. Für eine DIN-A4-Beilage in einer Auflage von 10.000 Exemplaren (sechs Seiten, Wickelfalz, durchgängig in Farbe) müssen Sie bei einer professionellen Verteilung allein für Druck und Verteilung zwischen 900 und 1.000 EUR rechnen. Wenn Sie die Beilage von einer Agentur machen lassen, kommen die Agenturkosten noch hinzu, die sich auch schnell im vierstelligen Bereich bewegen können. Bevor Sie also diese Werbemethode wählen, sollten Sie sehr genau nachrechnen, ob sich das wirklich lohnt.

11.5 Das Plakat

Das Plakat ist immer noch eines der beliebtesten Werbemittel von Vereinen. Häufig werden Plakate beispielsweise auch von Lieferanten für die Veranstaltung gestellt. Diese Variante ist für Vereine besonders einfach. Sie stellen Ihrem Lieferanten lediglich die Daten (»Was wird veranstaltet? Wer veranstaltet? Wann und wo findet die Veranstaltung statt?«) zur Verfügung. Diese werden dann – meist in Schwarz-Weiß – in einem farbigen Rahmen, der aus Werbung für den Lieferanten besteht, eingedruckt.

Wie gesagt: Eine einfache Lösung – die aber nicht sonderlich werbewirksam ist, weil der Hinweis eher in Richtung Ihres Lieferanten als in Richtung Ihrer Veranstaltung geht. Bei den günstigen Druckpreisen von heute sollten Sie deshalb besser ein Plakat selbst entwerfen. Dabei ist es durchaus üblich, auf dem Plakat Werbeflächen zu verkaufen, sodass Sie mit der Werbung vielleicht sogar noch etwas Geld verdienen können.

Die Größe des Plakats sollte sich nach dem Ort richten, an dem es veröffentlicht wird. Häufig bitten Vereine die Geschäftsleute in der Kommune, die Plakate auszuhängen. Dann sollte das Plakat nicht größer als DIN A2 sein – besser noch DIN A3. Die Schaufensterfassade soll für das Geschäft werben. Deshalb wird der Inhaber des Geschäfts nicht gerade begeistert sein, wenn er seine Ausstellungsfront mit großen Plakaten vollhängen soll. Darum ist die Chance auf einen Aushang bei kleinen Plakaten größer als bei großen.

Etwas anderes ist es, wenn eine Straßenplakatierung geplant ist. Dann sollten die Plakate auf jeden Fall das Format DIN A1 haben. Allerdings sollten Sie sich gut überlegen, ob Sie den Weg der Straßenplakatierung einschlagen möchten. Zunächst müssen Sie hierzu auch Genehmigungen bei den unterschiedlichen zuständigen Behörden einholen. Wenn Sie beispielsweise an Bundes-, Landes-, Kreis- und innerörtlichen Straßen plakatieren wollen, müssen Sie insgesamt vier Genehmigungen einholen. Außerdem ist die

Straßenplakatierung kostspielig und aufwendig. Sie benötigen an Material: Faserplatten, auf die die Plakate aufgezogen werden, Kleister und Befestigungsmaterial (Kabelbinder). Jedes Plakat muss aufgeklebt, die Platten, damit Sie sie aufhängen können, mit Löchern versehen, die Plakate in einiger Höhe mit Kabelbindern befestigt (Leiter nicht vergessen!) und nach der Veranstaltung wieder abgenommen werden. Ein ziemlicher Aufwand. Wollen Sie dies von gewerblichen Kräften erledigen lassen, müssen Sie mit zusätzlichen Kosten zwischen 1,50 und 3,00 EUR rechnen. Pro Plakat!

Plakatgestaltung

Plakate werden fast immer nur für wenige Sekunden – bei Straßenplakatierung von den Insassen der vorbeifahrenden Autos sogar nur für Bruchteile von Sekunden – wahrgenommen. Darum gilt gerade beim Plakat: So wenig Text wie möglich. Neben dem Kampagnenslogan wirklich nur die wichtigsten Informationen: Was? Wann? Wo? Eventuell noch der Eintrittspreis. Das reicht.

Die grafische Gestaltung muss einfach und leicht verständlich sein. Verwenden Sie klare, eindeutige Symbole (bei Sportvereinen z.B. Piktogramme zur Kennzeichnung der einzelnen Sportarten).

Wichtig   **!**

Gestalten Sie ein Piktogramm möglichst selbst, da die im Internet zu findenden Piktogramme meist urheberrechtlich geschützt sind.

Wie bereits in Kapitel 11.2 beschrieben, gilt für das Plakat immer die Regel: Information geht vor. Sie haben sicher schon wunderschöne Plakate gesehen, bei denen Sie jedoch nicht erkennen konnten, worum es ging. In vielen Fällen können Sie Ihr Ziel sogar mit Schwarz-Weiß-Plakaten erreichen, wenn diese auf Neonpapier gedruckt werden. Dabei handelt es sich um sehr grelles, leuchtendes Papier, das schon allein durch seine Intensität Aufmerksamkeit erzeugt. Wenn die Kampagnenelemente gut in Schwarz-Weiß darstellbar sind, stellen diese Plakate eine interessante Alternative zu Farbdrucken dar.

Der Veranstalter ist bei der Werbung meist von untergeordneter Bedeutung. Zunächst geht es ja darum, Leute zur Veranstaltung zu locken. Das Logo des Vereins sollte natürlich klar erkennbar auf dem Plakat zu sehen sein, doch wichtiger sind die anderen Kampagneninformationen.

Haben Sie Werbepartner gefunden, sollten Sie deren Anzeigen vom eigentlichen Plakat getrennt im unteren Bereich platzieren.

Wenn Sie das Plakat farbig drucken lassen: Gehen Sie sparsam, aber gezielt mit den Farben um. Ein zu buntes Plakat ist unruhig und erschwert das Lesen. Ein ausnehmend schön gestaltetes Plakat kommt vielleicht beim Betrachter gut an, doch das nützt Ihnen nichts, wenn dabei die wichtigen Informationen verlorengehen.

11.6 Der Handzettel

Handzettel sind etwas aus der Mode gekommen, da ihre Verteilung immer problematischer wird. Zum einen ist sie sehr zeitaufwendig und es wird immer schwieriger, Mitglieder zu finden, die bereit sind, diese Aufgabe zu übernehmen. Zum anderen sind auch einige rechtliche Aspekte zu beachten. Wer beispielsweise ohne Erlaubnis auf dem Gelände einer Schule Handzettel verteilt, begeht juristisch gesehen Hausfriedensbruch.

Auch das beliebte »Unter-den-Scheibenwischer-klemmen« ist problematisch. Rein rechtlich gesehen bewegen Sie sich dabei in einer Grauzone. Diese Art der Werbung wird vom Autobesitzer nicht immer gern gesehen. Im Extremfall wird dem Verteiler vielleicht sogar unterstellt, er habe das Auto beschädigt.

Andererseits können Sie mit Handzetteln sehr zielgerichtet werben. Für eine Jugendveranstaltung z.B. vor Schulen, Diskotheken, Jugendtreffs und anderen Einrichtungen. Ein gutes Werbemittel sind Handzettel an Infoständen, da Sie sie hier gezielt an Interessierte verteilen können.

! **Wichtig**

Leider gibt es bei der Handzettelverteilung noch einen negativen Nebeneffekt: Viele Menschen nehmen einen Zettel mit – um ihn dann doch wieder wegzuwerfen. Sie sollten deshalb nach einer Verteilung das Umfeld abgehen und diese Zettel wieder einsammeln. Bleiben sie liegen, macht das einen schlechten Eindruck, der schnell auf den Verein zurückfallen kann.

Gestaltung eines Handzettels
Im Idealfall stellt der Handzettel eine Verkleinerung des Plakats dar. Handzettel sollten nicht größer als DIN A5 sein. Besser ist DIN A6 (Postkartenformat). Weitergehende Informationen können auf der Rückseite platziert werden. Dadurch, dass Plakat- und Handzettel das gleiche Motiv haben, kommunizieren sie sehr gut miteinander.

Beim Text auf der Rückseite gilt ebenfalls: »In der Kürze liegt die Würze«. Versuchen Sie, lebendig und möglichst spannend zu schreiben. Zum Beispiel statt »Im Rahmen der Veranstaltung stellt der Turnverein Jahn seine Jugendtanzgruppe mit modernen Tänzen vor« lieber »Heiße Rhythmen, junge Menschen – Rock and Roll mit unseren jungen Wilden«.

Bei längeren Texten sollten Sie Zwischenüberschriften verwenden, die darauf neugierig machen, den weiteren Text zu lesen. Auch hier ist Spritzigkeit Trumpf. »Ehrung unserer verdienten Vereinsmitglieder« ist erstens zu lang und zweitens langweilig. »Ehre, wem Ehre gebührt« ist da schon besser. Wortspiele müssen sofort durchschaubar sein. Beispielsweise könnte man hier auf die Idee kommen, als Zwischenüberschrift »Ehrlich klasse!« zu formulieren. Aber mal ehrlich: Wer versteht das, außer dem Texter?

Wenn der Text fertig ist, sollten Sie ihn noch mal durchlesen und prüfen, ob er nicht doch noch gekürzt werden kann, ohne natürlich in einen Telegrammstil zu verfallen. Lassen Sie grundsätzlich alle Texte in der Werbung von einem Dritten lesen, der nicht dem Verein, wohl aber der Zielgruppe angehört. So texten Sie nicht an der Zielgruppe vorbei.

Tipp !
Es hat sich bei verschiedenen Themen pro Absatz bewährt, für jedes Thema eine kleine Illustration rechts beziehungsweise links neben den Text zu setzen (z.B. eine Hand, die auf den Text zeigt). Lebendig wirkt es, wenn der Standort wechselt (1. Absatz links, 2. Absatz rechts usw.).

11.7 Der Flyer

Im Gegensatz zum Handzettel werden beim Flyer mehr Informationen geliefert. Er besteht nicht nur aus einer Vorder- und einer Rückseite, sondern bietet als Faltblatt mehrere Seiten, auf denen zusätzliche Texte und Bilder platziert werden können. Flyer sollten nicht größer als DIN A5 sein (DIN A4 gefaltet, sodass vier DIN-A5-Seiten entstehen).

Eine äußerst beliebte und auch ansprechende Form ist das Format »DIN Lang«. Ein DIN-A4-Blatt wird hier so gefaltet, dass sechs schmale Flächen entstehen, die bedruckt werden. Entweder wird eine sogenannte Zick-Zack-Falz vorgenommen oder eine Wickelfalz, bei der ein äußeres Drittel nach innen umgeschlagen und von dem anderen äußeren Drittel überdeckt wird. Achten Sie beim Anlegen der Druckdateien darauf, welche Vorgaben bezüglich der Faltung von der Druckerei gemacht werden. Ein DIN-A4-Blatt ist zwar 297 x 210 mm groß, sodass bei einer normalen Faltung jede Fläche 99 mm breit wird, aus technischen Gründen entspricht die Faltung aber – insbesondere bei der Wickelfalz – nicht diesen Maßen.

Der Flyer sollte ein Titelblatt haben, das dem Plakat ähnelt. Wenn er einem DIN-Format entspricht, reicht es meist, das Plakat zu verkleinern. Bei einem anderen Format (beispielsweise DIN Lang) sollte die Titelfläche möglichst stark an das Plakat angepasst werden. Grundsätzlich gelten für den Aufbau der Seiten folgende Regeln:

- Auf der ersten Seite müssen der Kampagnentitel, das Vereins- und eventuell das Kampagnenlogo und die wichtigsten Informationen stehen, sodass der Leser schnell erfassen kann, worüber der Flyer informiert.
- Die relativ kleinen »Seiten« verbieten lange Texte und viele Bilder. Deshalb müssen Sie sehr genau bestimmen, wen und was Sie erreichen wollen. Fotos müssen sehr klare Motive haben, da Details in den kleinen Darstellungen undeutlich werden.
- Sie sollten es der Zielgruppe so leicht wie möglich machen, Kontakt mit Ihnen aufzunehmen (um Eintrittskarten zu bestellen, Vereinsmitglied zu werden usw.). Deshalb ist die Adresse des Vereins (soweit vorhanden auch die Adresse der Internetseite) ein absolutes Muss. Noch besser: ein direkter Ansprechpartner mit Telefon und E-Mail-Adresse. Diese Daten

sollten immer auf der Rückseite stehen, da nahezu jeder Leser den Flyer erst einmal in der Hand umdreht.

- Wählen Sie mindestens 90-Gramm-Papier, damit der Text von einer Seite nicht auf der anderen durchscheint. Ob man Hochglanz- oder Mattdruck bevorzugt, ist Geschmackssache.

11.8 Werbung in Funk und Fernsehen?

Die Zahl der lokalen und regionalen Funk- und Fernsehanstalten steigt stetig an. Immer häufiger werden beispielsweise kleine Sender gegründet, die ausschließlich über das Internet empfangbar sind und sich meist binnen kurzer Zeit einer ansehnlichen Fangemeinde erfreuen. Auch die großen öffentlich-rechtlichen und privaten Sender haben sogenannte »Regionalfenster«, in denen man Werbung platzieren kann. Es ist also nicht abwegig, über diese Form der Werbung nachzudenken.

Hier informieren Sie sich am besten direkt bei den Sendern, deren Mitarbeiter Ihnen gerne weiterhelfen. In den meisten Fällen dürfte es aber zu teuer sein, mit einem eigenen Spot aufzutreten, da neben den Kosten für die Ausstrahlung auch die Produktion eines ansprechenden Streifens ins Geld geht.

Versuchen Sie deshalb lieber, einen PR-Beitrag zu platzieren. Veranstaltungsankündigungen von Vereinen werden von nahezu allen Sendern kostenlos ausgestrahlt. Je nachdem wie interessant das von Ihnen beworbene Ereignis ist, können Sie unter Umständen auch noch einen Beitrag in einer Magazinsendung erreichen.

Übrigens: Wird Ihnen ein Beitrag im Radio oder Fernsehen zugesagt und die Aufnahmen oder Dreharbeiten ziehen sich über mehrere Stunden hin – seien Sie bei der Ausstrahlung des Beitrags nicht enttäuscht. Eine alte Journalistenweisheit für Funk und Fernsehen lautet: »Ist der Journalist auch noch so fleißig – übrig bleiben nur 1,30 (meint anderthalb Minuten Sendung).«

11.9 Werbung per Newsletter

Heutzutage ist der Newsletter schon ein »klassisches Werbemittel«. Der Newsletter ist ein elektronisches Rundschreiben, mit dem man mehr oder weniger regelmäßig mit einer bestimmten (Ziel-)Gruppe in Kontakt tritt. Dadurch wird eine ständige Kommunikation gewährleistet. Newsletter wegen einer Aktion oder Veranstaltung sind schon aus rechtlichen Gründen (siehe Kapitel 11.9.1) schwierig. Außerdem erfährt Ihr Newsletter, wenn Sie ihn nur einmal versenden, nur wenig Aufmerksamkeit. Er sollte deshalb eher eine dauerhafte Einrichtung sein, die möglichst regelmäßig über Ihren Verein und seine Aktivitäten berichtet.

11.9.1 Vorschriften

Sicher haben Sie sich auch schon darüber geärgert, dass Sie Newsletter von Absendern erhalten, die Sie gar nicht kennen. Leider wird dieses Medium gerne missbraucht. Schon deshalb sollten Sie, um Freunde des Vereins nicht zu verärgern, keine Newsletter versenden, wenn sich der Empfänger damit nicht ausdrücklich einverstanden erklärt hat. Hinzu kommt aber noch, dass das Versenden von Newslettern ohne Einverständnis auch verboten ist. Der Gesetzgeber schreibt vor, dass der Verein nachweisen muss, dass sich der Empfänger mit der Zusendung einverstanden erklärt hat.

Bei einer schriftlichen Einverständniserklärung (z.B. durch Ankreuzen der Zustimmungserklärung auf Ihrem Flyer) müssen Sie diese Genehmigung archivieren. Sie sollten einen entsprechenden Passus zum Ankreuzen auch in Ihre Mitgliedsanträge aufnehmen, damit Sie alle Mitglieder per Newsletter informieren können.

Wird der Newsletter per Internet angefordert (z.B. über die Homepage des Vereins) verwenden Sie am besten das sogenannte Double-Opt-In-Verfahren. Hier meldet sich der Interessent für den Newsletter an. Nach der Anmeldung erhält er eine Begrüßungsmail. Erst wenn er diese Mail bestätigt hat, wird sein Newsletter-Abo wirksam.

Außerdem muss der Bezieher eines Newsletters immer die Möglichkeit haben, den Bezug abzubestellen. Hierzu muss im Newsletter ein Link vorhanden sein, über den die Abbestellung möglich ist.

Es ist verführerisch, im Rahmen des Angebots eines Newsletters auch nach der Adresse, der Telefonnummer und anderen Daten der Interessenten zu fragen. Das Fragen ist auch erlaubt – aber den Interessenten muss die Möglichkeit eingeräumt werden, den Newsletter auch anonym zu bestellen. Wenn Sie nach anderen Daten als der E-Mail-Adresse fragen, müssen Sie gleichzeitig darauf hinweisen, dass der Interessent diese Angaben freiwillig macht und nicht dazu verpflichtet ist.

Jeder Newsletter muss eindeutig dem Absender zuzuordnen sein. Hierfür muss ein Impressum eingefügt werden, das mindestens die folgenden Daten beinhalten muss:

- Name des Vereins (falls im Vereinsregister eingetragen inklusive Zusatz »e. V.« beziehungsweise »eingetragener Verein«),
- Anschrift des Vereins mit Telefonnummer und E-Mail-Adresse,
- Vertretung des Vereins nach außen (meist der Vorstand, ergibt sich aus der Satzung),
- Verantwortlicher im Sinne des Telemediengesetzes (Abkürzung V. i. S. d. T. G.) – z. B. der PR- und Medienmanager mit vollständiger Namens- und Adressangabe. Diese Person verantwortet den Inhalt des Newsletters.

11.9.2 Inhalt, Erscheinungsweise, Gestaltung

Ein Newsletter sollte in Abständen von sechs bis acht Wochen erscheinen, wenn es keine anderen aktuellen Anlässe gibt. So kann ein Fußballverein natürlich wöchentlich einen Newsletter herausbringen, der die Spielergebnisse der vergangenen Woche beinhaltet. Im Normalfall sollten Sie aber die oben genannten Zeitspannen einhalten. Zum einen »nerven« allzu häufige Newsletter, sodass diese nach einer gewissen Zeit vom Empfänger ungelesen gelöscht werden. Zum anderen müssen Sie auch genügend Themen haben, über die es sich im Newsletter zu berichten lohnt.

Newsletter sollten nicht zu allgemein sein, sondern gezielt Gruppen ansprechen. Zielgruppen, die man über Newsletter informiert, wären im Verein

- die Mitglieder (auch interne Themen des Vereins berücksichtigen),
- Spender (hier muss im Vordergrund stehen, wofür die Mittel verwendet werden, die gespendet wurden),
- Sponsoren (hier sollten auch Hinweise gegeben werden, wo noch Werbemöglichkeiten für die Sponsoren bestehen; außerdem können Sie hierüber auch zu Veranstaltungen des Vereins einladen),
- Fans (ohne Vereinsinterna, aber zur Stärkung des Wir-Gefühls).

Auch wenn die Newsletter für jede Zielgruppe getrennt erstellt und versandt werden: E-Mails geraten schnell in falsche Hände. Darum sollten Sie delikate Details oder kritische Themen nur anschneiden, wenn es sich gar nicht vermeiden lässt.

Machen Sie sich zunächst Gedanken über die optische Gestaltung Ihres Newsletters. Sie haben hier mehrere Möglichkeiten:

Art des Newsletters	Vorteile	Nachteile
»Nur Text«-Newsletter	Schneller Versand	Nicht sehr lesefreundlich, langweilig
PDF-Datei als Anhang	Viel Gestaltungsfreiheit	Kann aus Angst vor »Viren« vom Empfänger ungeöffnet abgelehnt werden
Onlinebroschüre im Internet (z. B. via Calameo.com)	Schicke Lösung – ideal um beispielsweise die Vereinszeitung onlinezustellen	PDF-Datei der Broschüre notwendig; auch hier kann eine Ablehnung durch den Leser wegen der Angst vor Schadsoftware erfolgen
Illustrierter Newsletter	Ansprechende Lösung – bei Newsletter-Lesern am beliebtesten.	Je nach Gestaltung sehr aufwendig; zu große Dateien werden meist nicht geöffnet beziehungsweise gelesen.

Tab. 7: Optische Gestaltung eines Newsletters

Von den oben angegebenen Möglichkeiten empfehlen wir den »illustrierten Newsletter«. Für das Erstellen und den Versand können Sie die meisten Textverarbeitungsprogramme nutzen (die Anwendung befindet sich meist bei der Serienbrieffunktion).

Empfehlenswert sind aber auch spezielle Programme, mit denen Sie den Newsletter erstellen und versenden können. Es gibt sie teilweise kostenlos oder zu moderaten Preisen. Gleichgültig, welche Variante Sie wählen, sollten Sie die folgenden Hinweise beachten:

- Wie Ihr Newsletter (optisch) ankommt, wissen Sie nicht, da heute Newsletter auf den verschiedensten Empfangsgeräten (Smartphone, Tablet, Notebook usw.) gelesen werden. Außerdem kommt es noch auf die individuellen Einstellungen am Empfangsgerät an. Um eine möglichst gleiche Darstellung bei den Empfängern zu erreichen, sollte der Newsletter als eine starre Tabelle angelegt werden, die eine Breite von 720 Pixeln hat.

Tipp !

Vorteilhaft sind hier auch Internet-»Baukästen« für den Newsletter. Diese Baukästen passen die Seiten des Newsletters automatisch an das Empfangsmedium an. Selbst solche sogenannten »dynamischen Seiten« zu erstellen, verlangt spezielle Kenntnisse. Ein deutschsprachiger Baukasten ist beispielsweise »Mailify« – aber es gibt auch andere Angebote.

- Jeder Newsletter sollte einen gleichbleibenden Aufbau haben, an dem der Empfänger sofort erkennt, um was es sich handelt (siehe Abbildung 5). Der Kopf bleibt immer gleich. Darunter befindet sich eine schmale Zeile, in der das Datum des Newsletters steht.

Ausgabe 17.09.2017 - Rheinlandliga-Saison 2017 - 2018

Hallo [Vorname],

weil die Spiele gegen ımmer etwas Besonderes sind, heute eine Sonderausgabe vom SG-Report online. Außerdem besteht die Möglichkeit, dass 20 Fans der SG zu einer feucht-fröhlichen Brauereibesichtigung fahren können. Auch das wollen wir Euch nicht vorenthalten.

Spiel gegen

Zum gestrigen Spiel: Es war eine erwartungsgemäß harte Auseinandersetzung, bei der sich die Mannschaften nichts schenkten, wobei Glück und Pech einigermaßen fair verteilt war. In der ersten Halbzeit war die klar dominierende Mannschaft und mehr als einmal lag der Führungstreffer in der Luft - aber da blieb er auch (nicht zuletzt wegen der Stärke des Torwarts. So kam es zu harten Zweikämpfen, die aber ım fairen Rahmen blieben, einem spannenden Schlagabtausch, der wenig Raum für taktisches Spiel ließ, kurz: die alles hatte, außer Tore.

Nach der Pause dauerte es einige Minuten, bis unsere Elf wieder ins Spiel fand. Dann schoss den bis dahin schon lange verdienten Führungstreffer. Der Jubel bei Fans und Spielern war entsprechend: Jetzt sah alles nach einem Sieg für die SG aus. Doch es sollte anders kommen. musste den Platz verlassen, wodurch unsere Mannschaft auch psychologisch geschwächt

Abb. 5: Newsletter

- Der erste Text heißt auch »Editorial«. Hier begrüßen Sie den Leser und erläutern, welche Themen Sie im Newsletter ansprechen. Danach folgen die einzelnen Beiträge. Das Editorial sollte so geschrieben sein, dass der Leser auf die folgenden Texte neugierig wird.
- Am Fuß des Newsletters befindet sich der Link zum Abbestellen und das Impressum.

Für einen erfolgreichen Newsletter ist außerdem wichtig:

- Unter dem Editorial sollte sich bei längeren Newslettern mit verschiedenen Themen ein Inhaltsverzeichnis befinden, dessen Einträge mit dem Beitrag verlinkt sind. Unter dem jeweiligen Beitrag befindet sich dann ein Link, der wieder zurück zum Inhaltsverzeichnis führt. Auch das Impressum und der Link zum Abbestellen des Newsletters sollten so in das Inhaltsverzeichnis eingebunden sein.

- Fotos sollten nicht in dem Programm, in dem der Newsletter erstellt wird, angepasst werden, sondern in einem Bildbearbeitungsprogramm (mit 72 dpi abspeichern). Dadurch wird die Newsletter-Datei nicht zu groß und hat eine vertretbare Ladezeit

12 Der Infostand

Wer beispielsweise auf dem Stadtfest, während eines Markts oder bei anderen Anlässen für seinen Verein werben will, sollte über einen Infostand verfügen. Es gibt fertige Informationsstände, die allerdings leicht einen vierstelligen Betrag verschlingen. Auf der anderen Seite muss ein Infostand aber auch optisch »etwas hermachen«. Darum hier einige Tipps, wie Sie an einen preiswerten und dennoch optisch ansprechenden Stand gelangen.

Oft verfügen Verbände über Faltstände, die sich die angehörenden Vereine ausleihen können. Nicht selten besitzen auch die örtlichen Parteien oder sogar die Kommune eigene Infostände, die sie ebenfalls verleihen. Bei Parteien müssen Sie aber darauf achten, dass der Stand neutral ist. Stände, mit denen Sie indirekt (auch) Werbung für eine Partei machen, sind kontraproduktiv.

Ein einfacher Infostand ist aber auch schnell zusammengestellt. Im Extremfall reichen schon ein Sonnenschirm und ein Tisch, wie er bei Bierfesten üblich ist. Verzichten Sie lieber auf den Tapeziertisch, weil er sehr instabil ist. Außerdem benötigen Sie Plakate, mit denen Sie den Tisch vorne zuhängen. Dadurch entsteht unter dem Tisch Stauraum für Ihr Informationsmaterial. Ein solcherart improvisierter Stand ist aber nur eine Notlösung, die Sie nur nutzen sollten, wenn Sie lediglich auf einen einmaligen Einsatz abzielen.

Der Verein sollte jedoch alle Möglichkeiten nutzen, sich öffentlich zu präsentieren. Darum sollten Sie auf jeden Fall eine Grundausstattung anschaffen. Da wäre zunächst der Stand an sich. Hierfür eignet sich ein Faltpavillon mit einer Grundfläche von 3 x 3 Metern. Wird er nicht für Infozwecke benötigt, leistet er auch in anderen Funktionen gute Dienste. Investieren Sie am besten in einen Pavillon, der automatisch aufgebaut wird. Er ist zwar teurer als ein Pavillon, bei dem die Teile nach einer Anleitung zusammengesteckt werden müssen, aber er erspart Ihnen beim Aufbau Zeit und Nerven. Außerdem können Sie keine Teile verlieren, was einen anderen Stand in vielen Fällen unbrauchbar macht.

Beim »Einrichten« des Stands greifen Sie auf eine Bierzeltgarnitur zurück. Sie ist oft schon »vor Ort« vorhanden oder kann unproblematisch ausgeliehen werden. Für den Tisch lassen Sie sich am besten eine Decke bedrucken, die auf beiden Seiten bis zum Boden reicht. Die meisten Onlinedruckereien bieten solche Überwürfe an. Schauen Sie dort unter »Banner und Planen« nach und wählen Sie »Textilbanner«. Durch den Überwurf gewinnen Sie verdeckten Stauraum unter dem Tisch, sodass ihr Stand immer aufgeräumt wirkt.

Nun sollten Sie noch zwei »Roll-Ups« anschaffen. Das sind Ständer, in deren Fuß eine Kunststofffolie eingerollt ist. Diese Folie wird Ihren Wünschen entsprechend bedruckt. Wenn Sie diese Ständer links und rechts vom Tisch aufstellen, erzielen Sie mit ihrem Stand eine positive Wirkung nach außen.

! Tipp

Bei den hier genannten Elementen lohnt es sich, länger im Internet zu recherchieren, um den günstigsten Anbieter zu finden. Die Preisunterschiede sind in der Regel enorm.

Damit haben Sie schon eine ausreichende Grundausstattung. Natürlich können Sie noch über Halter für Flyer, Stehtische usw. nachdenken. Aber Sie sollten sich mit Ihrem Stand nicht übernehmen. Bedenken Sie auch, dass ein zu teuer wirkender Stand negativ ausgelegt werden kann – nach dem Motto: »Dafür geben die also ihr Geld aus.«

Info- und Werbematerial
Grundsätzlich sollte jeder Verein so etwas wie eine »Imagebroschüre« haben, in der sich der Verein mit seinen Zielen vorstellt. In dieser Broschüre können Sie auch auf bereits durchgeführte Aktionen eingehen – aber dann sollten Sie hinsichtlich der Druckauflage etwas zurückhaltend sein: Sehr lange zurückliegende Aktionen vermitteln nämlich den Eindruck, dass Ihr Verein nicht viel leistet. Diese Broschüre sollte immer einen Aufnahmeantrag beinhalten. Zusätzlich sollten aber auch Mitgliedsanträge bereitliegen, die Interessenten gleich vor Ort ausfüllen oder mit nach Hause nehmen können, wenn sie keine Broschüre mitnehmen wollen. Die Broschüre über den Verein und die Mitgliedsanträge gehören zum Pflichtmaterial, das am Infostand vorliegen sollte.

Wenn wir an dieser Stelle von »Broschüren« sprechen, heißt das allerdings nicht, dass Sie die Vereinsinformationen in Hochglanzheften zusammenstellen müssen. Im Gegenteil. Der Angesprochene fragt sich sonst vielleicht, ob er mit seiner Spende für Ihren Verein auch eine so »teure« Broschüre mitfinanziert. Ein einfaches Faltblatt, das den Verein kurz vorstellt, vielleicht mit einigen Abbildungen oder Fotos, reicht vollkommen aus. Sicher finden Sie jemanden im Verein, der bereit ist, ein solches Blatt – z.B. auf dem PC – zu erstellen. Hier bietet sich im Übrigen auch ein Flyer im Format »DIN Lang« an (siehe Kapitel 11.7).

»Kurzlebige Informationen« (z.B. Veranstaltungshinweise) können entweder in Flyer eingelegt oder zusätzlich verteilt werden.

Tipp !

Eine pfiffige Idee ist es, Termine auf kleine (Visiten-)Karten drucken zu lassen. Diese werden von den Besuchern Ihres Stands eher mitgenommen, weil sie sich leichter in der Tasche verstauen lassen, als große Flyer oder Broschüren.

Außerdem können Sie das Angebot an Ihrem Stand z.B. durch Informationsbroschüren des Verbands, dem der Verein angehört, ergänzen. Auch staatliche Stellen (z.B. die Bundeszentrale für politische Bildung) bieten durchaus interessante Unterlagen an, die Sie an Ihrem Stand anbieten können. Aber für alles »Fremdmaterial« gilt der Grundsatz, dass Sie es erst einmal selbst lesen sollten, um dann zu entscheiden, ob es zu Ihrem Stand passt.

Tipp !

Wenn Sie Material von anderen Organisationen an Ihrem Infostand verteilen, bringen Sie an dem Material einen Aufkleber (»überreicht von Verein XYZ«) an, um damit auch für Ihre eigenen Zwecke zu werben.

»Give Aways«, also kleine Geschenke (Kugelschreiber, Flaschenöffner, Blocks usw.) sind mit Vorsicht zu genießen. Auch hier kann schnell der Eindruck entstehen, dass der Verein hierfür Spenden- und Sponsorengelder »vergeudet«. Wenn Sie sich aber dazu entschließen, sollten Sie nur Artikel verteilen, die auch zum Verein passen und mit dem Logo des Vereins oder der Organisation, dem der Verein angehört, versehen sind. Hier lohnt es sich, beim Verband nachzufragen.

Wenn Sie auf eine Veranstaltung hinweisen, wollen Sie natürlich auch Eintrittskarten am Stand verkaufen. Hier ist aber Vorsicht geboten. Wo mit Bargeld gearbeitet wird, lauern einige Gefahren. Bei einem Kartenvorverkauf am Infostand muss eine abschließbare Kasse (für die Standbesucher möglichst nicht sichtbar) vorhanden sein. Außerdem muss sichergestellt werden, dass immer zwei Personen am Stand sind und größere Mengen Bargeld nicht am Stand bleiben. Im Zweifelsfall müssen Sie Geld aus der Kasse entnehmen und bei der Bank einzahlen.

13 Die Vereinszeitung

Auch in unserer digitalen Welt hat die Vereinszeitung ihren Platz (noch) nicht verloren. Es gibt immer noch viele Menschen, die gerne Gedrucktes lesen. Gleichzeitig gibt es heute auch Wege, eine Vereinszeitung zusätzlich online zu präsentieren.

Wenn Sie mit einer Onlinedruckerei arbeiten, verlangt diese fast immer eine PDF-Datei für den Druck der Zeitung. Sie erstellen Ihre Vereinszeitung wahrscheinlich in einem anderen Format. Aber im Internet gibt es – auch kostenlose – Programme mit deren Hilfe Sie Ihre Druckdatei in ein PDF konvertieren können.

Dieses PDF benötigen Sie nicht nur für den Druck. Sie können es über spezielle Plattformen auch ins Internet hochladen, sodass Ihre Zeitung den Lesern auch online zur Verfügung steht. Diese Plattformen werden auch als Dokumentennetzwerke bezeichnet. Zu den bekanntesten gehören Slideshare, Scriba, Google.Drive, Issum, Jemma, Calameo, Yuppie, Whitepapercentral und Docdroid.

Tipp !

Wenn Sie solche Dokumentennetzwerke nutzen, sollten Sie hierauf in Ihren Newslettern hinweisen. Per Link können die Nutzer Ihrer Newsletter dann direkt auf die Vereinszeitung zugreifen.

Es lohnt sich also, sich Gedanken über eine Vereinszeitung zu machen. Dabei gilt es, die Vor- und Nachteile gegeneinander abzuwägen.

Vorteile	Nachteile
Kann auch als Werbemedium am Infostand des Vereins eingesetzt werden.	Verlangt Disziplin, da nur ein regelmäßiges Erscheinen sinnvoll ist.
Wenn eine öffentliche Verbreitung stattfindet, kann der Anzeigenverkauf zur Mitfinanzierung des Vereins beitragen.	Die Erstellung ist äußerst arbeitsaufwendig.

Vorteile	Nachteile
Kann den Mitgliedern bei der Werbung von neuen Mitgliedern als Unterstützung dienen.	Insbesondere bei Illustrationen sind Urheberrechte zu beachten.
Kann als Mittel genutzt werden, um beispielsweise mit Sponsoren in Kontakt zu bleiben.	Die Verteilung muss gesichert sein und aktuell erfolgen.

Tab. 8: Vor- und Nachteile einer Vereinszeitung

Bewusst wurden hier das Für und Wider einer externen Vereinszeitung gegenübergestellt. Eine Vereinszeitung, die ausschließlich intern genutzt wird, muss keine teure, umfangreiche Broschüre sein. Die wichtigsten Informationen, interessant geschrieben, mit einigen Fotos; das Ganze fotokopieren oder – falls Sie eine größere Stückzahl benötigen – im Offsetverfahren drucken. Das genügt meist schon für eine interne Vereinszeitung.

Auch wenn Sie die Vereinszeitung primär als internes Kommunikationsmittel einsetzen, sollten Sie überlegen, ob Sie sie zusätzlich auch an Personen verschicken, die außerhalb des Vereins stehen. Zum Beispiel:

- an Journalisten, um die Zusammenarbeit zu unterstreichen,
- an Kommunalpolitiker, die über Zuschüsse des Vereins entscheiden,
- an Sponsoren, um sie über die Arbeit des Vereins auf dem Laufenden zu halten,
- an Geschäftsleute, die den Verein finanziell unterstützen.

Gestaltung einer Vereinszeitung
Eine Vereinszeitung, die beispielsweise über Geschäfte verteilt und über Werbung finanziert werden soll, muss schon aufwendiger gestaltet werden, als ein internes Kommunikationsmittel.

Legen Sie zunächst das Format fest. Für eine gute Gestaltung empfiehlt sich ein DIN-A4-Format. Zumindest der Umschlag sollte vierfarbig gedruckt werden. Der Innenteil kann durchaus schwarz-weiß sein.

Legen Sie dann ein durchgängiges Layout fest. Sie bestimmen damit:

- Wie viel Randabstand eingehalten werden muss (oben, unten, innen und außen). Beachten Sie dabei, dass der innere Rand der Seiten schmaler sein kann, als der äußere, da hier zwei leere Randbereiche gegeneinanderstoßen.
- Die Kopfzeile. In der Kopfzeile kann beispielsweise ein Rubriktitel stehen. Der Rubriktitel bleibt immer gleich und ist keine Schlagzeile. Rubriktitel für einen Fußballverein können beispielsweise sein:
  - Anstoß (Vorwort des 1. Vorsitzenden, Jugendleiters, Trainers usw.),
  - Rückblick (Beiträge zu den vergangenen Spielen),
  - Unsere Gegner (Vorstellung von Mannschaften, gegen die die eigene Mannschaft demnächst spielt),
  - Fankurve (Berichte über Aktionen und Angebote für die Fans des Vereins),
  - Abseits (Kuriositäten und Randbemerkungen),
  - Nachwuchs (Berichte über die Kinder- und Jugendmannschaften).
- Die Fußzeile. In der Fußzeile befindet sich die Seitenzahl.
- Die Anzahl der Textspalten. Diese kann bei einem DIN-A4-Format zwischen zwei und drei Spalten variieren. Bei einem DIN-A5-Format sind zweispaltige Texte zu empfehlen, da ansonsten die Zeilen zu kurz werden.

! Beispiele: Vereinszeitungen

Zweispaltige Vereinszeitung

Anstoss

Das muss doch nicht sein

Es macht (nicht nur) Spaß, sich für einen Verein als ehrenamtliche Kraft einzusetzen. Aber wenn man dann den einen oder anderen Kommentar im Stadion hört, kann einem schon die Lust vergehen. Kritik ist berechtigt und wie in ganz Deutschland darf die auch jeder bei der SG 06 äußern. Aber der Ton macht die Musik. Und so, wie sich manche äußern, dürfen sie es nur am Spielfeldrand - denn auf dem Platz zeigte ihnen der Schiri schnell die rote Karte.

Wir, die wir Zeit opfern und manche von uns auch (teilweise sehr viel) Geld investieren, um den regionalen Fußball am Leben zu erhalten, wissen natürlich, dass es einiges gibt, was man besser machen kann. Deshalb treffen wir uns auch regelmäßig und überlegen, wo wir ansetzen können, um Probleme zu lösen und auch Fehler, die wir gemacht haben, auszubügeln.

Insofern ist die geübte Kritik berechtigt und trifft auch bei uns auf ein offenes Ohr. Aber mal ehrlich: Wie würdest Du dich fühlen, wenn Du Dir für den Verein den Allerwertesten aufreißt und dafür teilweise in unflätigster und beleidigender Art und Weise angegriffen wirst? Glücklicherweise verraucht die dann in unseren Aktiven aufkeimende Wut schnell genug - sonst würden sie den Kram hinschmeißen.

Ich will hier nicht alle über einen Kamm scheren, die meisten von Euch sind ja in Ordnung und erkennen wohl auch, dass wir uns anstrengen, möglichst viel richtig zu machen. Aber ich habe auch schon andere im Stadion getroffen ...

Die Organisation der SG 06 wird überwiegend von ehrenamtlichen Kräften geleitet. Da gibt es immer wieder Fragen von Euch, deren Antworten Euch - verständlicherweise - nicht immer zufrieden stellen. Aber wir stehen bei den Antworten immer vor zwei Problemen:

Zum Einen können wir die Realitäten nicht ändern. Viele Wünsche bleiben unerfüllt, weil es aus den verschiedensten Gründen - meist finanziellen - einfach nicht machbar ist. Aber dafür haben die allermeisten von Euch ja Verständnis.

Das zweite Problem ist weitaus schwieriger. In vielen Angelegenheiten können wir gar nicht so entscheiden, wie wir gerne möchten, weil auch andere hier ein entscheidendes Wort mitreden. Die SG-Verantwortlichen sitzen dabei allzu oft so ziemlich zwischen allen Stühlen, die man sich vorstellen kann. Da es dabei meist auch um sehr viel Geld geht, kann schon ein falsches Wort in der Öffentlichkeit den Verein ruinieren. Darum wollen wir nicht schweigen - wir müssen es. Das heißt nicht, dass wir unseren treuen Anhängern misstrauen. In diesen Vorgängen hat sich schon so mancher durch Äußerungen selbst geschadet - deshalb müssen wir das Vereinsleben auch schützen, und können nicht alle über alle Facetten des Vereinstuns informieren.

In diesem Sinne freue ich mich auf faire Spiele mit Euch - auf und neben dem Platz.

Euer

Dreispaltige Vereinszeitung

Unsere Gegner

Emmelshausen baut auf einen konstanten Kader

Während sich nicht nur bei der SG 06 zum Saisonwechsel das Spielerkarussell in der Rheinlandliga kräftig dreht, gibt es eine Mannschaft, die als ruhender Pol an einem konstanten Kader festhält. In dieser Hinsicht ist der TSV Emmelshausen nämlich eine Ausnahme. Auch in der neuen Saison ist die Mannschaft nahezu unverändert.

Nico Merg hat den TSVE verlassen (spielt jetzt in Rheinböllen) und wurde durch Luca Wolf (ehemals TuS Koblenz) ersetzt. Der eingespielte Kader hat sich bewährt: In der Saison 2016/2017 erreichte die Mannschaft den 7. Platz in der Tabelle. Sie verpassten unseren Jungs auch am 24.09.2016 die erste Heimspielniederlage der damaligen Saison (0:1). Julian Feit - Trainer der Emmelshausener - damals in der Pressekonferenz: „Wir haben den Betzdorfern unser ekliges Spiel aufgezwungen." Um keine Missverständnisse aufkommen zu lassen: Damit war ein durchaus aggressives aber nicht unfaires Spiel gemeint.

Für die laufende Saison ist der Trainer optimistisch. Er weiß, dass er ein gut eingespieltes Team auf den Platz schickt und gibt für diese Saison das Ziel vor: „Im zweiten Jahr nach dem Aufstieg wollen wir uns in der Rheinlandliga etablieren."

Die Mannschaft hat tatsächlich das Zeug ganz oben in der Tabelle mitzumischen. Dennoch sieht der Trainer in Mayen und Eisbachtal die absoluten Spitzenreiter: „Die Breite im Kader ist der Unterschied, dort ist der Konkurrenzkampf größer." Eine Veränderung ist auch im Trainer-

team zu vermelden. Trainerassisstent Philipp Rath musste aus beruflichen Gründen seine Funktion an Tobias Rauch (ehemals TSV- und FC Karbach-Spieler) abgeben. Julian Feit sieht darin allerdings kein Problem. „Wir denken gleich über Fußball, Tobi ist eine sehr gute Be-

setzung als Trainerassistent." Feit ist mit 23 Jahren der jüngste Rheinlandligatrainer. In dieser Funktion will er auch gerne bleiben: „Ich bin froh, dass der TSV mir die Chance gegeben hat, hier Trainer der ersten Mannschaft zu sein. Das möchte ich auch noch ein paar Tage machen."

Anzeige

159

Insbesondere, weil Sie mit Ihrer Vereinszeitung auch Werbekunden gewinnen wollen, muss die Zeitung eine gewisse Qualität aufweisen. Leider gibt es viele Vereinszeitschriften, die nicht einmal die Mindestanforderungen eines vernünftigen Werbeumfelds erfüllen. Deshalb finden viele Vereine auch nur wenige »Hardcore-Fans«, die in ihrer Zeitung werben wollen. Darum seien Sie sich bitte darüber im Klaren, dass eine anzeigenfinanzierte Vereinszeitung einen regelmäßigen und hohen Aufwand bedeutet.

Nachdem Sie das Layout festgelegt haben, müssen Sie noch einige weitere Parameter bestimmen. So müssen Sie auch die Schriftarten festlegen. Hier gilt: Weniger ist mehr. Empfehlenswert ist folgende Festlegung:
- gut lesbare Zierschrift für Überschriften,
- klare Schrift wie Arial, Calibri oder Helvetica für die Textbeiträge,
- den Vorspann in der Schriftart der Textbeiträge, aber **fett** gedruckt,
- Bildunterzeilen in der Schriftart der Textbeiträge, aber *kursiv* gedruckt.

Mehr Schriften beziehungsweise Schriftschnitte (fett, kursiv) benötigen Sie nicht. Im Gegenteil: Je mehr Schriften aufeinandertreffen, umso unruhiger und schwerer lesbar wird Ihre Vereinszeitung.

Bei der Gestaltung des Hefts sollten Sie folgende Punkte beachten:
- Das grundsätzliche Layout wird nicht verändert. Die einzige Ausnahme wäre eine ganzseitige Anzeige.
- Fotos müssen in einem Bildbearbeitungsprogramm bearbeitet werden. Hier sollten Sie das Bild schon in die Breite bringen, in der es gedruckt wird, und in die richtige Farbscala (CMYK für Farbe und Graustufen für Schwarz-Weiß-Druck). Außerdem sollten die Bilder eine Auflösung von mindestens 300 dpi (Bildpunkte pro Zoll) haben.
- Keine Seite sollte ohne Illustration sein. Dabei kann es sich beispielsweise auch um eine Anzeige handeln. Eine Seite mit einem dreispaltigen Text, den keine Illustration auflockert, wird so gut wie nie gelesen.

14 Kreativ werben

Um Zuschauer, Besucher, Aktive usw. wird überall hart gekämpft. Hierbei müssen Sie sich nicht nur mit den anderen Vereinen messen – auch gewerbliche Anbieter stellen eine Konkurrenz dar. Meist sind gerade die gewerblichen Mitbewerber finanziell sehr viel bessergestellt als Vereine und können deshalb mehr Geld in die Werbung stecken.

Dieses finanzielle Defizit lässt sich aber durch Kreativität ausgleichen. Auffällige Aktionen müssen nicht unbedingt teuer sein. Hier einige Beispiele:

Beispiele: Kreativ werben !

- Zur Ankündigung eines Konzerts beginnt ein Chormitglied auf dem Wochenmarkt zu singen. Von allen Seiten kommen weitere Chormitglieder hinzu, sodass am Ende ein richtiger kleiner Chor auf dem Markt singt. Das erzeugt Aufmerksamkeit. Die Chormitglieder verteilen Flyer zum Konzert. Aber Achtung: Auch wenn Sie hier mit dem Überraschungsmoment spielen, sollten Sie beim Ordnungsamt nachfragen, ob Sie für diese Aktion eine Genehmigung benötigen.
- Für ein Krimifestival legen sich Personen an markanten Punkten (z.B. Rathaus, Polizei usw.) auf den Boden und lassen ihre Konturen mit weißer Kreide nachzeichnen, sodass Abdrücke entstehen, wie sie auch an »echten Tatorten« durch die Polizei gezeichnet werden. Hierzu können Sie die Presse einladen. Die Zeichnungen bleiben tagelang sichtbar und sorgen für Gesprächsstoff. Je nach Kommune sollten Sie auch diese Aktion mit dem zuständigen Ordnungsamt absprechen.

15 Aktionen und Veranstaltungen umsetzen

Wichtig ist vor allem, dass Sie mit der Umsetzung von Aktionen und Aktivitäten so früh wie möglich beginnen. Viele Vorhaben scheitern daran, dass zu spät mit den Vorbereitungen begonnen wurde. Je nach Umfang der Veranstaltung sind Planungszeiträume von zwölf und mehr Monaten durchaus angebracht.

Insbesondere, wenn der Verein Zuschüsse bei Stiftungen oder öffentlichen Stellen beantragen will, muss er sehr früh mit der Planung beginnen. Viele Stiftungen vergeben die Gelder nur einmal im Jahr und der Zuschussantrag muss bereits im Vorjahr gestellt werden. Andererseits darf fast immer erst mit den konkreten Arbeiten am Projekt begonnen werden, wenn der Zuschuss bewilligt ist. Für den Antrag muss aber die Planungsarbeit nahezu abgeschlossen sein.

Bei Behörden müssen auch längere bis lange Bearbeitungszeiten einkalkuliert werden. Hier gilt: Je höher man nach oben geht, umso länger dauert die Bearbeitung. Mittel von der Kommune sind meist relativ schnell zu bekommen (wenn diese überhaupt welche vergibt). Die Bewilligung von Anträgen bei der EU kann durchaus Monate dauern (manchmal sogar über ein Jahr).

Obwohl auch Behörden immer wieder verlangen, dass erst nach der Zuschussbewilligung mit den eigentlichen Arbeiten begonnen wird, fordern sie häufig schon sehr detaillierte Angaben zum jeweiligen Projekt. Daraus ergibt sich, dass Sie bereits sehr viel Zeit in die theoretische Planung stecken müssen, bevor Ihre Aktion oder Veranstaltung in eine aktive Phase übergehen kann.

15.1 Arbeitsgruppen bilden

In den meisten Fällen bilden Vereine erst dann Organisationsstrukturen, wenn eine Veranstaltung ansteht. Warum eigentlich? Gerade in Phasen, in denen das Vereinsleben ein wenig ruhiger ist, lässt sich ein Grundmodell aufbauen, das im Fall der Fälle angepasst werden kann. Es besteht dann kein Zeitdruck, sodass unterschiedliche Modelle ausprobiert werden können. Dabei können sowohl die Struktur als auch die Kommunikationsströme getestet sowie Schwachstellen aufgespürt und beseitigt werden.

Innerhalb der Veranstaltungsplanung gibt es eine ganze Reihe von Prozessen, die sich immer wiederholen. Haben Sie diese Prozesse im Vorfeld analysiert und hierfür bereits Gruppen gebildet, die sich intensiv mit den Problemen befassen, vereinfacht das die Veranstaltungsplanung stark.

Führen Sie mit einer Gruppe, die im Rahmen der Organisationsstrukturen eingerichtet wurde, Planspiele durch. Für diese »Übungen« können auch kleinste Projekte genutzt werden. Zum Beispiel die Vorbereitung eines gemeinsamen Fernsehabends. Wenn am Abend dann keine Getränke da sind, aber jede Menge Tüten mit Knabbereien, erkennt jeder, wie wichtig die Kommunikation zwischen den Beteiligten ist. Legen Sie auch gleich fest, wie weit die Kompetenzen der Gruppen jeweils reichen sollen, und überprüfen Sie regelmäßig, ob diese Verteilung weiterhin sinnvoll ist.

Die Mitglieder einer Gruppe können nicht von jetzt auf gleich ein Team sein. Sie müssen sich erst einmal kennenlernen, um gut zusammenarbeiten zu können. Auch dies fällt in ruhigeren Zeiten leichter, als dann, wenn die Gruppe unmittelbar vor der Aufgabe steht, ein Fest oder eine andere Veranstaltung zu planen und durchzuführen. Besser ist es, wenn sich die Gruppe schon geraume Zeit kennt und die Mitglieder sich aufeinander eingestellt haben. Es empfiehlt sich daher, dass sich die betreffenden Personen auch außerhalb der offiziellen Vereinstermine treffen. So wachsen die Teams besser zusammen. Das hat mehrere Vorteile:

- Sie sparen Zeit bei der Vorbereitung des Events,
- gruppendynamische Probleme können im Vorfeld bereinigt werden,
- die Teams können bereits Ideen entwickeln und deren Umsetzung vorbereiten.

Die folgenden Gruppen sind unabdingbar:

- das Leitungsteam,
- das Finanzteam,
- das Team Öffentlichkeitsarbeit,
- das Team Technik.

15.1.1 Das Leitungsteam

Das Leitungsteam sollte für jede Aktivität neu zusammengestellt werden. Es ist also keine permanente Einrichtung. Außerhalb von Veranstaltungen übernimmt diese Funktion der Vorstand. Die Mitglieder wären sonst überlastet. Außerdem gäbe es auch eine Konzentration auf einige wenige aktive Mitglieder, was der internen Vereinskultur nicht guttäte. Allerdings sollte im Vorstand schon festgelegt werden, wer in Zukunft für die verschiedenen Leitungsteams zur Verfügung steht. Außerhalb der »Organisationsphase« einer konkreten Aktion können Sie in Ruhe nach geeigneten Mitgliedern Ausschau halten.

Da innerhalb eines Leitungsteams häufig auch kurzfristige Entscheidungen getroffen und umgesetzt werden müssen, empfiehlt es sich, im Vorstand so viele Mitglieder für diese Aufgabe zu wählen, wie zur Vertretung nach außen notwendig sind.

Im Leitungsteam laufen alle Fäden zusammen. Damit übernimmt es auch eine im positiven Sinne kontrollierende Funktion. Die Mitglieder des Leitungsteams beobachten die Arbeit der anderen Teams und greifen unterstützend ein, wenn dies nötig wird.

Das Leitungsteam ist darüber hinaus die oberste Entscheidungsinstanz. Da es kaum Fragestellungen gibt, die nichts mit den Kosten zu tun haben, ist es vorteilhaft, wenn der Finanzverantwortliche des Vorstands im Team mitarbeitet (er sollte auch im Finanzteam – siehe Kapitel 15.1.2 – mitarbeiten). Außerdem sollten weitere interessierte Mitglieder des Vereins integriert werden, die nicht dem Vorstand angehören. Es hat sich als sinnvoll erwiesen, wenn die Vorstandsmitglieder im Leitungsteam nicht alleine mehrheitsfähig sind.

15.1.2 Das Finanzteam

Die Finanzen sind die Achillesferse des Vereins und damit ein sehr sensibler Punkt bei der Veranstaltungsplanung und -durchführung. Hier sollte immer der für Finanzen Verantwortliche im Verein (Schatzmeister, Kassierer, Geschäftsführer) involviert sein. Das Finanzteam sollte eine permanente Einrichtung sein. So wird sichergestellt, dass es die gesamten Kosten aller

Aktionen im Griff behält. Das Finanzteam arbeitet direkt mit dem jeweiligen Leitungsteam auf der gleichen Ebene zusammen.

Im Vorfeld der Veranstaltungsplanung entwickelt das Finanzteam einen Haushaltsplan, aus dem hervorgeht, welches Budget für die einzelnen Veranstaltungen zur Verfügung steht.

Primär übernimmt das Finanzteam in der konkreten Veranstaltungsplanung die Budgetverwaltung der Gruppen. Es gibt die Rechnungen zur Zahlung frei und überwacht bei der Ausgabe von Bargeld, dass die entsprechenden Belege vorliegen. Außerdem informiert es die Teams über den Stand der Budgets.

Das Finanzteam verfügt darüber hinaus über einen Fonds, mit dem es Gruppen in einem akuten Notfall helfen kann. Hier sollte eine Regelung getroffen werden, bis zu welchem Betrag das Finanzteam autark entscheiden kann und ab welcher Summe eine Rücksprache mit dem Leitungsteam beziehungsweise mit dem Vorstand notwendig ist. Das Finanzteam muss frühzeitig darauf hinweisen, wenn die Finanzierung einer Aktion aus dem Ruder zu laufen droht (Beispiel: Vorverkauf bleibt hinter den Erwartungen zurück). Soweit die Untergruppen (siehe die folgenden Kapitel) eigene Budgets verwalten, haben sie regelmäßig an das Finanzteam zu berichten.,

15.1.3 Das Team Öffentlichkeitsarbeit

Das Team Öffentlichkeit besteht eigentlich aus zwei eigenständigen Abteilungen: der Abteilung für Werbung und der Abteilung für Medienarbeit (PR). Beide Abteilungen müssen sich aber in ihrer Arbeit so eng abstimmen, dass sie in einer Gruppe zusammenarbeiten sollten. Trotz der notwendigen Abstimmung sollten beide Abteilungen autark arbeiten. Es handelt sich hier um ein Team, das permanent eingerichtet wird und in dem in der PR-Abteilung immer der PR- und Medienmanager des Vereins vertreten sein sollte.

Da jeder Verein auch außerhalb von Veranstaltungen für sich werben muss, hat das Team Öffentlichkeitsarbeit immer eine Menge zu tun. Zu seinen Aufgaben gehört beispielsweise, ein einheitliches werbliches Erscheinungsbild zu entwickeln (siehe auch Kapitel 3).

Darüber hinaus kann die Abteilung die Werbung für einzelne Veranstaltungen bereits vorausschauend planen und die benötigten Materialien in Ruhe entwerfen und beschaffen. Besteht diese Möglichkeit, spart der Verein eine Menge Geld, Zeit und Nerven, weil keine überhasteten Aktionen notwendig sind.

Die Aufgaben der PR-Abteilung wurden in diesem Buch bereits eingehend besprochen (siehe Kapitel 4).

15.1.4 Das Team Technik

Das Team Technik kann am besten in veranstaltungsfreien Zeiten planen. Hier geht es beispielsweise um die Frage der Stromversorgung des Vereinsheims (Macht Starkstrom Sinn?), aber auch darum, wie eine schnell installierbare Bühne aussehen müsste, welche Bestuhlung im Vereinsheim zweckmäßig ist usw.

Dem Team Technik wird eine spezielle Abteilung zugeordnet. Die Abteilung Ton-Licht. Gerade bei größeren Veranstaltungen muss heute ein relativ hoher technischer Bühnenaufwand betrieben werden. Veranstaltungen kommen beim Publikum oft nicht an, weil z.B. Gesagtes oder Gesungenes schwer zu hören ist, das Licht nicht stimmt oder eine Multimediaeinspielung mittendrin abbricht. Hinzu kommt, dass Künstler oft ganz bestimmte technische Voraussetzungen verlangen, die sie in Bühnenanweisungen zusammenstellen. Hier brauchen Sie Helfer, die sich mit dieser Materie auskennen oder bereit sind, sich in diese Thematik einzuarbeiten.

Da das hierzu notwendige Wissen sehr speziell und unterschiedlich ist, sollten Sie zwei Gruppen bilden, von denen sich eine mit der Akustik und Beschallung befasst, während sich die andere um die Beleuchtung kümmert.

Die Mitglieder des Teams Technik müssen ganzjährig den Markt beobachten. Häufig gibt es beispielsweise bei Anbietern von Tontechnik Grundausstattungen im Paket, die unter den Preisen liegen, die sonst an Miete für eine entsprechende Anlage anfallen. Außerdem sollten Sie mit anderen Vereinen Kontakt aufnehmen, die ihr Equipment verleihen.

! Tipp

Es ist sinnvoll, sich mit anderen Vereinen an einen Tisch zu setzen und grundsätzlich darüber zu sprechen, was die Vereine untereinander ausleihen könnten. Dabei sind dann aber auch Versicherungsfragen, Verleihgebühren usw. zu klären.

15.1.5 Weitere Teams

Darüber hinaus werden noch weitere Teams gebraucht, die bei Bedarf gebildet werden. Hier ist es gut, wenn Sie eine Kartei anlegen, in der Sie besondere Fähigkeiten von Mitgliedern notieren, damit Sie diese gezielt ansprechen können, wenn deren Fähigkeiten gebraucht werden.

15.1.6 Wie man Teammitarbeiter sucht

Nicht immer können Sie den nötigen Bedarf aus den eigenen Kräften decken. Darum sollten Sie auch an das Umfeld des Vereins denken und beispielsweise – soweit vorhanden – den Förderverein oder den Fanclub ansprechen. Aber auch im Freundeskreis der Mitglieder können Sie Helfer finden, die bereit sind, eine spezielle Aufgabe zu übernehmen, ohne dem Verein beizutreten.

Potenzielle Mitarbeiter sollten Sie grundsätzlich direkt ansprechen. Natürlich können Sie flankierend auch über die Vereinszeitung, das Schwarze Brett oder die Internetseite nach Hilfe suchen – allerdings sind die Ergebnisse auf diesem Wege meistens mehr als ernüchternd.

Sie sollten Mitglieder ansprechen, bei denen Sie sowohl das nötige Interesse für die Aufgabe als auch Fertigkeiten, die hier nützlich wären, vermuten. Außerdem müssen Sie auch den zeitlichen Aspekt berücksichtigen. Ein Mitglied, das als Messebauer tätig ist, verfügt über Fähigkeiten, die für die verschiedenen Aktionen Gold wert sind – es wird aber in den meisten Fällen nicht verfügbar sein.

Haben Sie Interessenten für die einzelnen Arbeitsgruppen gefunden, laden Sie diese ein. Während des Treffens stellen Sie das Konzept im Ganzen und die einzelnen Aufgaben vor. Gleichzeitig geben Sie die Ansprechpartner im

Vorstand an. Danach sollten Sie damit beginnen können, die einzelnen Gruppen personell zu besetzen.

15.1.7 Die einzelnen Gruppen und ihre Koordination

Zwischen den Arbeitsgruppen untereinander und der Leitungsgruppe des Projekts muss eine gute Kommunikationsebene geschaffen werden. Darum sollte jede Arbeitsgruppe einen direkten Ansprechpartner in der Leitungsgruppe haben.

Die einzelnen Arbeitsgruppen sollten so unabhängig und selbstständig wie möglich arbeiten. Es muss jedoch von vorne herein klar sein, dass diese Selbstverantwortung nur funktionieren kann, wenn die Kommunikation zwischen den Gruppen funktioniert.

Da die Arbeiten aller Gruppen letztlich in einem Projektplan münden, muss auch innerhalb der Teams darauf geachtet werden, dass vereinbarte Zeitpläne eingehalten werden. Sollte eine Gruppe an ihre Grenzen stoßen und nicht in der Lage sein, die gestellte Aufgabe in der geplanten Zeit zu lösen, muss sie umgehend das Leitungsteam informieren. Dieses führt dann ein Gespräch mit der Gruppe. Danach gibt es mehrere Möglichkeiten:

- Eine Lösung suchen, wie die Arbeit der Gruppe weitergeführt werden kann. Dabei die Arbeit der Gruppe loben und den Mitgliedern deutlich machen, dass Sie bereit sind, jede machbare Unterstützung zu geben, die die Gruppe braucht. Allerdings auch die Grenzen der Möglichkeiten aufzeigen.
- Der Gruppe weitere Vereinsmitglieder zur Seite stellen, damit die Arbeit mit »Verstärkung« fortgesetzt werden kann. Hier muss darauf geachtet werden, dass die »Neuen« auch zu den anderen Gruppenmitgliedern passen und problemlos in die Gruppe integrieren lassen.
- Die Gruppe auflösen und eine neue zusammenstellen. Dies kann aber immer nur die letzte Option sein. Für die Mitglieder der aufgelösten Gruppe ist diese Entscheidung frustrierend und kann die innere Vereinskultur schädigen. Bei der neuen Abteilung kann hingegen der Eindruck entstehen, dass sie nur als »zweite Garnitur« angesehen wird, was ebenfalls für den Verein abträglich ist. Letztlich kommt auch die Veranstaltungsplanung insgesamt ins Wanken, weil sich die neue Gruppe erst einmal einarbeiten muss.

15.2 Grundsätzliche Planungsfragen

Wenn Sie einen detaillierten Aktionsplan im Marketingplan verankert haben, werden dort die folgenden Fragen schon behandelt. Haben Sie sich jedoch darauf beschränkt, nur festzulegen, dass bis zum Tag X eine Veranstaltung für Y stattfinden soll, müssen Sie sie jetzt angehen.

15.2.1 Zielgruppe

Zunächst müssen Sie sich bei jeder Veranstaltung die Frage stellen, wen Sie mit ihr erreichen wollen. Das kann eine genau umrissene Zielgruppe sein (z.B. Jugendliche mit einem Schulabschluss, der der mittleren Reife entspricht). Möglich ist aber auch, dass Sie einen »Rundumschlag« wagen (z.B. ein großes Volksfest für die ganze Familie). Eine möglichst genaue Definition der Zielgruppe ist wichtig, damit Sie die Art der Veranstaltung festlegen und auch die Werbung entsprechend ausrichten können.

15.2.2 Zielsetzung

Das Ziel einer Veranstaltung kann beispielsweise sein, das Image des Vereins in der Öffentlichkeit zu verbessern, Personen einer bestimmten Zielgruppe als neue Mitglieder zu gewinnen oder Sponsoren auf den Verein aufmerksam zu machen. Je nach Zielgruppe und Zielsetzung ergibt sich, welche Veranstaltungen infrage kommen.

15.2.3 Art der Veranstaltung

Je nachdem, welche Ziele Sie erreichen wollen, müssen Sie unterschiedliche Wege gehen. Eine Disko könnte Jugendliche erreichen, nicht aber Sponsoren. Zur Klärung dieser Frage sollte die Arbeitsgruppe zunächst eine offene Diskussion (Brainstorming) durchführen. Hier gilt die Regel, dass alles möglich ist. Oft entstehen aus zunächst skurril anmutenden Ideen die Grundlagen für die erfolgreichsten Veranstaltungen der Vereinsgeschichte.

Die Art der Veranstaltung ist natürlich auch vom Anlass abhängig. Ein Stiftungsfest muss anders aussehen als ein Musikfestival, die Schau eines Modellflugvereins anders organisiert werden als ein Informationsabend des Blauen Kreuzes usw. Nehmen Sie das Festlegen der Veranstaltungsart nicht auf die leichte Schulter. Denn schon hier werden die Weichen für den Erfolg oder Misserfolg der gesamten Aktion gestellt.

Beim Festlegen der Veranstaltungsart sollten Sie genau überlegen, welche Zielgruppe mit welcher Veranstaltung erreicht werden kann. Wenn Sie mehrere Zielgruppen ansprechen wollen, sollten Sie überlegen, ob Sie nicht mehrere Veranstaltungen zu einem Veranstaltungswochenende vereinen. Dies ist organisatorisch auf den ersten Blick ein weitaus höherer Aufwand. Wenn Sie aber die Veranstaltungen isoliert – also an verschiedenen Terminen – durchführen, müssen Sie für jede einzelne Aktion werben, Räumlichkeiten organisieren, Genehmigungen einholen usw. Das ist letztlich sehr viel aufwendiger als die Organisation eines Veranstaltungswochenendes. Außerdem erzielen Sie mit einem Veranstaltungswochenende eine sehr viel stärkere Pressewirkung und können letztlich auch die Kosten senken.

Ein Kulturverein kann beispielsweise ein Musik- oder Literaturfestival veranstalten, bei dem sowohl Veranstaltungen für Kinder als auch für Erwachsene und Senioren durchgeführt werden. Sie benötigen dann neben den Organisationsgruppen für jede Veranstaltung noch ein Koordinationsteam, bei dem die Fäden der einzelnen Veranstaltungen wieder zusammenlaufen.

So können die unterschiedlichsten Zielgruppen angesprochen werden, ohne dass der Verein sich organisatorisch übernimmt. Haben Sie die Zielgruppe analysiert, können Sie sich die Frage stellen, was diese Gruppe anspricht. Der einfachste Weg ist: Fragen Sie nach! Sprechen Sie dabei aber bitte möglichst mit Personen, die nicht zum Verein gehören.

Bedenken Sie, dass die Vereinsmitglieder schon durch Ihre Zugehörigkeit ein gemeinsames Interesse bekunden, das sich auch auf andere Bereiche auswirken kann. Darum ist es immer besser, Außenstehende zurate zu ziehen.

Fragen Sie, was der Zielgruppe im Angebot der kommunalen Veranstaltungen fehlt. Überlegen Sie, welche Möglichkeiten Sie haben, hier ein Angebot zu machen. Wenn Sie eine Idee für eine Veranstaltung haben, diskutieren Sie mit Nichtvereinsmitgliedern der gewünschten Zielgruppe.

15.2.4 Budget

Tolle Ideen sind das Salz in der Veranstaltungssuppe. Aber alles hat leider auch seine finanziellen Grenzen. Darum muss erst einmal gerechnet werden. Auf der einen Seite stehen hier zunächst Einnahmen, die weitgehend geschätzt werden müssen. Hier sollten Sie erst einmal vorsichtig und eher pessimistisch ans Werk gehen. Wer ein Konzert plant und von einem ausverkauften Haus ausgeht, kann den Verein schnell in Not bringen, wenn die Halle am Ende doch nur halb gefüllt ist.

! **Wichtig**

Werden die Veranstaltungen dem Geschäftsbereich des Vereins zugeordnet, dürfen keine Gelder aus dem gemeinnützigen Bereich zur Finanzierung des Defizits herangezogen werden – damit setzt man die Gemeinnützigkeit aufs Spiel!

Auch bei Zuschüssen gilt es, vorsichtig zu sein. Ein gestellter Antrag ist noch kein bewilligter Zuschuss. Die einzige einigermaßen feste Größe bei den Einnahmen sind die Zusagen vor örtlichen Sponsoren, auf die Sie sich weitgehend verlassen können. Alles andere muss geschätzt werden.

Bei den Ausgaben lassen sich die meisten Positionen relativ genau bestimmen. Wenn Sie hier schätzen, sollten Sie ebenfalls pessimistisch vorgehen und die Kosten eher höher als zu niedrig anzusetzen.

Schätzen Sie auch die Eigenleistungen nicht zu hoch ein. Zusagen von Vereinsmitgliedern müssen zunächst als unverbindlich eingestuft werden. Es ist deshalb wahrscheinlich, dass Sie in einigen Fällen Absagen erhalten, sobald es ernst wird.

Haben Sie eine erste Kalkulation erstellt, sollten Sie noch ein Prozentsatz (10 bis 15 %) als Sicherheitszuschlag auf die Gesamtkosten aufschlagen.

Eine einfache Kalkulation könnte in etwa so aussehen:

Beispiel: Kalkulation !

Einnahmen	
Zuschuss der Gemeinde	100,00 EUR
Werbeeinnahmen Programmheft	150,00 EUR
Sponsoreinnahmen (Plakatwerbung)	100,00 EUR
Eintrittsgelder (200 Personen á 10,00 EUR)	2.000,00 EUR
Einnahmen aus Verkauf (Würstchen, Getränke)	500,00 EUR
Zuschuss Verein (keine Mittel aus dem Gemeinnützigen Bereich!)	200,00 EUR
Gesamteinnahmen	3.050,00 EUR

Ausgaben	
Versicherungen	75,00 EUR
Sicherheitsdienst	500,00 EUR
Leistungen an Feuerwehr & Sanitätsdienst	300,00 EUR
Gema, Künstlersozialkasse	500,00 EUR
Honorare für Akteure (Band, Discjockey, Tanzgruppe, Artist usw.)	1.000,00 EUR
Verpflegung usw. für Akteure	200,00 EUR
Kosten Licht und Ton	600,00 EUR
Druck Programmheft, Plakate usw.	100,00 EUR
Einkauf Lebensmittel	150,00 EUR
Büro- und anderes Kleinmaterial (Hinweisschilder, Tesafilm usw.)	75,00 EUR
Zwischensumme:	3.500,00 EUR
10% Zuschlag	350,00 EUR
Gesamtausgaben	3850,00 EUR

Sie sehen anhand dieses Beispiels, wie schnell Sie in die Unterdeckung geraten. Und bei einer lokalen Veranstaltung sind 200 Besucher schon eine ganze Menge. Hinzu kommt, dass hier der Faktor Steuern noch gar nicht berücksichtigt wurde. Ob nämlich die Einnahmen steuerfrei sind oder einem wirtschaftlichen Geschäftsbetrieb des Vereins zugerechnet werden müssen, muss von Fall zu Fall neu geklärt werden. Sollte sie dem wirtschaftlichen Geschäftsbetrieb zugerechnet werden, können übrigens keine zweckgebundenen Spenden angenommen werden, da keine Spendenquittung ausgestellt werden darf.

! **Tipp**

Will jemand für eine nicht dem gemeinnützigen Bereich des Vereins zuzuordnende Veranstaltung spenden, erklären Sie ihm, warum keine Spendenbescheinigung ausgestellt werden kann. Schlagen Sie ihm alternativ vor, als Sponsor aufzutreten.

Ist die Veranstaltung nach einer ersten Kalkulation nicht finanzierbar, gibt es nur einen Rat: Finger weg.

Einleuchtend ist, dass mit der Höhe des Eintrittspreises auch die Anforderung der Gäste an die Veranstaltung steigt. Hier spielt wieder die Konkurrenz anderer Veranstalter eine große Rolle. Eine Richtschnur kann hier nicht gegeben werden – aber ein guter Rat: Besuchen Sie andere Veranstaltungen und vergleichen Sie sie mit Ihrer Planung. Orientieren Sie sich bei ähnlichen Veranstaltungen an den dort erhobenen Eintrittspreisen.

15.2.5 Veranstaltungstermin

Bei der Terminierung ist eine ganze Reihe von Punkten zu beachten. Zunächst natürlich die Vorbereitungszeit, die für das Projekt benötigt wird. Wenn Sie schließlich wissen, ab welchem Zeitraum die Aktion durchgeführt werden kann, sind noch folgendes Aspekte zu beachten:

- Ferientermine (je nach Lage des Veranstaltungsorts und Größe der Veranstaltung können die Termine mehrerer Bundesländer eine Rolle spielen),
- Großveranstaltungen von allgemeinem Interesse (z.B. Fußballwelt- oder -europameisterschaften, je nach Standort Oktoberfest, Pützchens Markt usw.),

- bereits fest terminierte Veranstaltungen im Umfeld des geplanten Veranstaltungsorts,
- »Brückentage« (Feiertage, die auf einen Donnerstag, Freitag, Montag oder Dienstag fallen),
- bei Veranstaltungen im Freien: zu erwartende Witterungsverhältnisse (hier sollte – soweit dies möglich ist – eine Ausweichmöglichkeit geschaffen werden).

Realistisch gesehen ist die Zahl der »optimalen Termine« mehr als klein. Hier als Beispiel die Tage, die ungeeignet sind, wenn der Ort an der Grenze von Rheinland-Pfalz, Hessen und Nordrhein-Westfalen liegt (Beispieljahr: 2018):

Beispiel: Ungeeignete Veranstaltungstermine !

Gesamtanzahl der Wochenenden		52
Sommerferien (Hessen & Rhld.-Pf.: 25.06.–03.08., NRW: 16.07.–28.08.) 25.06.–28.08.	10	42
Fußballweltmeisterschaft: 14.06.–15.07. – bereits durch Sommerferien abgedeckt		42
Formel-1-Termine (Termine, die nicht durch Ferientermine abgedeckt sind)	16	26
Wochenenden, die durch Feiertage und Brückentage blockiert sind	8	16
Wochenenden, die durch lokale und regionale Veranstaltungen blockiert sind	6	10

Wenn jetzt noch Witterungsbedingungen zu berücksichtigen sind, wird es sehr eng. Sie werden deshalb wahrscheinlich den einen oder anderen Kompromiss schließen müssen. Bedenken Sie dabei aber auch, dass Sie eine Budgetverantwortung tragen und überlegen Sie, ob Ihre Einnahmenplanung unter den gegebenen Bedingungen noch realistisch ist.

15.2.6 Veranstaltungsort

Auch die Auswahl des Veranstaltungsorts sollte sorgfältig geplant werden. Der Veranstaltungsort muss zur Zielgruppe und zur Veranstaltungsart passen. Je nach Ort müssen Sie sich schon im Vorfeld einige wichtige Fragen stellen:

- Denken Sie bitte bei großen Open-Air-Veranstaltungen daran, dass Sie alles planen können – nur nicht das Wetter. Hier sollte (wenn die Größenordnung es zulässt) ein alternativer, überdachter Veranstaltungsraum zur Verfügung stehen. Auf jeden Fall müssen die Bühne und die technischen Anlagen vor Regen geschützt sein. Denken Sie bei Veranstaltungen im Freien auch daran, dass das Wetter Ihre Finanzplanung über den Haufen werfen kann. Deshalb sollte hier schon in der Budgetplanung ein größerer Puffer (20 bis 25 %) eingeplant werden.

- Findet die Veranstaltung abends statt, muss selbstverständlich für ausreichende Beleuchtung gesorgt werden. Das gilt nicht nur für den eigentlichen Veranstaltungsort, sondern auch für die Zufahrten, die Wege zu den sanitären Anlagen usw.

- Eine Technoparty in einem Raum mit Teppichboden wird zur Katastrophe – und auch eine Turnhalle kommt meist wegen der empfindlichen Böden nicht in Betracht.

- Ältere und Senioren wiederum werden bei Veranstaltungen Sitzmöglichkeiten erwarten, während jüngere Menschen häufig Stehtische bevorzugen.

- Wichtig: Achten Sie auch darauf, dass die Raucherbestimmungen des jeweiligen Bundeslands eingehalten werden.

Der Raum muss auch zum Programm passen! Die Größe der Bühne, die Akustik und die Belüftung sind ebenso im Vorfeld zu bedenkende Punkte wie etwa die Parkplätze in der Umgebung.

Sie sehen, es ist wichtig, auch den Veranstaltungsort mit Bedacht zu wählen. Dies muss sehr früh geschehen, damit Sie den Veranstaltungsort auch früh genug buchen können. Gerade in kleineren Orten und Gemeinden gibt es meist nur eine geringe Auswahl an Räumlichkeiten, die dann entsprechend schnell ausgebucht sind.

Der Veranstaltungsort muss außerdem auch in anderer Hinsicht angemessen sein: Er muss zum Veranstalter passen. Eine Ortsgruppe des »Blauen Kreuzes« findet in einer Brauerei ganz sicher keine geeigneten Räumlichkeiten, weil dies dem Ziel des Vereins (Bekämpfung der Alkoholsucht) zuwiderlaufen würde.

Auf der anderen Seite ist bei der Auswahl des Veranstaltungsorts auch Phantasie gefragt. Hier bekommen Sie oft Unterstützung von einer Seite, von der Sie es gar nicht erwarten. So suchte beispielsweise ein Verein in einer Kleinstadt Orte für Lesungen, die während eines Krimifestivals stattfinden sollten. Eines der Vereinsmitglieder schlug vor, doch mal mit der Polizei zu sprechen, ob man nicht in den Zellen der Wache eine Lesung durchführen könnte. Das ging leider nicht, weil die Polizei aus verständlichen Gründen keinen »Belegungsplan« für die Zellen aufstellen konnte (allerdings konnten hier spannende Fotos für die Presse gemacht werden, die den Vorsitzenden des Vereins »hinter Gittern« zeigten). Doch von der Polizei kam die Anregung, mal mit dem ortsansässigen Amtsgericht zu sprechen – und tatsächlich konnte dort eine sehr erfolgreiche Lesung präsentiert werden, bei der die Auswahl des Veranstaltungsorts letztlich auch zum Erfolg beigetragen hat.

Vereine mit eigenem Vereinsheim werden diesen Veranstaltungsort bevorzugen. Das ist aber nicht immer zu empfehlen. Meist stoßen Sie bereits bei der Raumgröße an Grenzen, die die Veranstaltung schnell zum Scheitern bringt. Sie sollten die Kosten für die Anmietung von Räumen – so sie denn in Grenzen bleiben – nicht scheuen. Dabei ist übrigens auch zu klären, was wirklich Miete und was Kaution ist. Gerade bei von Kommunen gestellten Räumen können Sie nämlich einen Teil der Kosten zurückbekommen, wenn Sie die Reinigung der Räumlichkeiten (inklusive der sanitären Anlagen) selbst übernehmen.

15.3   Der Ablaufplan

Ein Ablaufplan für eine Veranstaltung besteht immer aus drei Teilen: Der Ablauf vor der Veranstaltung, das Programm während der Veranstaltung und die Aufgaben nach der Veranstaltung. Gerade der letzte Punkt wird häufig unterschätzt. Nach der Veranstaltung stehen häufig fast genauso viele Aufgaben an, wie vor oder während des Projekts. Da muss abgebaut, zurücktransportiert, abgerechnet werden und vieles mehr.

Am besten bauen Sie den Ablaufplan vom Veranstaltungstermin aus zunächst rückwärts auf. So erkennen Sie auch, ob die Vorbereitungszeit ausreichend kalkuliert wurde. Dann gehen Sie wieder vom Veranstaltungstermin aus und planen die Zeit danach. Dadurch sehen Sie, wie viel Zeit hinterher benötigt wird, wie lange der Veranstaltungsort gebucht werden muss und ob nicht beispielsweise Feiertage in der Nachbereitungszeit zu Problemen führen.

Für jeden Ablaufplan gelten einige Grundsätze:

- Je detaillierter der Ablaufplan ist, umso weniger Probleme dürfte es bei der Durchführung geben.
- Dennoch ist der Plan nicht in Stein gemeißelt. Es kann immer wieder zu notwendigen Korrekturen kommen. Dann ist es wichtig, dass alle an der Organisation und Durchführung Beteiligten umgehend benachrichtigt werden.
- Im Ablaufplan müssen Punkt für Punkt die W-Fragen beantwortet werden: Was muss wann von wem erledigt werden?
- Jede im Ablaufplan genannte Aufgabe sollte einen Kontrolltermin haben, an dem geprüft wird, ob der Termin für die Aufgabe eingehalten werden kann. Ausnahme: Die Veranstaltung selbst. Hier muss alles funktionieren.

Ein Ablaufplan muss je nach Veranstaltung individuell erstellt werden. Er sollte folgende Punkte berücksichtigen:

- Zunächst werden die allgemeinen Daten und Informationen zusammengestellt. Hierzu gehören Veranstaltungsart, Veranstaltungsort und -termin. Es folgt eine Liste der verantwortlichen Teamleiter mit den wichtigsten Kontaktdaten (Telefon – möglichst mobil, E-Mail-Adresse). Es ist durchaus empfehlenswert, mit den Verantwortlichen eine WhatsApp-Gruppe zu bilden.
- Dann folgt der eigentliche Ablaufplan, der vorzugsweise in Tabellenform in einem entsprechenden Programm angelegt werden sollte. Bei Bedarf kann der Plan dann schnell angepasst und ergänzt werden. Der Plan sollte fünf Spalten aufweisen:
  - Welche Aufgabe ist zu erledigen?
  - Wer führt diese Aufgabe aus (bei Gruppen den Verantwortlichen eintragen)?
  - Wer kontrolliert die Aufgabe?
  - Kontrolltermin?
  - Erledigungstermin?

In der ersten Spalte werden die Aufgaben eingetragen. Diese variieren je nachdem, um was für eine Veranstaltung es sich handelt und welche Werbemaßnahmen Sie planen. Hier eine grobe Übersicht, wie Sie planen sollten:

- Vorfeldplanung – ca. zwölf Monate vor dem angestrebten Termin. Festlegen der Veranstaltungsart, des Veranstaltungsorts und -termins. Daraus sich ergebende Anfragen an Künstler, Techniker, Versicherungen, Behörden starten. Anhand der eingeholten Informationen einen Budgetplan aufstellen. Falls notwendig: Den Budgetplan erst verabschieden, wenn die Sponsoren fest zugesagt haben. Abschließend entscheiden, ob die Veranstaltung wie vorgesehen realisierbar ist.
- Startbedingungen schaffen – ca. neun Monate vor dem angestrebten Termin. Behördliche Genehmigungen beantragen und abklären, ob die Veranstaltung wie geplant genehmigt wird. Danach Veranstaltungsort, Technik, Künstler, Referenten usw. buchen. Werbe- und PR-Strategie festlegen. Sich aus den Buchungen ergebende Fragen klären (z.B. Anforderungen von Künstlern an Unterbringungen, Bühnenanweisungen usw.).
- Werbung & PR vorbereiten – ca. sechs Monate vor dem angestrebten Termin. Informationen und Bildmaterial über Referenten, Künstler usw. einholen. Vorankündigung(en) vorbereiten und Versand terminieren. Plakat-, Banner- und Flyer-Werbung vorbereiten und in Druck geben, wenn alle für das Programm notwendigen Zusagen vorliegen. Eventuell eine Pressekonferenz vorbereiten.
- Technisches und Organisatorisches abstimmen – ca. drei Monate vor dem angestrebten Termin. Die Technik noch einmal mit den Bühnenanweisungen der Künstler abgleichen (manche Künstler sind hier sehr eigen und akzeptieren auch kleinere Abweichungen nicht). Im Zweifelsfall Änderungen abklären. Festlegung und Erstellung von Hinweistafeln, Wegweisern und Parkplatzschildern. Falls notwendig Absprachen mit Polizei und Ordnungsamt.
- Werbung und PR starten – Prozess, der ca. zwei Monate vor der Veranstaltung beginnt und bis zur Veranstaltung fortgesetzt wird. Versand von Vorankündigung(en), Einladung zur Pressekonferenz, Plakat- und Banneraushang (mit Ordnungsamt abstimmen), Pressetermine mit Funk und Fernsehen vereinbaren, Veranstaltungskalender online versorgen. Internetmedien starten (z.B. Veranstaltung in Facebook und Instagram einstellen).

- Heiße Phase – ca. sechs Wochen vor der Veranstaltung starten. Endgültige Abstimmung mit Künstlern, Referenten, Technik usw. Programmablauf festlegen, eventuell Programmheft erstellen und in Druck geben. Einladungen an VIPs und Unterstützer versenden.
- Ein bis zwei Tage vor der Veranstaltung: Künstler, Referenten abholen beziehungsweise einquartieren, Veranstaltungsort mit Teamleitern begehen und letzte Fragen klären.
- Zwölf Stunden vor der Veranstaltung: Helfergruppenbesprechung, Programmablauf und Aufgaben durchsprechen.
- Veranstaltung durchführen.
- Nach der Veranstaltung: Abbau aller gemieteten Gegenstände und schnellstmögliche Rückgabe. Veranstaltungsort mit Vermieter begehen und letzte Fragen abklären. Endabrechnung erstellen. Wichtig: Helfertreffen nach der Veranstaltung nicht vergessen.

15.4 Wichtige Aspekte, die nicht vernachlässigt werden dürfen

15.4.1 Sicherheitskonzept

Leider hat der Sicherheitsaspekt einen immer höheren Stellenwert innerhalb der Veranstaltungsplanung eingenommen. Je größer die Veranstaltung ist, umso höher sind die Anforderungen, die an den Veranstalter gestellt werden. Ein Höchstmaß an Sicherheit ist aber auch für Sie als Veranstalter von entscheidender Bedeutung. Abgesehen von der juristischen Verantwortung, haben Unglücke während einer Veranstaltung auch eine psychische Komponente: Es belastet die Verantwortlichen – abseits von jeder Schuld –, wenn es zu Ausschreitungen oder Unfällen kommt. Sollten Sie also bei einem Veranstaltungskonzept den Rotstift ansetzen müssen: Sparen Sie überall – aber bitte nicht an der Sicherheit.

> **!** **Wichtig**
>
> Da für Festumzüge andere Bedingungen gelten, als für alle anderen Veranstaltungen, haben wir diesem Thema ein eigenes Kapitel gewidmet (siehe Kapitel 15.4.6).

15.4.1.1 Grundsätzliches

Als Veranstalter sind Sie im Rahmen der Verkehrssicherungspflicht für den Schutz aller an der Veranstaltung in irgendeiner Weise beteiligten Personen verantwortlich. Hierzu gehören auch Dienstleister, die Sie engagiert haben, die am Programm Beteiligten (Künstler, Redner, deren Betreuer usw.), die eigenen – ehrenamtlichen oder bezahlten – Kräfte und natürlich auch die Besucher. Gerade in der heutigen Zeit legen die Behörden verstärkt Wert auf ein umfassendes Sicherheitskonzept, das Sie belegen müssen.

Sicherheitsfragen stellen sich nicht nur bei Großveranstaltungen. Sie müssen auch bei kleineren Aktionen oder Veranstaltungen bedacht werden. Dabei geht es beileibe nicht nur um die Probleme, die durch die gewaltsamen Übergriffe in jüngster Zeit in aller Munde sind. Die Verkehrssicherungspflicht macht Sie als Veranstalter beispielsweise auch verantwortlich, wenn ein Besucher über ein unzureichend gesichertes Kabel stürzt.

Prüfen Sie bei jeder Veranstaltung, ob alle notwendigen Sicherheitsvorkehrungen getroffen sind. Natürlich können Sie nicht alle Risiken erkennen und sich beziehungsweise Ihre Gäste dagegen absichern. Doch es lohnt sich, gerade in diesen Bereich Zeit zu investieren. Meist sind es nämlich übersehene Risiken, die eine an sich sehr erfolgreiche Veranstaltung ruinieren.

- Sind die Gäste, die Veranstalter und der Veranstaltungsort ausreichend versichert? Achten Sie darauf, dass die Deckungssummen der abgeschlossenen Versicherungen nicht zu niedrig sind. Bei einem Unfall mit Langzeitfolgen sind Versicherungssummen von mehreren hunderttausend Euro schnell aufgebraucht.
- Werden die Auflagen der Versicherungsgesellschaft erfüllt? Nehmen Sie die Police zur Hand und kontrollieren Sie sie. Kommt es zum Schadensfall, wird die Versicherung sehr genau prüfen, ob alle ihre Forderungen in vollem Umfang erfüllt wurden.
- Ist es je nach Veranstaltungsgröße angeraten, einen Rettungsdienst zu organisieren? Grundsätzlich sollte bei jeder Veranstaltung ein Rettungsdienst vor Ort sein. Die Hilfsorganisationen vor Ort können einschätzen, wie viele Helfer eingesetzt werden müssen, um die Sicherheit zu garantieren. Der Dienst der Helfer ist meist kostenlos. Allerdings wird erwartet, dass eine Spende auf dem Konto des Rettungsdiensts eingeht.

- Je nach Veranstaltung müssen Sie auch daran denken, die Feuerwehr vor Ort zu haben. Dies kann übrigens auch in der Versammlungsstättenverordnung des jeweiligen Bundeslands vorgeschrieben sein.
- Ist der Ordnungsdienst personell ausreichend ausgestattet und optimal eingewiesen? Kalkulieren Sie den Ordnungsdienst nicht zu knapp. Weisen Sie die eingeteilten Kräfte sorgfältig in ihre Aufgaben ein. Je nach Größe der Veranstaltung sollten Sie überlegen, einen professionellen Sicherheitsdienst zu engagieren.
- Gibt es genügend und ausreichend große Fluchtwege? Grundsätzlich dürfen Veranstaltungen nur in Räumen durchgeführt werden, die hierfür zugelassen sind. Diese verfügen dann auch über die gesetzlich vorgeschriebenen Fluchtwege.
- Ist der Ordnungsdienst ausreichend eingewiesen? Auf die Einweisung des Ordnungsdiensts gehen wir im Folgenden noch ein. Sie sollten sich auf jeden Fall die für Ihr Bundesland gültige Versammlungsstättenverordnung besorgen. Hier finden Sie Vorschriften, die bei jeder öffentlichen Veranstaltung zu beachten sind.
- Bei angemieteten Räumen: Sind die vertraglich vorgeschriebenen Sicherheitsvorkehrungen alle erfüllt? Wenn hier vorgeschriebene Punkte nicht erfüllt werden, kann der Vermieter die Veranstaltung unter Umständen sogar abbrechen. Kommt es zu Schäden, die auf die Nichteinhaltung vorgeschriebener Sicherheitsvorkehrungen zurückzuführen sind, haftet der Verein. Die Versicherungen machen in solchen Fällen große Schwierigkeiten und lehnen eine Kostenübernahme häufig ab.

15.4.1.2 Aufbau eins Sicherheitskonzepts

Ein Sicherheitskonzept sollte folgendermaßen aufgebaut sein:

Im Kopf des Konzepts stehen die Eckdaten der Veranstaltung, also das Datum, der Ort, der Titel und die Art der Veranstaltung. Außerdem empfiehlt es sich, das Datum der jüngsten Korrektur beziehungsweise Änderung und eine Seriennummer zu vergeben. Anhand der Seriennummer kann jeder Beteiligte schnell erkennen, ob ihm die richtige Version vorliegt. Je größer eine Veranstaltung ist, umso häufiger kommt es zu Änderungen im Sicherheitskonzept.

In einer kurzen Einleitung sollte noch einmal unterstrichen werden, welche herausragende Bedeutung das Konzept hat und welche Verantwortung die einzelnen in das Konzept eingebundenen Personen haben. Passen Sie aber auf, dass Sie den Beteiligten keine Angst machen, da sie sonst noch in letzter Minute abspringen könnten, was die Veranstaltung gefährden würde.

Es folgt eine Auflistung der verschiedenen Bereiche unter Angabe der Hauptverantwortlichen und deren Stellvertreter. Von ihnen müssen auch die wichtigsten Kontaktdaten (vorrangig das Handy) aufgeführt sein. Hier sollten auch die Ansprechpartner bei Behörden (Ordnungsamt, Polizei usw.) mit ihren Kontaktdaten aufgeführt werden. Gleiches gilt für die Kontaktdaten eines eventuell zusätzlich engagierten Sicherheitsdiensts.

Nun muss eine genaue Beschreibung der Veranstaltung und der Örtlichkeiten erfolgen. Hierzu gehören beispielsweise:

- Zeitpläne: Aufbauplan, Programmablauf, Abbauplan,
- Angaben zum Veranstaltungsort:
  - Gesamtgelände,
  - Zuschauerbereich, Parkplätze usw.,
  - Backstage (hinter den Kulissen, Technikbereich),
  - Aus- und Eingänge (mit Hinweisen, wie verfahren werden soll, wenn der Andrang an einem Ein- oder Ausgang zu groß zu werden droht); falls nicht alle Ein- und Ausgänge behindertengerecht sind, Hinweis, durch welche Ein- und Ausgänge Behinderte zur Veranstaltung kommen beziehungsweise diese wieder verlassen können,
  - besonders gefährdete Bereiche,
  - Standorte von Organisationszentrale, Feuerwehr, Sanitätsdienst, Feuerlöscher, Toiletten, Behindertentoiletten usw.,
  - Beschallung, Beleuchtung, Stromversorgung usw.
- Besondere Sicherheitseinrichtungen,
  - Umzäunungen, Absperrungen,
  - Bereiche speziell für Helfer (Organisationszentrale, Versorgungsbereich, Ruheräume usw.),
- Maßnahmen bei verschiedenen Szenarien
  Hier können natürlich nicht alle möglichen Fälle beschrieben werden. Jedoch gibt es einige Dinge, die man im Vorfeld klären sollte:

- verschlüsselte Lautsprecherdurchsagen für die Einsatzkräfte,
- Durchsagen für die Gäste (wer entscheidet, wer führt die Durchsagen aus, worauf ist zu achten — klare, eindeutige Ansagen),
- Verhalten bei kurzfristiger Absage der Veranstaltung vor Beginn,
- Verhalten bei Abbruch der Veranstaltung,
- Verhalten bei Unterbrechung der Veranstaltung,
- Verhalten bei Überlastung von Veranstaltungsbereichen,
- Verhalten bei Stromausfall,
- Verhalten bei Gewalt (Schlägereien, Bedrohungen usw. — Schutz der eingesetzten Helfer berücksichtigen),
- Verhalten im Brandfall,
- bei Veranstaltungen im Freien: Verhalten bei einem Wetterumschwung.

Zum Sicherheitskonzept gehören zusätzlich die Unterlagen, auf die Sie sich im Konzept beziehen. Diese Unterlagen müssen nicht an alle Helferinnen und Helfer ausgegeben werden, sie müssen aber in der Organisationszentrale bereitliegen.

15.4.2 Veranstaltungen im Freien

Veranstaltungen im Freien bergen nicht nur witterungsbedingte Risiken in sich. Insbesondere, wenn das Gelände mit beweglichen Begrenzungen umzäunt wird, muss hier damit gerechnet werden, dass Personen auf das Gelände vordringen, die Sie sich hier ganz und gar nicht wünschen. Die Gefahr, dass es zu gewaltsamen Störungen kommt, ist deshalb ungleich größer als bei einer Veranstaltung im Saal, bei der auch die Einlasskontrolle leichter zu bewerkstelligen ist.

Gerade bei Veranstaltungen im Freien sollten Sie sich frühzeitig mit der Polizei, der Feuerwehr, dem Sanitätsdienst und eventuell auch dem THW in Verbindung setzen und das Gelände – wenn möglich bei einer gemeinsamen Begehung – begutachten. Dies gilt auch für die Wege zum Gelände. Liegt das Gelände beispielsweise außerhalb einer Ortschaft, kann es sein, dass die Zufahrten im Notfall zu schmal sind, um Rettungskräfte an- und abrücken zu lassen.

Das größte Risiko einer Open-Air-Veranstaltung kommt natürlich von oben. Das Wetter. Hier können Sie sich leider in keiner Weise schützen. Wenn die Planung der Veranstaltung läuft, lässt sich keine genaue Prognose erstellen, wie das Wetter am Veranstaltungstag sein wird. Dennoch sollten Sie sich einige Gedanken zu dieser Frage machen. Es gibt unterschiedliche Szenarien:

- Das Wetter ist regnerisch, aber die Veranstaltung kann dennoch stattfinden. Wenn es eine Ausweichmöglichkeit in Räumlichkeiten gibt, können Sie überlegen, ob es sinnvoll und vor allem auch zeitlich machbar wäre, die Veranstaltung zu verlegen. Ansonsten heißt es jetzt – in Bezug auf das Wetter – Augen zu und durch. Kleiner Tipp: Aus blauen Müllsäcken lassen sich mit drei Schnitten einfache Regencapes machen, die man verteilen kann.
- Das Wetter lässt einige Programmpunkte nicht zu. Weisen Sie darauf deutlich und so früh wie möglich an den Kassen und Eingängen hin.
- Das Wetter lässt eine Open-Air-Veranstaltung nicht zu. Die Absage möglichst schon auf den Anfahrtswegen großflächig bekannt machen. Je früher die Besucher abgefangen werden, umso besser. Zeichnet sich dieses Szenario im Vorfeld ab, sollten Sie entsprechende Hinweistafeln schon vorbereiten. Eventuell auch Radiostationen informieren und um entsprechende Hinweise im laufenden Programm bitten.

15.4.3 Umgang mit offenen Lebensmitteln

Der Verkauf offener Lebensmittel, wie beispielsweise heißer Würstchen oder Waffeln, gehört bei vielen Vereinen zum festen Angebot bei Veranstaltungen. Dabei wird aber oft übersehen, dass gerade beim Umgang mit diesen Lebensmitteln teilweise äußerst strenge Auflagen bestehen. Die Bundesländer haben für den Verkauf und den Umgang mit Lebensmitteln bei Vereinsoder Straßenfesten entsprechende Bestimmungen erlassen. Deshalb sollten Sie sich, bevor Sie den Verkauf einplanen, mit dem kommunalen oder regionalen Gesundheitsamt oder dem Veterinäramt in Verbindung setzen und sich über die Bestimmungen informieren. Da diese von den Bundesländern verabschiedet werden, können sie voneinander abweichen. An dieser Stelle geht es deshalb auch mehr um die grundsätzlichen Anforderungen, die in nahezu allen Bundesländern gelten beziehungsweise Grundlage der geltenden Bestimmungen sind.

15.4.3.1 Was gilt als Lebensmittel?

Würstchen sind Lebensmittel, das ist jedem klar. Doch auch einzelne Zutaten für die Herstellung von verzehrbaren Waren oder auch von Getränken (z. B. Cocktails) gehören zu den Lebensmitteln. Nicht nur die fertige Waffel ist ein Lebensmittel. Auch die Zutaten (Mehl, Eier, Milch, Wasser, Zucker usw.) müssen als Lebensmittel angesehen und vorschriftsmäßig gelagert und verarbeitet werden.

15.4.3.2 Der Verkaufsstand

Grundsätzlich müssen Stände, an denen Lebensmittel zubereitet oder verkauft werden, befestigt sein und so gestaltet werden, dass sie sauber gehalten werden können. Deshalb muss der Stand auch einen festen Boden haben, der gereinigt werden kann. Stände ohne Boden dürfen beim Umgang mit Lebensmitteln nicht eingesetzt werden. Außerdem muss der Stand an der Rückseite und an den Seiten aus geschlossenen Wänden bestehen. Schließlich ist fast immer ein stabiles Dach vorgeschrieben.

An der Vorderseite findet ja immer die Abgabe der Lebensmittel statt. Offene Lebensmittel müssen hier vor Bazillen oder Bakterien geschützt werden. Die Verunreinigung kann leicht durch hustende oder niesende Kunden entstehen, darum wird der Schutz auch gerne als »Spukschutz« bezeichnet. Dieser Schutz kann beispielsweise aus durchsichtigem, möglichst leicht zu reinigenden Kunststoff bestehen.

Lebensmittel müssen trocken und staubfrei sein. Die Wände im Lagerbereich müssen leicht zu reinigen sein und die Flächen, die in direkten Kontakt mit den Lebensmitteln kommen, müssen zusätzlich desinfizierbar sein. Bedenken Sie dabei immer, dass auch die zu verarbeitenden Bestandteile zu den Lebensmitteln gehören. Deshalb müssen auch die Regale, in denen Sie das Mehl oder die Eier für Ihre Waffeln lagern, den vorgenannten Bedingungen entsprechen.

Außerdem muss der Stand über einen Wasseranschluss oder über ausreichende Mengen an Wasser verfügen. Die Mitarbeiterinnen und Mitarbeiter, die mit den Waren in Kontakt kommen, müssen sich natürlich die Hände waschen können. In einigen Bundesländern wird sogar vorgeschrieben, dass Flüssigseife und Papierhandtücher vorgehalten werden müssen. Grundsätzlich müssen aber immer zwei voneinander getrennte Waschbecken vorhanden sein. Das eine dient zum Händewaschen der am Stand tätigen Vereinsmitglieder, das andere ist für das Säubern von Geschirr und Gerätschaften gedacht.

Häufig werden die beliebten Waffeln vor Ort gebacken und auch der Teig dort angerührt. Das kann zu Problemen mit den Behörden führen, da der Ort, an dem die Lebensmittel zubereitet werden, vom Kundenverkehr abgeschirmt sein muss. Um die Probleme auf ein Minimum zu begrenzen, sollte deshalb am Stand nur bereits vorbereiteter Teig verarbeitet werden, der gekühlt angeliefert und gelagert werden muss.

15.4.3.3 Geschirr und Arbeitsmittel

Auch für das Geschirr und andere Arbeitsmittel wie Behälter, Bestecke, Töpfe, Waffeleisen usw. gelten strenge Vorschriften. Alle Gegenstände und Arbeitsflächen, die mit den Lebensmitteln in Kontakt kommen, müssen korrosionsbeständig gegen Spülmittel oder saure Lebensmittel sein. Außerdem müssen sie temperaturbeständig sein. Meist wird eine Beständigkeit von mindestens 90 Grad Celsius vorgeschrieben. Beim Einsatz muss alles in einem einwandfreien, sauberen Zustand sein. Beschädigte Behälter dürfen nicht mehr eingesetzt werden.

Es ist zwar keine Vorschrift, aber aus Umweltschutzgründen sollten Sie den Mehraufwand nicht scheuen und auf Einweggeschirr verzichten. Die Reinigung von Geschirr, Gläsern und Bestecken erfolgt am besten maschinell. Alternativ kann von Hand gespült werden, wenn zwei Becken vorhanden sind. Ein Becken mit sehr heißem Wasser mit Spülmittel und ein Becken mit lauwarmen Wasser zum Nachspülen. Das Wasser und die Trockentücher sind regelmäßig zu wechseln. Schmutziges und sauberes Geschirr müssen getrennt gelagert werden.

! **Tipp**

In vielen Kommunen gibt es sogenannte »Geschirrmobile«, die ausgeliehen werden können. In diesen Anhängern befindet sich nicht nur das Geschirr, sondern auch alles, was für die Lagerung und Reinigung notwendig ist. Erkundigen Sie sich einmal, ob es so etwas auch bei Ihnen gibt.

15.4.3.4 Helferinnen und Helfer

Von Vereinsmitgliedern, die die Lebensmittel herstellen, abgeben oder verkaufen, wird nicht nur besondere Sauberkeit erwartet. Sie dürfen auch keine Erkrankungen oder Verletzungen aufweisen, über die Krankheiten übertragen werden können. Hierzu gehören beispielsweise Hauterkrankungen, Magen-Darm-Erkrankungen oder eiternde oder nässende Wunden. Häufig wird hier eine Unbedenklichkeitsbescheinigung verlangt, die meist von den Gesundheitsämtern ausgestellt wird. Auch erkältete Personen sollten nicht zum Einsatz kommen, da die Gefahr besteht, dass die Speisen angeniest oder -gehustet werden.

Die Standbesatzung sollte spezielle Arbeitskleidung tragen, die sauber zu halten ist. In manchen Bundesländern werden auch Kopfbedeckungen vorgeschrieben, die aber auch grundsätzlich aus hygienischen Gründen zu empfehlen sind.

Die Hände müssen nicht nur während der Tätigkeit am Stand gewaschen werden. Auch nach dem Toilettenbesuch und der Arbeit mit rohem Fleisch, Fisch, Geflügel oder Eiern müssen die Hände gereinigt werden. Einmalhandschuhe müssen gewechselt werden, wenn sie mit unsauberen Gegenständen in Kontakt (Verpackungen, Mülleimer, Geld usw.) gekommen sind. Das Rauchen ist im Bereich der Lebensmittel grundsätzlich nicht erlaubt.

15.4.4 Künstlersozialkasse (KSK)

Häufig wird auch die Künstlersozialkasse von den Vereinsveranstaltern vergessen – nicht selten auch deshalb, weil sie diese Kasse gar nicht kennen. Die Pflicht zur Zahlung an die Künstlersozialkasse (KSK) entsteht immer dann, wenn Sie einen Künstler oder Publizisten direkt beauftragen und bezahlen. Wenn Sie eine Werbeagentur beauftragen, beispielsweise um einen Flyer für Ihren Verein zu gestalten, fallen keine KSK-Beiträge an. Haben Sie aber einen Grafiker direkt beauftragt, so müssen Sie hierfür Beiträge an die Künstlersozialkasse abführen. Dabei spielt es keine Rolle, ob der von Ihnen beauftragte Grafiker bei der KSK versichert ist oder nicht.

Die Freigrenzen, bei denen keine Beiträge anfallen, sind äußerst niedrig. Nur, wenn in einem Kalenderjahr nicht mehr als drei Aufträge vergeben werden, deren Gesamtkosten 450 EUR nicht übersteigen, fallen hierfür keine Beiträge zur Künstlersozialversicherung an (§ 24 Abs. 2 und 3 KSVG).

Nach dem Künstlersozialversicherungsgesetz (KSVG) ist Künstler, wer Musik, darstellende oder bildende Kunst schafft, ausübt oder lehrt. Publizist ist, wer als Schriftsteller, Journalist oder in ähnlicher Weise publizistisch tätig ist oder Publizistik lehrt (§ 2 KSVG).

Zur Beitragspflicht spielt es im Übrigen keine Rolle, ob die engagierte Person selbst der Künstlersozialkasse angehören kann oder nicht. Wenn also ein Musiker engagiert wird, der eher als Hobbymusiker einzustufen ist, unterliegen die an ihn gezahlten Leistungen dennoch der Beitragspflicht bei der Künstlersozialkasse.

Wenn Sie beispielsweise einen Sänger engagieren, müssen Sie für die Leistung des Sängers Beiträge an die Künstlersozialkasse zahlen. Der Beitrag richtet sich nach dem, was Sie dem Künstler zahlen. Grundsätzlich sind alle Vergütungen an den Künstler zu addieren. Ausgenommen sind lediglich:

- Umsatzsteuern, die in den Rechnungen des Künstlers oder Publizisten ausgewiesen werden,
- Zahlungen, die an die GEMA oder andere urheberrechtliche Verwertungsgesellschaften erfolgen,
- Reisekosten, soweit sie im Rahmen der steuerlichen Freigrenzen liegen,
- andere steuerfreie Aufwandsentschädigungen.

Erteilen Sie beispielsweise einem Grafikdesigner den Auftrag, einen Prospekt für Ihre Veranstaltung zu entwerfen und davon 1.000 Exemplare drucken zu lassen, müssen für die Abwicklung des Drucks keine Beiträge an die KSK abgeführt werden. Die beitragspflichtige Leistung endet mit der fertiggestellten reproduktionsfähigen Vorlage des Prospekts. Es empfiehlt sich, mit dem Grafikdesigner zu vereinbaren, dass er für die beiden Leistungspakete getrennte Rechnungen erstellt.

Die Beitragspflicht entsteht aber nur dann, wenn der Künstler oder Publizist direkt beschäftigt wird. Ist er Mitarbeiter eines Unternehmens und rechnet das Unternehmen mit Ihnen ab, entfällt die Beitragspflicht zur Künstlersozialkasse. Das ist beispielsweise der Fall, wenn Sie einen Künstler über eine Agentur buchen und mit der Agentur abrechnen.

Sie sind verpflichtet, alle wichtigen Informationen bezüglich der Abführung von Beiträgen an die KSK aufzuzeichnen beziehungsweise entsprechende Unterlagen aufzubewahren. Die Unterlagen können bei einer Betriebsprüfung durch die KSK verlangt werden. Nach § 28 KSVG müssen die Aufzeichnungen die Leistungen an Künstler und Publizisten in chronologischer Reihenfolge enthalten. Außerdem muss festgehalten werden, wann die Leistungen der Künstlersozialkasse gemeldet wurden. Die angegebenen Leistungen müssen nachweisbar sein. Die KSK kann von Ihnen verlangen, dass Sie die abgabenpflichtigen Entgelte listenmäßig zusammenführen. Die Aufzeichnungspflicht kann auch dadurch erfüllt werden, dass die Entgelte auf gesonderten Konten der Buchhaltung erfasst werden.

Die Aufzeichnungen müssen Sie mindestens fünf Jahre aufbewahren, wobei die Fünfjahresfrist nach Ablauf des Kalenderjahres beginnt, in dem die Entgelte fällig geworden sind.

Sie haben der Künstlersozialkasse oder den Trägern der Rentenversicherung auf Verlangen alle Unterlagen vorzulegen, die für die Feststellung der Höhe der Künstlersozialabgabe notwendig sind. Außerdem müssen Sie Auskunft bezüglich der erforderlichen Tatsachen zur Versicherungspflicht und zur Höhe der Beiträge und Beitragszuschüsse geben. Hierzu sind auch die Unterlagen, aus denen diese Tatsachen hervorgehen, insbesondere die in § 28 KSVG genannten Aufzeichnungen, vorzulegen. Die Prüfung beziehungsweise Vorlage erfolgt nach Wahl der Künstlersozialkasse oder dem Träger der Rentenversicherung in deren Geschäftsräumen oder in der Geschäftsstelle des Vereins.

Befindet sich die Geschäftsstelle in Ihrer privaten Wohnung, sind Sie nur verpflichtet, die Unterlagen in den Geschäftsräumen der Künstlersozialkasse oder des Trägers der Rentenversicherung vorzulegen (§ 29 KSVG).

Neben einer Außenprüfung kann die Künstlersozialkasse auch eine schriftliche Prüfung durchführen. Hier reichen Sie alle Unterlagen bei der Künstlersozialkasse ein. Diese prüft dann die Vollständigkeit der Nachweise und die korrekte Meldung der Beiträge

Wird die Aufzeichnungs- oder Aufbewahrungspflicht nicht erfüllt, handelt es sich um eine Ordnungswidrigkeit, die mit empfindlichen Bußgeldern geahndet wird.

Grundsätzlich müssen Sie der Künstlersozialkasse (www.kuenstlersozialkasse.de) alle Zahlungen, die KSK-pflichtig sind bis zum 31. März des folgenden Jahres melden. Für jedes Jahr wird von der KSK ein entsprechender Vordruck vorgegeben, den Sie im Internet herunterladen können (Downloadbereich für Unternehmen und Verwerter). Zur Erstanmeldung verwenden Sie bitte den »Anmelde- und Erhebungsbogen zur Prüfung der Abgabepflicht«. Ansonsten verwenden Sie den »Meldebogen zur Abgabe der abgabepflichtigen Entgelte« für das Jahr, für das Sie die entstandenen KSK-pflichtigen Kosten melden wollen.

Auf der Basis der von Ihnen gemeldeten Leistungen wird der zu zahlende Beitrag berechnet. Der Beitragssatz wir jährlich neu festgelegt:

2003	3,8%	2004	4,3%	2005	5,8%	2006	5,5%
2007	5,1%	2008	4,9%	2009	4,4%	2010	3,9%
2011	3,9%	2012	3,9%	2012	3,9%	2013	4,1%
2014	5,2%	2015	5,2%	2016	5,2%	2017	4,8%
2018	4,2%						

Tab. 9: KSK-Beitragssätze von 2003 bis 2018

Die Künstlersozialkasse legt auf der Basis der berechneten Beiträge eine monatliche Vorauszahlung fest, die sich am Ergebnis des letzten abgerechneten

Jahres orientiert. Nach einem Jahr wird dann eine Schlussabrechnung erstellt. Sollten Nachzahlungen notwendig werden, sind sie sofort fällig.

Künstlersozialabgaben können auch rückwirkend gefordert werden. Die Verjährungsfrist beläuft sich auf vier Jahre. Sollte bezüglich der nicht gezahlten Beiträge Vorsatz nachgewiesen werden können, verlängert sich die Frist auf 30 Jahre nach dem Jahr, in dem die Forderung entstanden ist.

Sie können eine Herabsetzung der monatlichen Zahlung beantragen, wenn Sie nachweisen können, dass sich die Bemessungsgrundlage (Gesamtbetrag für das zuletzt berechnete Jahr) im laufenden Jahr deutlich verringern wird.

15.4.5 GEMA

Ein Reizthema bei jeder Veranstaltung mit musikalischen Darbietungen – auch Dichterlesungen – ist die GEMA. Für viele ehrenamtliche Veranstalter ist es unverständlich, dass für eine Leistung zweimal gezahlt werden soll – das Künstlerhonorar und die GEMA. Deshalb eine kurze Erläuterung, welche Bedeutung die GEMA hat.

Bei der GEMA handelt es sich um die »Gesellschaft für musikalische Aufführungs- und mechanische Vervielfältigungsrechte«. Die GEMA sichert die Rechte von Komponisten, Textern und Musikverlegern auf eine ihrer Leistung entsprechenden Vergütung. Ein Honorar steht allen diesen Personen zu, wenn das von ihnen geschaffene oder verwaltete Werk vorgeführt wird. Doch sie haben keine Möglichkeit, zu kontrollieren, wann, wo und wie oft ihre Werke eingesetzt und vorgeführt werden.

Diese Überwachung ist die zentrale Aufgabe der GEMA. Als sogenannter »wirtschaftlicher Verein kraft staatlicher Verleihung« vertritt die GEMA rund 75.000 Mitglieder in Deutschland und weit über eine Million ausländische Berechtigte.

Die GEMA übernimmt primär zwei Funktionen. Sie hilft den Musiknutzern, in unserem Falle also dem Verein, alle Rechte zur Musiknutzung zu erwerben. Gleichzeitig leitet sie die Lizenzzahlungen an die Komponisten, Textdichter und Musikverleger weiter. Wer Musik öffentlich einsetzt, zahlt deshalb die Lizenz über die GEMA an die Künstler.

Wer in Deutschland Musik der Öffentlichkeit zugänglich macht, ist damit im Normalfall automatisch Kunde der GEMA. Dazu gehören auch Vereine, die Musikveranstaltungen durchführen. Was eine öffentliche Vorführung ist, wird im Urheberrechtsgesetz definiert. Dort heißt es, dass eine öffentliche Vorführung nicht von der Zahlung eines Beitrags oder Eintrittsgelds abhängig ist. Auch die Anzahl der Personen, die die Vorführung verfolgen, spielt keine Rolle. So ist fast jede Situation öffentlich, in der zwei oder mehr Personen gemeinsam Musik hören.

Davon ausgenommen ist der Fall, dass diese Personen alle miteinander befreundet oder verwandt sind. Eine geschlossene Veranstaltung wie eine Vereinsfeier oder ein Betriebsfest ist nicht öffentlich, da hier der Kreis der Personen abgegrenzt ist und sie persönlich untereinander verbunden sind.

Bei der GEMA muss angemeldet werden:
- Livemusik bei Veranstaltungen,
- Tonträgermusik (CD, Band usw.) bei Veranstaltungen,
- Hintergrundmusik,
- Vorführungen von Tonfilmen,
- Musik in Telefonwarteschleifen,
- Musik im Internet,
- Vermietung und Verleihung von Bild- und Tonträgern,
- Herstellung von Ton- und Bildtonträgern,
- Weiterleitung von Hörfunk- und Fernsehsendungen (z.B. in Hotels).

Dabei spielt die Länge der Wiedergabe keine Rolle. Die Behauptung, dass eine bestimmte Takt- oder Sekundenzahl ohne Einwilligung des Inhabers der Urheberrechte an dem Musikwerk zulässig und kostenfrei ist, hält sich zwar hartnäckig, wird aber dadurch nicht richtiger.

Entscheidend dafür, ob eine Einwilligung des Urhebers erforderlich ist oder nicht, sind die Erkennbarkeit der entnommenen Melodie sowie die Übernahme erkennbarer Begleitstimmen. Das Urheberrecht gilt bis 70 Jahre nach dem Tod des Autors. Ist man sich unsicher, sollte man Kontakt mit der GEMA aufnehmen und klären, ob noch Ansprüche bestehen.

Doch selbst wenn Sie sich absolut sicher sind, dass kein urheberrechtlich geschütztes Repertoire genutzt wird, sollten Sie die GEMA informieren. Nennen Sie die Titel der Werke sowie die Namen der Komponisten, Textdichter, Bearbeiter und Musikverleger. Sie ersparen sich und der GEMA dadurch unnötige Rückfragen und vermeiden Missverständnisse. Eine Befreiung von der GEMA ist nicht möglich. Die zu zahlenden Sätze sind vorgeschrieben und richten sich nach im Bundesanzeiger veröffentlichten Tarifen.

Wenn Ihr Verein Mitglied bei einem Dachverband ist, fragen Sie dort nach, ob mit der GEMA ein sogenannter Gesamtvertrag abgeschlossen wurde. Dann besteht die Möglichkeit, reduzierte Tarife in Anspruch zu nehmen.

Melden Sie Ihre Veranstaltung bei der zuständigen Bezirksdirektion an. Welche Bezirksdirektion zuständig ist, können Sie im Internet unter www.gema. de erfahren. Geben Sie in Ihrer Mitteilung an, welche Art der Musiknutzung Sie beabsichtigen (Veranstaltung, Livemusik, Musik vom Tonträger).

Die GEMA berechnet nach Ihren Angaben die Vergütung nach dem entsprechenden Tarif. Da es sich bei Ihrer Veranstaltung um eine sogenannte Einzelnutzung handelt, erhalten Sie eine Rechnung.

Erst wenn Sie die Rechnung bezahlt haben, besitzen Sie die Lizenz der GEMA zur Nutzung des Repertoires für Ihre Veranstaltung.

Bemessungsgrundlagen für die Vergütungshöhe sind beispielsweise ...
- die Größe des Veranstaltungsraums in Quadratmetern oder
- das Sitzplatzangebot (nur in seltenen Einzelfällen) oder
- das Personenfassungsvermögen eines Veranstaltungsplatzes,
- das höchste Eintrittsgeld je Person (dies bedeutet nicht, dass bei kostenlosen Veranstaltungen keine GEMA anfällt!),
- der Zeitraum der Nutzung oder
- die Art der Musikwiedergabe.

Die öffentliche Musiknutzung müssen Sie unbedingt vorher bei der GEMA anmelden. Sonst riskieren Sie Schadensersatzansprüche bis zum Doppelten der normalen Vergütung. Nähere Informationen über die GEMA finden Sie im Internet unter www.gema.de.

Es lohnt sich auf jeden Fall, Rahmenverträge zu nutzen. Neben den Verbänden kann es solche Rahmenverträge beispielsweise auch beim Betreiber des Veranstaltungsorts oder bei der Kommune geben.

15.4.6 Besonderheiten bei Festumzügen

Festumzüge sind bei vielen Vereinen ein fester Bestandteil des Vereinslebens. Regelmäßig finden zu Schützenfesten und zum Karneval Umzüge statt. Auch bei Jubiläen sind Umzüge sehr beliebt. Aber sie haben ihre eigenen Gesetze und sind mit einem hohen organisatorischen Aufwand verbunden.

Insbesondere, wenn ein solcher Umzug zum ersten Mal stattfindet, sollten Sie deshalb eine lange Planungszeit einkalkulieren. Für einen großen Umzug ist es sinnvoll, mindestens 18 Monate für die Vorbereitung anzusetzen.

15.4.6.1 Anforderungen an das Team

Für die aktiven Helferinnen und Helfer stellt der Festumzug eine Herausforderung dar. Die unterschiedlichsten Vorschriften müssen beachtet werden, Sicherheitsaspekte spielen eine sehr große Rolle, Gastvereine und Gruppen müssen eingeladen und untergebracht werden, ein Finanzierungsmodell muss erstellt werden und vieles mehr. Natürlich spielt hier auch die Werbung für den Umzug eine wichtige Rolle. Sie muss schon früh beginnen – beispielsweise durch den Aufbau einer eigenen Internetseite, einer Einbindung in die sozialen Netzwerke und vieles mehr.

Gerade das Genehmigungsverfahren verlangt Vereinsmitglieder, die einen guten Kontakt zur Kommunalverwaltung, der Ortspolizeibehörde und anderen Genehmigungsstellen haben oder aufbauen können.

Für den Umzug selbst brauchen Sie sehr viele Sicherheitskräfte. Denn vermeidbare Unfälle während eines Festumzugs sind eine echte Katastrophe und können die Arbeit von vielen Monaten innerhalb weniger Minuten zunichtemachen.

Auf die einzelnen hier genannten Punkte werden wir im Laufe dieses Kapitels noch näher eingehen.

15.4.6.2 Was gehört zu einem Festumzug?

Dem jeweiligen Motto entsprechend wird der Festumzug geplant. Fußgruppen, Musikkapellen, Motivwagen und Fahrzeuge für ältere Ehrenmitglieder gehören hierzu. Der Zug sollte möglichst bunt gemischt sein. Also nicht mehrere Fußgruppen hintereinander, sondern die einzelnen Elemente abwechselnd einplanen.

Personell sind die Mindestanforderungen an einen Umzug:
- Der Zugleiter, bei dem während des Umzugs alle Fäden zusammenlaufen sollten,
- Wagen- und Gruppenbetreuer, die dafür sorgen, dass es in ihren Bereichen nicht zu Unfällen kommt und die helfen, wenn es Probleme gibt,
- Einen Kinderbetreuungsdienst, der für die Probleme der Kleinsten ausgestattet ist (hier sollten erfahrene Kräfte wie Kindergärtnerinnen eingesetzt werden),
- Streckenposten, die dafür sorgen, dass die Zuschauer den Mindestabstand zum Zug einhalten,
- eventuell ein Werkstatt- bzw. Pannendienst, der zur Stelle ist, wenn ein Fahrzeug im Zug »streikt«.

15.4.6.3 Sicherheit geht vor

Gerade bei Großveranstaltungen spielen Sicherheitsaspekte eine hervorragende Rolle. Hier ist von vornherein eine gute Zusammenarbeit mit den Behörden und der Polizei notwendig. Nehmen Sie so früh wie möglich Kontakt mit den Behörden auf und lassen Sie sich umfassend beraten. Wenn Sie sich zu spät informieren, könnte es sein, dass Sie die Auflagen nicht erfüllen können und der ganze Umzug nicht genehmigt wird. Bedenken Sie, dass die Sicherheitsanforderungen aufgrund großer Katastrophen (Stichwort »Loveparade«) und der allgemeinen Terrorgefahr insgesamt vernünftigerweise verschärft wurden.

Als Veranstalter ist der Verein für die sogenannte Verkehrssicherungspflicht im Rahmen dieser Veranstaltung zuständig. Er hat alles zu unternehmen, um Besucher, Mitwirkende und Teilnehmer vor voraussehbaren Schäden zu bewahren. Die Verkehrssicherungspflicht wird zwar meist schon durch strenge Auflagen geregelt, dennoch sollten Sie sich zusätzlich Gedanken darüber machen, wie das Unfallrisiko während des Umzugs weiter minimiert werden kann.

Häufig kommt es bei Umzügen zu Problemen, weil die Beteiligten bereits während der Parade Alkohol konsumieren. Hier sollte der Verein ein striktes Verbot aussprechen. Dies dürfte auch aus versicherungstechnischen Gründen notwendig sein. Sie sollten sich von den jeweilig Verantwortlichen eine vorgefertigte Erklärung unterschreiben lassen und zu Ihren Unterlagen nehmen. In der Erklärung sollten Sie auch noch einmal ausdrücklich darauf hinweisen, dass kein Alkohol an Kinder und Jugendliche unter 18 Jahren abgegeben werden darf. Dies ist besonders wichtig, wenn die Gruppen kleine Fläschchen mit hochprozentigem Alkohol an die Zuschauer verteilen.

15.4.6.4 Das Sicherheitskonzept für Festumzüge

Beim Erstellen des Sicherheitskonzepts müssen Sie eng mit den Behörden, den Rettungsdiensten, der Feuerwehr und der Polizei zusammenarbeiten. Am besten binden Sie das zuständige Ordnungsamt möglichst früh in die Planung des Sicherheitskonzepts ein. Zum einen hat das Ordnungsamt Erfahrung mit solchen Veranstaltungen und kann Ihnen wichtige Tipps geben. Zum anderen muss auch das Sicherheitskonzept vom Ordnungsamt genehmigt werden.

Auf die folgenden Punkte sollten Sie beim Erstellen des Sicherheitskonzepts besonders achten:

- Streckenverlauf:
  - großer Platz für die Aufstellung und Auflösung des Zugs,
  - für Motivwagen ausreichende Straßenbreite (hier müssen Sie insbesondere auf Kurven und Unterführungen achten),
  - genügend Platz für Besucher (daran denken, dass ein Sicherheitsabstand zum Zug eingehalten werden muss),
  - Einsatz von Absperrgittern, Flatterband und anderen Begrenzungsmitteln,
  - Rettungswege für den Sanitätsdienst.
- Fahrzeuge:
  - Sicherung etwaiger Aufbauten,
  - Sicherung von Steh- und Sitzplätzen für Personen auf den Wagen,
  - Auflagen der Behörden beachten.
- Fußgruppen:
  - Abstand zu den Fahrzeugen,
  - Betreuung, insbesondere von Kindern und Jugendlichen.
- Sicherheitspersonal: Wagenbetreuer, Fußgruppenbetreuer (insbesondere bei Kindergruppen), Zugleitung. Ausstattung: Sprechfunkausrüstung, Zugpläne, Grundausstattung »Erste Hilfe«.
- Sanitätsstützpunkte:
  - die Zu- und Abfahrt zu den Sanitätsstützpunkten muss jederzeit für Rettungsfahrzeuge frei sein,
  - Einrichtung für Erstversorgung und weitergehende Hilfen mit dem Rettungsdienst abstimmen,
  - Strom- und Wasserversorgung sicherstellen.
- Sanitäreinrichtungen: Ausreichende Anzahl von Toilettenwagen organisieren und bereitstellen.
- Stromversorgung: Unfallsichere Kabelverlegung (Sicherung mit Kabelbrücken), Absicherung vor unbefugtem Zugriff.

15.4.6.5 Rechtliche Anforderungen

Zur Klärung der Auflagen und Bestimmungen sollten Sie sich immer direkt an das zuständige Ordnungsamt wenden, das später auch den Zug genehmigt.

Neben den grundsätzlichen Vorschriften werden von den Kommunen meist noch zusätzliche Anforderungen an die Umzüge gestellt, die Sie dort erfahren. In diesem Buch können natürlich nur die allgemein gültigen Bestimmungen aufgeführt beziehungsweise angesprochen werden.

15.4.6.6 Personenbeförderung

§ 21 der Straßenverkehrsordnung (StVO) regelt grundsätzlich die Personenbeförderung. Danach dürfen auf Zugmaschinen nur Personen mitgenommen werden, wenn für diese eine Sitzgelegenheit vorhanden ist, die fest mit dem Fahrzeug verbunden ist.

Personen dürfen nur dann auf der Ladefläche eines Lkws oder Anhängers transportiert werden, wenn eine Genehmigung der zuständigen Straßenverkehrsbehörde vorliegt. Hierzu müssen den Behörden verbindliche Pläne vorgelegt werden. Sie sollten die Pläne einreichen, bevor Sie die Fahrzeuge entsprechend umrüsten. Die Umrüstung sollte dann nach Genehmigung der Pläne beginnen. So können Sie etwaige zusätzliche Auflagen problemlos berücksichtigen.

15.4.6.7 Spezialregelungen für besondere Fahrzeuge

§ 22 StVO ist für die Planung sogenannter Motivwagen wichtig. Hier wird verlangt, dass
- die Aufbauten auch bei einer Vollbremsung weder verrutschen, umfallen, hin und her rollen, herabfallen noch vermeidbaren Lärm verursachen dürfen,
- die Aufbauten nicht breiter als 2,55 m sein dürfen,
- die Gesamthöhe vier Meter nicht überschreiten darf (die Breite und Höhe der Fahrzeuge ist allerdings letztlich auch von der Zugstrecke abhängig),
- die Länge eines Motivwagens insgesamt (also inklusive Zugmaschine) 20,75 m nicht überschreiten darf,
- Aufbauten bis zu einer Höhe von 2,50 m nicht über das Fahrzeug bzw. die Zugmaschine herausragen dürfen (darüber darf der Überstand maximal 50 cm betragen).

15.4.6.8 Verkehrssicherungspflicht

Die Verpflichtung zur Verkehrssicherungspflicht ergibt sich aus §823 Bürgerliches Gesetzbuch (BGB). Dort ist die Schadenersatzpflicht geregelt. Schadenersatzpflichtig ist grundsätzlich jeder, der »vorsätzlich oder fahrlässig das Leben, den Körper, die Gesundheit, die Freiheit, das Eigentum oder ein sonstiges Recht eines anderen widerrechtlich verletzt«.

Der Verein muss auch aus diesem Grund alle notwendigen und zumutbaren Vorkehrungen treffen, um die Schädigung anderer zu verhindern. Aber keiner kann von Ihnen verlangen, dass Sie alle Risiken ausschließen können. Eine lückenlose Überwachung, um jegliches Risiko für die Zugteilnehmer und -zuschauer auszuschließen, kann von Ihnen als Veranstalter nicht verlangt werden (OLG Koblenz, Urteil v. 19.12.2013 – 3 U 985/13).

15.4.6.9 Das Genehmigungsverfahren

Das Genehmigungsverfahren für Umzüge wird von den Ländern festgelegt. In den meisten Fällen ist die Verwaltung des jeweiligen Landkreises oder das kommunale Ordnungsamt zuständig. Vorzugsweise sollten Sie sich zunächst an das Ordnungsamt wenden, da man Ihnen hier weitere Informationen geben kann. Der Antrag wird mit Vordrucken gestellt, die Sie bei der zuständigen Behörde erhalten oder im Internet herunterladen können. Da die Bearbeitungszeit sehr unterschiedlich ist, sollte der Antrag so früh wie möglich gestellt werden. Wenn Sie bereits im Vorfeld eng mit den zuständigen Stellen zusammengearbeitet haben, dürfte die offizielle Genehmigung unproblematisch sein. Folgende Unterlagen werden fast immer von den Behörden mit dem Genehmigungsantrag verlangt:

- eine Liste aller am Zug teilnehmenden Zuggruppen und Wagen (möglichst bereits in der Reihenfolge, in der sie im Zug mitgehen oder -fahren),
- eine haftungsrechtliche Verpflichtungserklärung, dass der Veranstalter
  - Bund, Länder, Kreise und Kommunen sowie andere Körperschaften des öffentlichen Rechts von Ersatzansprüchen freistellt,
  - die Beseitigung aller durch den Zug entstandenen Schäden übernimmt (auch wenn kein eigenes Verschulden vorliegt),

- eine Veranstalterhaftpflicht in ausreichender Höhe abschließt,
- auf Schadenersatzansprüche gegenüber dem Straßenbaulastträger ausnahmslos verzichtet,

- eine Bestätigung Ihrer Versicherung, dass alle Risiken, die sich aus der Teilnahme am Umzug ergeben, abgedeckt sind,
- eventuell die Bestätigung einer Tierhaftpflichtversicherung, wenn im Umzug Tiere eingesetzt werden (z. B. Pferde),
- eine Liste aller am Umzug teilnehmenden Fahrzeuge (für jedes Fahrzeug ist die Kopie des Fahrzeugscheins beizufügen),
- eventuell TÜV-Gutachten für spezielle Fahrzeuge (hier ist außerdem eine Erklärung beizufügen, dass das Fahrzeug nach der TÜV-Abnahme nicht mehr verändert wurde).

16 Vereinsfinanzierung

Ein Kapitel zum Thema »Vereinsfinanzierung« in einem Buch über Marketing im Verein? Ja – denn gerade bei der Suche nach Unterstützern zeigt sich, wie wichtig das Vereinsmarketing ist. In den meisten Fällen finden Sie nur Förderer, wenn Ihr Verein ein Image aufgebaut hat und dieses Image öffentlich anerkannt und bekannt ist. So gesehen ist die Förderung beispielsweise durch Sponsoren ein Gradmesser, wie erfolgreich Ihr Vereinsmarketing war.

Das ist aber nur die eine Seite der Medaille. Auf der anderen Seite steht, dass Marketing auch Geld kostet. Sie können natürlich die Kosten bis zu einer gewissen Höhe drücken, indem Sie (sehr viel) Eigenleistung erbringen – aber ganz ohne finanzielle Mittel wird das nicht funktionieren. Auch darum wollen wir hier einige Punkte ansprechen, die Sie bei Ihrer Suche nach Finanzquellen berücksichtigen sollten.

16.1 Ohne Sponsoren geht es nicht

Sie können einen Verein nicht finanzieren, wenn Sie lediglich über die Mitgliedsbeiträge verfügen. Neben öffentlichen Mitteln und Spenden spielen hier die Sponsoren eine immer wichtigere Rolle. Der wesentliche Unterschied zwischen Sponsoring und Spende besteht darin, dass der Sponsor – im Gegensatz zum Spender – eine Gegenleistung (meist in Form von Werbung für sein Unternehmen) erhält. Sie müssen dem Sponsor also auch ein Angebot machen können, das für ihn interessant ist. Dabei kommt es auf einen materiell nachvollziehbaren Nutzen für den Sponsor an. Ideelle Werte, die bei der Spende ausschlaggebend sind, spielen hier nur eine untergeordnete Rolle.

Allerdings können ideelle Werte oft materielle Defizite ausgleichen. Ein Verein, der einen guten Ruf hat (ideeller Wert), wird auch deshalb Werbepartner finden, weil der Sponsor mit seiner Anzeige von diesem Ruf profitieren will. Dabei akzeptiert er auch, dass die Anzeige in der Vereinszeitung nur eine geringe Personenzahl erreicht, weil die Zeitung nur eine kleine Auflage hat.

Sponsoring entwickelt sich immer mehr zu einem zentralen Finanzierungsinstrument von Vereinen – allerdings mit sehr unterschiedlichem Erfolg. Dies hängt damit zusammen, dass manche Vereine kein klares Bild von sich nach außen abgeben (siehe Kapitel 3). Wenn ein Verein keinen einheitlichen Auftritt nach außen bietet, muss der Sponsor mit jeder Werbemaßnahme zugunsten des Vereins neu aufsetzen. Clevere Vereine haben ihr CD soweit verfeinert, dass die Sponsoren sogar bereit sind, dafür zu zahlen, dass sie sich »Sponsor des 1. FC Wadenkrampf« nennen dürfen.

In großen Organisationen hat sich das Sponsoring schon lange etabliert. Bei kleineren Vereinen findet man das Sponsoring häufig bei Fußballklubs (Banden- und Trikotwerbung) oder bei Theatervereinen (Werbung im Programmheft). Das Sponsoring bietet aber nahezu jedem Verein ein breites Betätigungsfeld, in dem Sie noch einiges an finanziellen Mitteln für Ihren Verein hereinholen können.

16.2 Was ist Sponsoring?

Schon 1998 wurde der Begriff »Sponsoring« von den Länderfinanzbehörden detailliert beschrieben. Im sogenannten Sponsoringerlass heißt es:

> *Unter Sponsoring wird üblicherweise die Gewährung von Geld oder geldwerten Vorteilen durch Unternehmen zur Förderung von Personen, Gruppen und/oder Organisationen in sportlichen, kulturellen, kirchlichen, wissenschaftlichen, sozialen, ökologischen oder ähnlich bedeutsamen gesellschaftspolitischen Bereichen verstanden, mit der regelmäßig auch eigene unternehmensbezogene Ziele der Werbung oder Öffentlichkeitsarbeit verfolgt werden. Leistungen eines Sponsors beruhen auf einer vertraglichen Vereinbarung zwischen dem Sponsor und dem Empfänger der Leistungen (Sponsoring-Vertrag), in dem Art und Umfang der Leistungen des Sponsors und des Empfängers geregelt sind.*

Sponsoring ist also eine freiwillige Vereinbarung zwischen einem Verein und einem Sponsor, die meist (zeitlich oder inhaltlich) begrenzt geschlossen wird. Für seine materielle oder finanzielle Unterstützung erhält der Sponsor eine Gegenleistung – meist in Form von Werbung oder imagefördernden Maßnahmen.

16.3 Was kann man dem Sponsor anbieten?

Häufig wird eine ganze Reihe von Sponsorengeldern verschenkt, weil sich ein Verein keine Gedanken darüber gemacht hat, was er dem potenziellen Sponsor anbieten kann. Gut, an die »Klassiker« (Bandenwerbung, Anzeigen auf Plakaten und in Vereinszeitschriften, Programmheften usw.) denkt sicher jeder zuerst. Aber es gibt auch andere Möglichkeiten, mit denen Sie Sponsoren gewinnen können.

Sie betreiben ein Clubheim mit Gastronomie? Dann könnten Sie beispielsweise auch Werbung auf Bierdeckeln und/oder Tischsets aus Papier anbieten. Außerdem können Sie im Clubheim eine Sponsorenwand einrichten, auf der die Sponsoren – je nach Höhe ihres finanziellen Engagements – verschieden groß mit ihrem Logo präsentiert werden.

Wettbewerbe können als Veranstaltung des Sponsors angesetzt werden. Der Vorteil: Ein Kinderturnier wird mit dem Namen »Brille-Max-Cup« auch in der PR des Vereins angezeigt. Außerdem taucht der Name auf allen Werbemitteln zur Veranstaltung auf.

Je nach Veranstaltungsart kann eine kleine Messe integriert werden, bei der die Sponsoren Stände anmieten können. Außerdem können Sie Werbedurchsagen anbieten.

16.4 Wie viel darf das Sponsoring kosten?

Da Sie dem Sponsor eine Leistung anbieten, müssen Sie hierfür auch einen Preis festlegen. Das ist gar nicht so einfach. Die Preisbildung hängt von verschiedenen Komponenten ab:

- Image des Vereins (je besser das Image, umso mehr trägt eine Sponsorschaft zur positiven Imagebildung des Sponsors bei und macht das Sponsoring für ihn »wertvoller«),

- Bekanntheitsgrad des Vereins (je bekannter ein Verein ist, umso mehr Menschen erfahren vom Sponsoring, wodurch die Maßnahme für den Sponsor interessanter wird),
- zeitlicher Umfang des Sponsorings (eine langfristige Maßnahme bringt mehr als eine kurzfristige – allerdings müssen Sie bei einem langfristigen Engagement des Sponsors unter Umständen eine Art »Massenrabatt« einkalkulieren),
- Strahlwirkung der Maßnahme (das Sponsoring einer lokalen Veranstaltung bringt dem Sponsor weniger als eine überregionale Maßnahme, über die beispielsweise auch Funk und Fernsehen berichten).

! **Tipp**

Prüfen Sie vor Ihrem Angebot, was bei ähnlichen Sponsoringmaßnahmen von anderen Vereinen erzielt wurde. Setzen Sie Ihren Preis zu hoch an, könnte ein potenzieller Sponsor auch langfristig verloren sein – andererseits kann ein zu niedriger Sponsorbeitrag nicht nachträglich angehoben werden.

Eine einfache Berechnung könnte beispielsweise so aussehen:

1. Grundsätzliche Festlegung, was die Sponsoringmaßnahme mindestens bringen soll. Hier spielt es beispielsweise eine Rolle, ob die Sponsoringeinnahmen gezielt für eine Veranstaltung oder Aktion eingesetzt werden sollen oder ob das Geld in die Gesamtfinanzierung des Vereins fließen soll. Bleiben Sie aber bitte realistisch: Zu teure Sponsorenangebote werden Sie nicht verkaufen können.

2. Schlagen Sie auf den Mindestbetrag 20% auf. Hierin sind dann auch Gelder enthalten, die zur Sponsorenpflege benötigt werden (Schreiben zum Geburtstag, Einladungen, Freikarten für Vereinsveranstaltungen usw.). Wer seine Sponsoren nicht pflegt, verliert sie schnell wieder.

3. Im nächsten Schritt legen Sie fest, wie viel Prozent von den Gesamtsponsoreinnahmen auf die einzelnen von Ihnen erstellten Angebote entfallen. Für einen Fußballverein könnte sich bis hierhin folgende Beispielrechnung ergeben:

Beispiel: Berechnung von Sponsoringeinnahmen !

Gewünschte Gesamteinnahmen an Sponsoring	100.000,00 EUR
Zuschlag von 20%	20.000,00 EUR
Zwischensumme:	120.000,00 EUR
Davon entfallen auf Bandenwerbung 50%	60.000,00 EUR
Davon entfallen auf Anzeigenwerbung 20%	24.000,00 EUR
Davon entfallen auf Stadiondurchsagen 10%	12.000,00 EUR
Davon entfallen auf sonstige Werbeeinnahmen 20%	24.000,00 EUR

4. Nun müssen Sie die Preise der einzelnen Sponsor-Chips ermitteln. Nehmen wir uns hierzu einmal die Bandenwerbung vor (siehe Punkt 3.). Angenommen, Ihnen stehen 400 Meter Fläche für Bandenwerbung zur Verfügung. Sie wollen 60.000 EUR mit der Bandenwerbung einnehmen. Demnach müsste der Meter 150,00 EUR kosten.

Aber es ist üblich, dass bei einer größeren Abnahme auch ein Massenrabatt gewährt wird. Das sollten Sie auch hier berücksichtigen. Eine Zwei-Meter-Bande darf pro Meter nicht das Gleiche kosten wie eine Acht-Meter-Bande. Deshalb gehen Sie zunächst von der größten Bande aus, und legen den Mindestpreis zugrunde. Die Berechnung könne dann so aussehen:

Beispiel: Berechnung von Bandenwerbung !

Länge der Bande	Preis pro Meter	Gesamtpreis
8 Meter	150,00 EUR	1.200,00 EUR
6 Meter	160,00 EUR	960,00 EUR
4 Meter	170,00 EUR	680,00 EUR
2 Meter	180,00 EUR	360,00 EUR

Dadurch haben Sie etwas Spielraum gewonnen, wenn Sie nicht die ganze Bandenwerbung verkaufen können. Außerdem können Sie dann eher variieren, wenn Sie bei einzelnen Sponsoren doch noch etwas nachgeben müssen. Möglich wäre auch, jeweils einen bestimmten Prozentsatz aufzuschlagen. Dies führt aber meist zu sehr »krummen Beträgen«. Außerdem müssten Sie von Stufe zu Stufe einen Aufschlag berechnen, was die Bandenwerbung bei den kleineren Meterzahlen sehr teuer macht. Hier ein Beispiel bei der Berechnung eines Aufschlags von 10%:

! **Beispiel: Berechnung eines Aufschlags**

8 Meter		150,00 EUR/Meter
6 Meter	150,00 x 1,1 =	165,00 EUR/Meter
4 Meter	165,00 x 1,1 =	181,50 EUR/Meter
2 Meter	181,50 x 1,1 =	199,65 EUR/Meter

Bei Anzeigenwerbung gehen Sie ähnlich vor, indem Sie zunächst bestimmen, wie viel Fläche in Quadratzentimetern verkauft werden soll, und berechnen dann die einzelnen Anzeigengrößen.

Nun können Sie eine Preisliste für alle erstellen, die Sponsoren werben wollen. Sie sollten Ihren Werbern aber auch einen Entscheidungsspielraum einräumen, der durch den Puffer von 20% abgedeckt sein sollte. Wenn Sie meinen, dass Ihre Preise das zulassen, können Sie auch einen weiteren Aufschlag berechnen. Wenn Sie 5% aufschlagen, hätten die Werber rund 7,5% Spielraum, da nicht alle potenziellen Sponsoren an der Preisschraube drehen werden.

Die Preisliste sollte ständig mit den Werbern besprochen werden, um eventuell zu hoch angesetzte Angebot noch anzupassen. Sie sollten dann aber eventuelle Preissenkungen auch den Sponsoren gewähren, die bereits (zu einem höheren Preis) gebucht haben. Sonst können Sie davon ausgehen, dass Sie diesen Sponsor in der nächsten Saison nicht mehr wiedersehen.

Um einen Anreiz zu schaffen, sollten Sie den Sponsoren einen Mehrwert bieten. Wenn Sie beispielsweise Anzeigen für Ihre Vereinszeitung generieren wollen, können Sie ab einer gewissen Anzeigengröße anbieten, dass der Sponsor zusätzlich ein Portrait im redaktionellen Teil erhält. Oder Sponsoren, die mindestens vier Meter Bande buchen, erhalten eine einmalige Anzeige in der Stadionzeitung gratis, bei sechs Metern gibt es zwei und bei acht Metern drei Anzeigen gratis.

Gestalten Sie die Preisliste so, dass sie auch für die verschiedenen Angebote, die Sie dem potenziellen Sponsor machen, wirbt. Zum Beispiel mit Fotos oder Skizzen, wo die Werbung platziert wird. Die Preisliste muss aber aufgeräumt und übersichtlich bleiben.

16.5 Sponsorengelder und Finanzamt

Wir haben bereits festgestellt, dass es sich bei Sponsorengeldern nicht um Spenden handelt, sondern um ein Geschäft zwischen dem Verein und dem Sponsor. Entsprechend sieht das Finanzamt Sponsoreneinnahmen auch anders an als Spendengelder.

Die Grenze zwischen Sponsoring und Spende sind manchmal gar nicht so einfach zu ziehen. Grundsätzlich entsteht Sponsoring immer dann, wenn der Verein eine Gegenleistung erbringt. Wenn die örtliche Druckerei beispielsweise kostenlos Plakate für ihre Veranstaltung druckt, handelt es sich hierbei um eine Spende. Ist jedoch auf dem Plakat zusätzliche Werbung für die Druckerei untergebracht, stellt diese Werbung eine Gegenleistung dar, die den kostenlosen Druck zum Sponsoring macht.

Die Einnahmen aus dem Sponsoring dürfen nicht dem steuerfreien ideellen Bereich des Vereins zugerechnet werden. Sie sind dem wirtschaftlichen Geschäftsbetrieb zuzuschlagen. Nimmt der Verein in diesem Bereich mehr als 35.000 EUR ein, sind die gesamten Einnahmen – also auch die Sponsorengelder – zu versteuern.

Die Steuerpflicht der Sponsorengelder kann jedoch – durchaus legal – umgangen werden. So besteht die Möglichkeit, für bestimmte, größere Projekte einen eigenen Verein zu gründen, um unter der Besteuerungsgrenze zu bleiben. Außerdem kann der Verein Rechte, die nur er allein besitzt, an einen unabhängigen Werbeunternehmer verpachten. Überträgt der Verein beispielsweise die Rechte der Bandenwerbung an eine Werbeagentur, die dann in eigener Zuständigkeit (für die Agentur) Kunden wirbt und einen Teil ihres Erlöses an den Verein abführt, bleiben die Einnahmen für den Verein steuerfrei.

Im Sponsoringerlass vom 18.02.1998 findet man noch zwei Möglichkeiten, die Steuerpflicht für Sponsorengeld zu umgehen:

- Der Verein lässt lediglich die Ausnutzung seines Namens für Werbezwecke des Sponsors zu. Zum Beispiel durch einen Hinweis auf die Sponsorentätigkeit auf den Produkten oder auf dem Briefkopf des Sponsors. Der Verein darf aber bei Werbemaßnahmen oder Veranstaltungen des Sponsors nicht aktiv auftreten.
- Der Verein weist auf die Unterstützung durch den Sponsor hin, ohne diesen besonders hervorzuheben. Zum Beispiels durch Verwendung des Namens, Emblems oder Logos des Sponsors auf Plakaten, Veranstaltungshinweisen, Eintrittskarten usw., ohne dies besonders hervorzuheben.

Ob es sich bei einer Einnahme um steuerpflichtiges Sponsoring handelt oder nicht, sollten Sie auf jeden Fall entweder mit Ihrem Finanzamt abklären oder mit einem Fachanwalt oder Steuerberater besprechen. Wenn Sie in Grenzfragen selbst festlegen, was Sie als Sponsoring ansehen und was nicht, kann es für Sie bei einer Prüfung durch das Finanzamt ein böses Erwachen geben.

Für die Unternehmen hat die Sponsortätigkeit durchaus positive steuerliche Aspekte. Spenden sind nur in begrenztem Umfang steuerlich absetzbar. Sponsoringausgaben hingegen gelten als Betriebsausgaben (§4 Abs. 4 EStG), die vom Gewinn der Firma abgezogen werden können.

16.6 Wie denken Unternehmen über Sponsoring?

Bei Sponsoring wollen Sie etwas »verkaufen«. Wie jeder gute Verkäufer müssen Sie sich deshalb in die Situation Ihres »Kunden« – den potenziellen Sponsor – hineinversetzen. Dabei gibt es Standardfragen, die sich jeder Sponsor stellt. Auf diese Fragen sollten Sie eingehen – selbst, wenn sie nicht direkt gestellt werden.

1. Frage: Was bietet der Verein?
Legen Sie ein klares Konzept vor, was Sie als Gegenleistung für das Sponsoring bieten. Liefern Sie hierbei gleichzeitig Informationen, die das Angebot interessant machen. Wollen Sie beispielsweise eine Anzeige für das jährlich stattfindende Sängerfest »verkaufen«, sollten Sie auch darauf hinweisen, wie viele Programmhefte in den letzten Jahren verkauft/verteilt wurden, und Zeitungsberichte vorlegen, in denen die Sponsoren genannt wurden. Das macht ihr Angebot interessanter.

Reiten Sie aber bitte nicht auf der »Mitleidswelle« nach dem Motto »Sie werden doch sicher einem armen Verein wie uns helfen wollen.« So werden Sie nur eine kleine Gruppe von Hardcorefans des Vereins für ein Sponsoring gewinnen. Wer Nutzen verkauft, erreicht mehr.

2. Frage: Wie sieht es mit Konkurrenten aus?
Natürlich will der potenzielle Sponsor für sein Unternehmen werben und dabei keine Werbung von Konkurrenten sehen. Hier gibt es zwei Möglichkeiten. Entweder Sie können zusagen, dass keine Konkurrenten als Mitsponsoren auftreten, oder Sie weisen auf die Sponsoringkosten hin. Will das Unternehmen einen Konkurrenzschutz für sein Sponsoring, muss es entsprechend mehr investieren.

3. Frage: Wo liegt mein Vorteil?
Zeigen Sie auf, dass das Unternehmen durch das Sponsoring bekannter wird. Unterstreichen Sie den guten Ruf des Vereins und weisen Sie darauf hin, dass sich dieser auch positiv auf das Image des Sponsors auswirkt. Verweisen Sie aber auch auf die »harten Fakten«: Wer wird erreicht und wie viele potenzielle Kunden erreichen Sie für den Sponsor. Um hier z.B. die kleine Auflage der Vereinszeitung zu kaschieren, weisen Sie darauf hin, dass die Zeitung – neben der Druckauflage – auch im Internet zu lesen ist. Auf keinen Fall dürfen Sie aber falsche Angaben über die Auflagenhöhe machen.

4. Frage: Fällt für den Sponsor zusätzlicher Arbeitsaufwand an?
Hier sollten Sie deutlich machen, dass der Sponsor von möglichst vielen zusätzlichen Arbeiten befreit wird. Soll beispielsweise eine Werbetafel »verkauft« werden, kann der Verein das Abholen beim Hersteller der Tafel und die Montage anbieten.

5. Frage: Was kostet mich das?
Das ist die Schlüsselfrage! Überlegen Sie genau, welchen Betrag Sie verlangen wollen. Am besten ist es, dass die Mitglieder, die Sponsoren werben, zunächst die Preisliste vorlegen. Springt der potenzielle Sponsor nicht an, müssen Ihre Mitglieder verhandeln.

Andere Fragen
Daneben ergeben sich aber auch individuelle Fragen, die sich aus dem Sponsorangebot und aus den Interessen des potenziellen Sponsors ergeben. Darum sollten Sie im Vorfeld genau überlegen, welche Fragen außerdem auf Sie zukommen könnten und sich hierfür entsprechend »präparieren«.

16.7 Es muss nicht immer Geld sein

Sponsorenbeiträge müssen nicht immer finanzieller Natur sein. Der Sponsor kann sich auch durch Sachleistungen (Metzger stiftet Würstchen für den Imbissstand und verbindet dies mit Werbung für seine Metzgerei) und Dienstleistungen (Bauunternehmer übernimmt den Aufbau eines Zauns für eine Veranstaltung des Vereins) beteiligen.

Natürlich steht die Suche nach finanzieller Unterstützung von Vereinsseite im Vordergrund. Doch auch Sachleistungen können für den Verein sehr hilfreich sein. Bei der Ausgestaltung eines Fests werden viele Dinge benötigt, die dem Verein ein großes Loch in die Vereinskasse reißen können. Auch im Vereinsalltag werden die unterschiedlichsten Dinge benötigt. Hier lohnt es sich, Firmen anzusprechen, ob Sie diese Sachleistungen nicht sponsern wollen. Denken Sie dabei nicht nur an die »bekannten« Sponsorartikel wie Sportkleidung, Musikinstrumente oder Ausstattungen für ein Fest. Auch das Büromaterial für die Vereinsgeschäftsstelle muss beschafft werden, Besen werden für das Kehren des Clubgeländes benötigt und letztlich benötigt man auch Hygieneartikel für die Vereinstoiletten. Sie sehen: Es gibt eine Menge Dinge, die Sie sich sponsern lassen können.

Auch mit gesponserten Dienstleistungen lässt sich mancher Euro sparen. Da ist der kostenlose Druck von Plakaten, Vereinsbroschüren und Briefpapier für die Geschäftsstelle oder auch die kostenlose Mitgliederverwaltung, die für kleinere Vereine häufig von den örtlichen Kreditinstituten angeboten wird.

16.8 Wo man potenzielle Sponsoren findet

Natürlich müssen Sie zunächst einmal wissen, wer als Sponsor infrage kommt. Die erste Adresse sind hier die eigenen Mitglieder. Fragen Sie nach, wer jemanden im Bekanntenkreis hat, der als Sponsor infrage kommt. Bitten Sie ruhig das Mitglied, selbst den Sponsor zu werben. Aber überreden sie es nicht. Wenn das Mitglied ablehnt, fragen Sie, ob Sie sich auf ihn beziehen dürfen, wenn Sie den Sponsor treffen.

Interessant sind natürlich auch die Werbemittel anderer Vereine. Allerdings müssen Sie hier damit rechnen, dass die dort werbenden Unternehmen Ihre Budgets schon ausgeschöpft haben und Sie nicht zum Zuge kommen. Diese Gruppe sollten Sie aber mindestens zweimal im Jahr kontaktieren. Denn Sie wissen ja: Steter Tropfen höhlt den Stein.

Sie können natürlich auch versuchen, über öffentliche Quellen an die Adressen potenzieller Sponsoren zu kommen. Für kommunale Vereine sind hier die Internetseiten der örtlichen Werbegemeinschaften interessant.

Ein kostspieliger Weg ist es, Adressen zu kaufen. Diese sind meist für den Verein zu teuer und der Erfolg ist oft auch eher mäßig.

Wenn alle Stricke reißen, wälzen Sie die »Gelben Seiten« im Telefonbuch oder wenden Sie sich an die Industrie- und Handelskammern oder andere Verbände der Wirtschaft.

Haben Sie die Adressen der infrage kommenden Unternehmen gefunden, müssen Sie in einem zweiten Schritt klären, wer dort für Sponsorantragen zuständig ist. Bei Kleinunternehmen und kleineren Mittelständlern ist das meist der Firmeninhaber selbst. Bei größeren Unternehmen müssen Sie in der Zentrale nachfragen, um herauszubekommen, wer zuständig ist.

16.9 Erster Kontakt mit potenziellen Sponsoren

Ein Patentrezept, wie Sie Sponsoren am besten ansprechen, gibt es nicht. Hier spielt auch eine Rolle, ob Sie die betreffenden Ansprechpartner persönlich kennen, wie groß das Unternehmen ist und nicht zuletzt, wie viel Zeit Sie investieren können. Wichtig ist auch, wer vonseiten des Vereins den Sponsor anspricht. Es gibt Menschen, die sind zum Telefonieren geboren, aber einen Brief zu schreiben, fällt ihnen unheimlich schwer. Umgekehrt gibt es Vereinsmitglieder, die einen packenden Brief in wenigen Minuten schreiben können – aber am Telefon die Nerven des Gesprächspartners durch ihr unsicheres Reden arg strapazieren. Hier sollten Sie auch über Arbeitsteilung nachdenken.

Als erste Kontaktaufnahme hat sich das Telefonat bewährt. Doch greifen Sie nicht einfach zum Hörer, sondern bereiten Sie sich umfassend auf ihr Gespräch vor. Legen Sie sich Unterlagen für Rückfragen des Sponsors bereit und sorgen Sie vor allem dafür, dass Sie während des Gesprächs nicht gestört werden.

Nachdem Sie sich vorbereitet haben, rufen Sie den vorher ermittelten Gesprächspartner an. Stellen Sie sich kurz vor und fragen Sie ihn, ob er einige Minuten Zeit für ein Gespräch über ihr Sponsorangebot habe. Dabei sollten Sie das Konzept bereits mit einigen Schlüsselaussagen darstellen.

! **Beispiel: Erstes Gespräch**

»Guten Tag Herr Schulze, mein Name ist Max Meier vom Fußballverein SG 06 Testhausen. Ich würde gerne mit Ihnen über eine Beteiligung an unserem Stadionfest sprechen, an dem jährlich rund 1.000 Besucher teilnehmen. Haben Sie hierfür im Moment einige Minuten Zeit oder darf ich später noch einmal anrufen?«

Hat der Gesprächspartner Zeit, unterbreiten Sie ihm das Angebot detailliert, aber nicht ausschweifend. Abschließend bieten Sie Ihrem Gesprächspartner an, ihm die Unterlagen zum Sponsoringkonzept zuzusenden.

Die Unterlagen senden Sie ihm dann mit einem netten, persönlichen Anschreiben zu. Das Konzept sollte in einer kleinen Mappe zusammengestellt sein, die auch Presseberichte früherer Veranstaltungen, Fotos zur geplanten Aktion oder Anschaffung und allgemeine Informationen zum Verein enthält. Lesen Sie hierzu auch die Hinweise bezüglich der Spendenakquise in diesem Buch (siehe Kapitel 17). Sie können die Anregungen, die wir Ihnen dort geben, auch hier anwenden.

Nachdem Sie die Unterlagen verschickt haben, sollten Sie zwei Wochen abwarten und dann den Gesprächspartner noch einmal anrufen (falls er sich nicht inzwischen gemeldet hat). Fragen Sie, ob er noch zusätzliche Informationen benötigt. Bieten Sie jetzt auch ein persönliches Gespräch an.

16.10 Goldene Regeln für den Umgang mit zukünftigen Sponsoren

Wie bereits festgestellt, gibt es keine Patentlösungen für die Werbung neuer Sponsoren. Doch einige Grundregeln sollten Sie in jeder Phase der Akquise beachten:

- **Zeit ist Geld**
  Fassen Sie sich kurz — ohne in einen Telegrammstil zu verfallen oder gehetzt zu wirken.

- **Notizen sind Pflicht**
  Führen Sie über alle Gespräche ein kurzes Protokoll und markieren Sie die wichtigsten Aussagen des Sponsors — um das Konzept eventuell anpassen oder bei späteren Gesprächen darauf eingehen zu können.

- **Nicht, was Sie wollen, ist entscheidend**
  Entscheidend ist, was der potenzielle Sponsor will. Darum ist es bei Gesprächen besonders wichtig, dass sie gut zuhören und auf den Sponsor eingehen.

- **Fakten, Fakten, Fakten**
  Argumentieren Sie mit Daten und nachweislichen Fakten, die den Nutzen für den Sponsor dokumentieren.

- **Druck ist tödlich**
  Setzen Sie weder sich selbst noch den potenziellen Sponsor unter Druck. Denken Sie immer daran: Gut Ding will Weile haben.

16.11 Sponsoren müssen gepflegt werden

Ein interessantes Phänomen ist es, dass in vielen Vereinen alle Hebel in Bewegung gesetzt werden, um neue Sponsoren zu gewinnen. Hat man sie aber endlich gefunden, werden sie vergessen. Doch wenn Sie sich gegenüber Ihrem Sponsor nicht auch in einer gewissen Form dankbar zeigen, dürfen Sie sich nicht wundern, wenn er sich nach einiger Zeit wieder zurückzieht. Die »Sponsorenpflege« ist eine wichtige Aufgabe, die vom Vorstand zumindest kontrolliert, wenn nicht gar übernommen werden sollte.

Angenommen, beim Sängerfest des MGV Sangeslust erscheinen einige Sponsoren des Vereins. Kein Mensch kümmert sich um sie. Unterschwellig hatten sie erwartet, dass die Mitglieder des Vereins sie zumindest freundlich begrüßen, wenn nicht sogar ihnen einen besonders guten Platz zuweisen. Aber im Moment fragen sich die Sponsoren wohl eher, warum sie so einen unfreundlichen Verein überhaupt fördern.

Glauben Sie dem Sponsor nicht, wenn er behauptet, dass er keinen Dank erwarte. Auch, wenn er Nutzen aus dem Sponsoring zieht, will er doch auch mal »gestreichelt« werden. Dazu gehört zumindest, dass Sponsoren bei Vereinsveranstaltungen persönlich – möglichst durch ein Vorstandsmitglied – begrüßt werden. Aber auch wenn Sie einen Sponsor auf der Straße treffen, sollten Sie wissen, wer er ist und ihn freundlich grüßen.

Die meisten Sponsoren stehen auch mehr oder weniger im Licht der Öffentlichkeit. Darum achten Sie auch darauf, was die Lokal- oder Regionalzeitung über Ihre Unterstützer berichtet. Der Sponsor wird es nämlich sehr positiv zur Kenntnis nehmen, wenn Sie dieses Wissen in den Smalltalk einfließen lassen.

Selbstverständlich sollten Sie alle Sponsoren zu den Vereinsveranstaltungen einladen. Doch sollten Sie es nicht bei einem einfachen Einladungsschreiben belassen. Mit einer kleinen Zugabe erhöhen Sie den Aufmerksamkeitswert Ihres Schreibens und unterstreichen damit, wie wichtig Ihnen der Sponsor ist. Da Sie hierbei natürlich möglichst wenig Geld ausgeben wollen, eignen sich hierfür am besten Gutscheine, die während der Veranstaltung eingelöst werden können. Handelt es sich um eine Veranstaltung mit Eintritt, können

Sie zwei Freikarten beilegen. Handelt es sich um eine »teure« Veranstaltung (Theater, Orchesterkonzert usw.), können Sie auch einen Gutschein für zwei Gläser Sekt in der Pause beilegen.

Bei Veranstaltungen ohne Eintritt, sollten Sie etwas wählen, das einen Bezug zur Veranstaltung hat. Veranstaltet beispielsweise der Fußballverein ein Torwandschießen, bei dem pro Schuss eine Gebühr verlangt wird, können Sie eine Zehnerkarte für Freischüsse beilegen.

Wenn der Verein einkaufen muss, sollte er seine Sponsoren bevorzugen. Diese würden es dem Verein mit Recht sehr übelnehmen, wenn sie als Förderer bei der Auftragsvergabe nicht berücksichtigt würden. Wenn der Preisunterschied zwischen dem Sponsorenangebot und einem anderen Anbieter gering ist, sollten Sie immer daran denken, was es Sie kosten würde, wenn der Sponsor ausscheidet.

Sollte der Preisunterschied sehr groß sein, sprechen Sie mit Ihrem Sponsor. Erklären Sie ihm, dass Sie gerne den Auftrag an ihn geben würden, aber ein derart günstiges Angebot vorliege, dass sie eine Auftragserteilung an ihn nicht verantworten können. Sagen Sie ihm auch, dass sie einen Preisunterschied von X noch akzeptieren könnten. Sie müssen dann allerdings auch damit rechnen, dass der Sponsor den Rotstift ansetzt und nun zu diesem Preis anbietet. Dann muss er den Zuschlag erhalten, sonst ist er verprellt. Deshalb sollten Sie auch beim Gespräch über den Preis darauf hinweisen, wann Sie den Auftrag erteilen werden.

Eigentlich müsste sich jeder Sponsor freuen, wenn er öffentlich für sein Engagement gelobt wird. Doch das ist gerade bei Einzelhändlern in kleineren Orten nicht immer der Fall. Hintergrund ist dabei die Sorge, dass durch das Lob andere Vereine auf den Händler aufmerksam werden und nun auch um Unterstützung bitten.

Bevor Sie deshalb in einer öffentlichen Veranstaltung lobend auf Ihre Sponsoren eingehen, sollten Sie diese fragen, ob ihnen das auch Recht ist. Sonst kann diese von Ihnen gut gemeinte Geste doch negative Folgen haben.

17 So gewinnen Sie Spender für Ihren Verein

Neben den Sponsorengeldern gehören natürlich auch die Spenden zu den unverzichtbaren Einnahmequellen von Vereinen. Hier sind jedoch die formalen Vorschriften besonders genau zu beachten, damit die Spenden auch vom Finanzamt anerkannt werden. Deshalb ist es wichtig, dass Sie wissen, wer eine Spendenbescheinigung ausstellen darf und wie diese aussehen muss, damit der Spender sie bei seiner Steuererklärung steuermindernd einsetzen kann.

Die Verantwortung für eine ordnungsgemäße Zuwendungsbestätigung (so nennt sich die Spendenquittung offiziell) liegt beim Verein beziehungsweise bei seinen Organen – also dem Vorstand. Seien Sie deshalb beim Ausstellen einer Quittung besonders sorgfältig, damit es hinterher keinen Ärger mit dem Finanzamt gibt.

17.1 Sind Mitgliedsbeiträge auch Spenden?

Spenden dürfen grundsätzlich mit keiner Gegenleistung verbunden sein. Da der Verein seinen Mitgliedern verschiedene Leistungen anbietet, sind Mitgliedsbeiträge grundsätzlich nicht als Spenden anzusehen. Eine Ausnahme bilden Beiträge an gemeinnützige Körperschaften, deren Zweck als besonders förderungswürdig im Sinne des Spendenrechts anerkannt ist. Eine Anerkennung des Beitrags als Spende ist jedoch nicht möglich, wenn
- der Verein der Förderung des Sports dient,
- vorrangig kulturelle Betätigungen durchgeführt werden, die der Freizeitgestaltung der Mitglieder dienen,
- der Verein die Förderung der Heimatpflege oder -kunde zum Ziel hat,
- vom Verein Zwecke im Sinne des §52 Abs. 2 Nr. 23 der Abgabenordnung verfolgt werden – hierzu gehören beispielsweise die Förderung der Tier- und Pflanzenzucht, der Kleingärtnerei, des traditionellen Brauchtums (einschließlich des Karnevals, der Fastnacht und des Faschings), der Soldaten- und Reservistenbetreuung, des Amateurfunkens, des Modellflugs und des Hundesports.

Hiervon sind also neben den Sportvereinen auch die meisten aktiven Gesang- und Musikvereine betroffen. Das Finanzamt unterstellt hier, dass neben dem gemeinsamen Musizieren oder Singen auch die Geselligkeit gepflegt wird, die Vereinsangebote also auch der »Freizeitgestaltung« dienen. Auch die Beiträge für die Mitgliedschaft in einem Theaterverein oder einer Laienspielgruppe können nicht als Spenden behandelt werden.

Absetzbar als Spende sind dagegen beispielsweise die Mitgliedsbeiträge an mildtätige Organisationen oder an wissenschaftlich ausgerichtete Körperschaften wie etwa dem Förderverein einer Hochschule.

17.2 Was ist eigentlich eine Spende?

Als Spende bezeichnet man eine Zuwendung an einen Verein, der keine Leistung gegenübersteht. Der Vorstand sollte hierauf achten, denn die Gerichte waren in dieser Hinsicht schon immer sehr genau und haben auch im Einzelfall geprüft, ob nicht doch eine Gegenleistung hinter der Spende steckte.

So dürfen Sie z.B. die Nutzung von Vereinseinrichtungen für die Mitglieder nicht von Spendenzahlungen abhängig machen. Dann steht der Spende ein Gegenwert gegenüber und sie darf nicht als solche betrachtet werden.

17.3 Geldspenden

Zu den Geldspenden zählen Barzahlungen, Überweisungen, Abbuchungen und Scheckeinreichungen. Auch der Verzicht auf Bezahlung einer Leistung gilt als Geldspende. Wenn also ein Handwerker den Parkettboden der Turnhalle des Turnvereins Jahn neu versiegelt und eine Rechnung an den Verein schickt, muss der Verein diese natürlich bezahlen. Nun verzichtet der Handwerker aber auf die Hälfte der Rechnung. Hierüber kann eine Spendenbescheinigung ausgestellt werden.

Verzichtet ein Mitglied des Vereins auf die Erstattung von Aufwendungen – z.B. Fahrt- oder Telefonkosten, verauslagtes Porto usw. – gilt auch dies als Geldspende.

17.4 Sachspenden

Sachspenden können nur vom ideellen Bereich oder dem Zweckbetrieb (auf den bereits näher eingegangen wurde) entgegengenommen werden. Wenn der ortsansässige Metzger dem Turnverein Jahn für sein öffentliches Grillfest Würstchen stiftet, kann hier keine Spendenquittung ausgestellt werden, da die Sachspende ja dem Geschäftsbetrieb des Vereins zugerechnet werden muss.

Werden die Würstchen jedoch vom Verein bezahlt und der Metzger leistet eine Geldspende in gleicher Höhe, die dem ideellen Bereich zugeordnet wird, kann ihm hierfür eine Spendenquittung ausgestellt werden.

Etwas anderes wäre es, wenn die Würstchen für die Verpflegung der aktiven, unbezahlten Teilnehmer an einem Turnfest des Vereins vorgesehen sind. Dann empfiehlt es sich aber, daraus eine Geldspende zu machen (siehe Kapitel 17.3), indem eine Rechnung gestellt und auf die Bezahlung verzichtet wird.

Sachspenden stellen immer ein Problem dar. Wie legt man den Wert fest, der auf der Spendenquittung angegeben wird? Es darf nur der wirkliche Wert erscheinen. Lassen Sie sich, wenn möglich, vom Spender einen Kaufbeleg zeigen.

Kritisch wird es, wenn es sich um gebrauchte Gegenstände handelt. Hier darf beispielsweise bei Spenden von Firmen lediglich der Buchwert zugrunde gelegt werden. Bei bereits abgeschriebenen Objekten kann dies durchaus der sogenannte »Erinnerungswert« von einem Euro sein.

Im Zweifelsfall kann vom Verein sogar verlangt werden, dass dieser den Wert der Sachspende von einem Gutachter festlegen lässt. Ein solches Gutachten kann dann schnell teurer sein als der Wert der Sachspende.

17.5 Spenden sammeln

Wenn Sie eine Spendensammlung durchführen wollen, bei der Vereinsmitglieder mit einer Sammelbüchse von Haus zu Haus ziehen, ist dies grundsätzlich genehmigungspflichtig. Die Genehmigung wird bei der Ortspolizeibehörde (Gemeindeverwaltung) erteilt. Dabei ist es unerheblich, ob Sie Geld- oder Sachspenden sammeln.

Grundsätzlich lässt sich sagen, dass jede Sammlung, bei der Personen direkt angesprochen werden, genehmigungspflichtig ist. Wenn Sie einen Aufruf in der Presse verbreiten oder Plakate aufhängen, in denen Sie um Spenden bitten, ist dies nicht genehmigungspflichtig.

17.6 Wie sieht eine Spendenquittung aus?

Seit November 2013 gelten verbindliche Regeln, wie eine Zuwendungsbestätigung aussehen muss. Da schon kleine Abweichungen dazu führen können, dass die Bescheinigung nicht anerkannt wird, sollten Sie am besten auf die offiziellen Formulare des Bundesfinanzministeriums zugreifen. Diese finden Sie im Internet unter https://www.formulare-bfinv.de.

! **Tipp**

Die Formulare ändern sich von Zeit zu Zeit. Sie sollten deshalb vor dem Ausstellen einer Spendenbescheinigung noch einmal prüfen, ob Ihre Vorlage noch aktuell ist.

Wer unterschreibt eine Spendenquittung?
Grundsätzlich ist lediglich der vertretungsberechtigte, im Vereinsregister eingetragene Vorstand befugt, Spendenquittungen auszustellen. Allerdings kann der Vorstand per Beschluss diese Aufgabe delegieren. Meist wird die Befugnis an den Kassierer oder den Geschäftsführer übertragen. Dieser Vorstandsbeschluss sollte auf jeden Fall schriftlich festgehalten werden.

17.7 Kleinspenden

Spenden bis 200 EUR gelten als Kleinspenden. Hier reicht als Nachweis ein Barzahlungsbeleg oder die Buchungsbestätigung der Bank (Kontoauszug). Zusätzlich benötigt der Spender einen vereinfachten Beleg des Vereins. Dieser kann sich (auch vorgedruckt) auf der Durchschrift des Überweisungsträgers oder auf dem am Überweisungsträger anhängenden Abschnitt befinden.

Ein Barzahlungsbeleg muss folgende Angaben enthalten:
- den steuerbegünstigten Zweck,
- Angaben über die Freistellung des Vereins von der Körperschaftsteuer,
- Angaben, ob es sich um eine Spende oder einen Mitgliedsbeitrag handelt.

Die Buchungsbestätigung muss zusätzlich folgende Punkte umfassen:
- Name und Kontonummer des Auftraggebers und des Empfängers,
- den gespendeten Betrag und
- den Buchungstag.

17.8 Was sonst noch zu beachten ist

Sammelbestätigungen sind zulässig. Dann heißt es auf der Spendenquittung statt »Bestätigung« »Sammelbestätigung«. Außerdem müssen die einzelnen Spenden mit dem Tag der Spende und dem Betrag aufgeführt werden – entweder auf der Rückseite oder in einer beigefügten Anlage.

Ist der Freistellungsbescheid des Vereins bei Ausstellung der Spendenquittung älter als fünf oder die vorläufige Bescheinigung älter als drei Jahre, besteht die Gefahr, dass das Finanzamt den Abzug des Spenders ablehnt.

Zur Verdeutlichung: Wenn ein Freistellungsbescheid für das Kalenderjahr 2014 am 5.10.2015 ausgestellt wurde, sind Zuwendungsbestätigungen, die nach dem 4.10.2020 unter Bezug auf diesen Freistellungsbescheid beim Finanzamt eingehen, anfechtbar.

Der Verein muss die Spendeneinnahmen und ihre zweckentsprechende Verwendung ordnungsgemäß aufzeichnen. Zudem muss ein Duplikat der Spendenquittung aufbewahrt werden.

Die Zuwendungen (Spenden) dürfen ausschließlich für die ideellen Satzungszwecke verwendet werden. Auch die Verwendung für den steuerbegünstigten Zweckbetrieb ist zulässig. Spenden dürfen aber auf keinen Fall in den steuerpflichtigen Geschäftsbetrieb oder in die steuerfreie Vermögensverwaltung fließen.

Das Finanzamt prüft die Verwendung von Spenden. Alle Spendenquittungen und -buchungen sollten korrekt ausgestellt und verbucht werden. Bei schwerwiegenden Verstößen kann dem Verein die Gemeinnützigkeit für zehn Jahre rückwirkend aberkannt werden. Im Extremfall kann sogar wegen Unterschlagung oder Veruntreuung gegen den Vorstand ermittelt werden. Außerdem haftet der Verein bei grob fahrlässigem oder vorsätzlichem Verhalten für die aufgrund des Spendenabzugs entgangenen Steuern gegenüber dem Finanzamt. Der Verein verliert aus verständlichen Gründen natürlich auch die Gemeinnützigkeit.

17.9 Betteln ist erlaubt

Die Mitgliedsbeiträge sind eine feste Einnahmequelle für Vereine – eine Geldquelle, die leider fast nie ausreicht, um den Vereinszweck zu erfüllen und das Vereinsziel zu erreichen. Fast alle Vereine sind deshalb auf Spenden, Zuschüsse und andere Unterstützungen angewiesen.

Während wir uns im nächsten Kapitel damit befassen, wie man Zuschüsse aus öffentlichen Mitteln erhält, soll dieser Abschnitt dem Thema der Beschaffung von Spenden gewidmet sein.

Die Deutschen sind als Spendenweltmeister bekannt. Allerdings bevorzugen Sie es, eher spektakulären Spendenaufrufen zu folgen. Der örtliche Gesangs- oder Sportverein hat es da schon sehr viel schwerer. Hier nun einige Ratschläge, wie Sie es schaffen können, Geld für Ihren Verein zu bekommen.

Dass sogenannte Haus- und Straßensammlungen, bei denen Personen konkret angesprochen werden, genehmigungspflichtig sind, wurde bereits angesprochen. Allerdings gibt es auch einige Möglichkeiten des Spendenerwerbs, bei denen keine Genehmigungen notwendig sind.

Um an Spendengelder für den eigenen Verein zu gelangen, gilt ein wichtiger Grundsatz: Sammeln Sie mit einem konkreten Anlass. Allgemeine Aufrufe – per Flugblatt oder über die Lokalpresse – nach dem Motto »Der Turnverein Jahn e.V. benötigt dringend finanzielle Unterstützung« sind von vornherein zum Scheitern verurteilt.

Anders sieht es aus, wenn Sie z.B. einen Pressebericht lancieren, in dem Sie um Unterstützung der Jugendarbeit bitten. Ein Foto von fröhlich turnenden Kindern darf dann natürlich nicht fehlen – achten Sie jedoch auf die Erlaubnis der Eltern, die für die Veröffentlichung notwendig ist. Noch besser wäre es, wenn Sie um Gelder für ein konkretes Projekt der Jugendarbeit bitten würden. Beispielsweise die Anschaffung neuer Bälle, Zuschüsse, um auch weniger begüterten Familien die Möglichkeit zu geben, ihr Kind in die Sportfreizeit des Vereins zu schicken, usw.

Gerade, wenn es um konkrete Gegenstände geht, findet sich auch oft ein privater Spender oder Unternehmer, der die Bälle kauft und dem Verein schenkt. Dass von der Übergabe ein Pressebericht für die Lokalzeitung geschrieben wird, ist selbstverständlich – vergessen Sie auch hier nicht, ein aussagefähiges Bild beizufügen. Möglicherweise ist dieser Pressebericht dann schon wieder Anstoß für neue Spenden. Besser als Aufrufe, die sich an die gesamte Bevölkerung richten, ist es, sich direkt an Institutionen und Firmen zu wenden und dort sein Anliegen vorzutragen.

17.10 Wer kommt als Spender infrage?

Sie können natürlich im Nebel stochern und versuchen, Spender »auf gut Glück« zu finden. Der Erfolg dürfte dann aber eher bescheiden ausfallen. Besser ist es, sich vorher darüber im Klaren zu sein, wer als Spender für Ihr Projekt infrage kommt. Dazu sollten Sie sich einige grundsätzliche Fragen stellen, um den Kreis möglicher Spender einzugrenzen.

- Welcher Spender passt zur Größe und zur Bedeutung des Vereins? Es macht wenig Sinn, auf höchsten Ebenen um Spenden zu bitten, wenn der Verein nur lokale oder regionale Bedeutung hat. Das gilt übrigens nicht für die Suche nach anderen Fördermitteln.
- Harmoniert der Spender mit den Zielen des Projekts? Es dürfte wenig Sinn machen, wenn man ein Projekt gegen den Pelztierhandel startet und bei der Kürschner-Innung um eine Spende bittet.
- Gibt es direkte Kontakte zu potenziellen Spendern? Kennen Sie oder andere Vereinsmitglieder jemanden, der als Spender infrage kommt oder in einem Unternehmen über Spenden entscheidet.

17.11 Nehmen Sie Ihre Spender an die Hand

Sie wollen etwas vom Spender: sein Geld. Doch der Spender erwartet auch etwas von Ihnen. Gerade von einem örtlichen Verein erwartet er, dass dieser sich dankbar zeigt – ihn vielleicht sogar ein wenig hofiert. Leider findet das in den meisten Fällen nicht statt. Darum wundern sich auch viele Vereine, dass sie von den Spendern nur einmal eine Spende erhalten – und dann nie wieder. Einen Dankesbrief sollte auch jeder Kleinspender erhalten!

Für den Spender besonders wichtig: Was wird aus seiner Spende? Gehen Sie darauf in Ihrem Brief ein und legen Sie – wenn vorhanden – Informationsmaterial über Ihren Verein bei. Kleine Anerkennungen wie Aufkleber, Kalender oder Ähnliches kommen gut an. Informieren Sie Ihren Spender über neue Projekte des Vereins und lassen Sie unterschwellig anklingen, dass Sie noch weitere Spenden benötigen.

Sollten Sie in der Presse zu einer Spendenaktion aufgerufen haben, sollten Sie im Nachhinein auch einen Bericht an die Redaktion liefern, der darüber informiert, wie viel durch den Spendenaufruf zusammengekommen ist. In ihm sollten Sie auch noch einmal publik machen, was mit dem Geld geschieht.

! **Beispiel: Brieftext Spendenverwendung**

»Der Verein freut sich schon darauf, für die Jugendgruppe neue Bälle anzuschaffen. Dies ist jetzt – nicht zuletzt dank Ihrer Spende – möglich.«

Sie sollten Ihre Spender mindestens alle sechs Monate anschreiben und über die Entwicklungen im Verein informieren. Bei Spendern gilt das Gleiche wie bei Kunden: Neue gewinnen ist wichtig – aber ebenso wichtig, wenn nicht sogar noch wichtiger, ist, die bereits gewonnenen Spender zu halten.

17.12 Nutzen Sie Anlässe

Wenn Sie einen konkreten Grund für Ihre Spendenanfrage nennen können, haben Sie es leichter, Spendengelder zu bekommen. Nehmen wir als Beispiel einen Sportverein, der einen Bus für die Jugendmannschaft benötigt.

Sprechen Sie doch den örtlichen Autohändler an. Vielleicht können Sie das Fahrzeug bei ihm kaufen und neben einem großzügigen Rabatt auch noch eine Spende eintreiben. Eventuell finden sich auch noch andere Geschäftsleute, die den Buskauf unterstützen.

Tipp **!**

Man könnte bei einem Bus auch anbieten, das Firmenlogo auf dem Bus anzubringen. Dann handelt es sich aber um keine Spende (weil sie nicht mehr leistungsunabhängig ist), sondern um Sponsoring.

17.13 Kommen Sie nicht mit leeren Händen

Wer spendet, will natürlich wissen, was mit seinem Geld geschieht. Darum ist es wichtig, einen kleinen Prospekt zu haben, der den Angesprochenen darüber informiert, was der Verein tut – und vor allem, wofür die erwünschte Spende verwendet werden soll.

Dabei sollte es sich nicht um eine Hochglanzbroschüre handeln, denn der Angesprochene wird sich fragen, ob er dafür etwa auch spenden soll. Ein einfaches Faltblatt, das den Verein kurz vorstellt, vielleicht mit einigen Abbildungen oder Fotos, ist vollkommen ausreichend. Sicher finden Sie jemanden im Verein, der bereit ist, ein solches Blatt – z.B. mit dem PC – zu erstellen.

Fotokopiert oder gedruckt kann das Infoblatt auch bei Veranstaltungen ausgelegt werden. Wenn Sie es bei Veranstaltungen auslegen, sollten Sie auf jeden Fall eine Spendenmöglichkeit beilegen – z.B. einen vorbereiteten Überweisungsträger.

Haben Sie eine Vereinszeitung (siehe Kapitel 13), können Sie auch diese zum Spendensammeln einsetzen und die aktuelle Ausgabe beim Gespräch mit einem potenziellen Spender überreichen.

Wenn Sie für einen bestimmten Zweck innerhalb der Vereinsarbeit sammeln, sollten Sie auch hierzu Informationen mitbringen. Nehmen wir als Beispiel die Anschaffung des Busses für die Jugendmannschaft.

Bringen Sie einige Bilder des alten Busses mit, auf denen zu sehen ist, dass er in einem technisch schlechten Zustand ist. Aber Achtung: Das Fahrzeug sollte nicht den Eindruck erwecken, dass es an der nötigen Pflege gefehlt hätte – er darf alt, aber nicht »vergammelt« aussehen.

Außerdem sollten Sie auch gleich einige Unterlagen mitbringen, aus denen der Spender ersehen kann, was angeschafft werden soll (Prospekte) und wie der Verein sich die Finanzierung insgesamt vorstellt.

Ähnlich wie bei öffentlichen Stellen, die fast immer einen Eigenanteil des Vereins erwarten (siehe Kapitel 18), ist es auch bei privaten Spendern: Sie wollen das Engagement des Vereins sehen.

17.14 Nicht im Verborgenen arbeiten

Öffentlichkeit zu schaffen, kann Ihrem Verein zu Spenden verhelfen: Ein »Tag der offenen Tür«, bei dem sich die Eltern davon überzeugen können, dass das Training ihrer Kinder wirklich förderungswürdig ist, kann eine erfolgreiche Idee sein. Währen des Besuchs der Eltern können Sie hervorragend Flugblätter verteilen und um Spenden bitten.

Um den Bekanntheitsgrad und damit die Spendenbereitschaft der Öffentlichkeit zu erhöhen, möchten wir Ihnen auch noch einmal eine gute Öffentlichkeitsarbeit ans Herz legen.

18 So bekommen Sie öffentliche Mittel

Öffentliche Mittel gibt es auf allen politischen Ebenen – angefangen bei den Kommunen über die Kreise, Bundesländer und den Bund bis hin zur Europäischen Union. Allerdings ist einzuräumen, dass gerade auf der kommunalen Ebene immer weniger zu holen ist.

Grundsätzlich gilt, dass die Genehmigungszeit von unten nach oben länger wird. Einen Bescheid auf kommunaler Ebene bekommen Sie relativ zügig, aber bei Anträgen an die EU müssen Sie davon ausgehen, dass die Bearbeitung ein paar Monate, nicht selten sogar mehr als ein Jahr, dauert. Meist gibt es bestimmte Termine, bis zu denen Ihr Antrag vorliegen muss. Wer ihn bis dahin nicht eingereicht hat, muss bis zum nächsten Termin warten – meist ein Jahr später. Andererseits erfolgt die Zusage häufig nach dem Eingangsprinzip. Die Anträge, die zuerst eingehen, werden zuerst bearbeitet und erhalten – wenn die Voraussetzungen erfüllt sind – eine Zusage. Das geht so lange, bis der Fördertopf leer ist. Wer also zu spät kommt, geht leer aus.

Wenn Ihr Antrag abgelehnt wurde, weil der Fördertopf leer war, wird er meist nicht in die nächste Zuteilungsperiode übernommen. Sie müssen fast immer einen neuen Antrag stellen.

18.1 Antrag an die Kommune

Auf kommunaler Ebene gibt es unterschiedliche Fördermodelle:
- regelmäßige, meist jährliche Förderung aller Vereine, die einen entsprechenden Antrag stellen,
- punktuelle Förderung für Projekte, die dem Image der Kommune dienen (häufig für Traditionsfeste und andere Veranstaltungen, die die Stadt auch überregional bekannt machen),
- Förderung von einzelnen Abteilungen, wenn das Projekt hierzu passt (z.B.: Sie planen ein Jugendcamp – hier könnte die kommunale Jugendpflege finanziell helfen),
- Förderung aufgrund kommunaler Festveranstaltungen (z.B. im Rahmen der Feierlichkeiten zur 250-Jahr-Feier der Gemeinde).

Die meisten Kommunen haben eine Art Satzung, nach der die Fördermittel zur Verfügung gestellt werden. Diese hat unterschiedliche Namen (Förderrichtlinie, Vereinsförderungsordnung) beinhaltet aber meist folgende Fakten:

- **Wer wird gefördert?**
Fast immer werden nur eingetragene Vereine gefördert. Häufig wird die Förderung auch auf Vereine begrenzt, die als gemeinnützig anerkannt wurden. Es gibt auch Kommunen, die verlangen, dass die Satzung des Antragstellers regelt, dass das Vereinsvermögen bei Auflösung des Vereins an die Kommune fällt.

- **Wie wird gefördert?**
Die Kommune kann auch mit Sachleistungen fördern. So kann sie beispielsweise für ein Projekt die notwendigen Räumlichkeiten oder Mitarbeiter der Gemeinde zur Verfügung stellen. Bei der finanziellen Unterstützung wird meist ein Festbetrag gewährt.

- **Wann wird gefördert?**
In vielen Kommunen gibt es eine sogenannte »Gießkannenförderung« bei der einmal im Jahr alle Vereine bedacht werden. Die Höhe des Zuschusses ist also unabhängig von irgendwelchen Projekten und wird anhand anderer Kriterien festgelegt. Das kann beispielsweise die Anzahl der Mitglieder sein oder die Bedeutung des Vereins für die Kommune. Darüber hinaus gibt es häufig auch zweckgebundene Mittel im Haushalt der Kommune, mit der Projekte gefördert werden können, die gesondert beantragt werden müssen.

Am besten wenden Sie sich zunächst an das Bürgerbüro und erfragen Sie dort, ob es Fördermöglichkeiten gibt, und, wenn ja, welche. Gibt es Fachabteilungen, die für Sie zuständig sein könnten, sollten Sie auch dort Ihre Fühler ausstrecken. Ansprechpartner können hier je nach Projekt die Jugendpflege, der Kulturdezernent, aber auch die Umweltbehörde (bei naturschützenden Projekten) sein.

18.2 Förderung der Kreise

Ähnlich wie bei den Kommunen gibt es bei den Kreisen gezielte Projektförderungen und eine allgemeine Förderung von Vereinen nach dem Gießkannenprinzip, wobei letztere auf dieser Ebene sehr viel seltener ist, als bei den Kommunen.

Zur Projektförderung muss immer ein Antrag gestellt werden. Die Antragstellung soll in den meisten Fällen anfangs eines Jahres erfolgen. In fast allen Fällen muss der Antrag vor Beginn des Projekts gestellt und genehmigt werden.

Die meisten Kreise haben einen eigenen Ausschuss, der über die Vergabe der Gelder entscheidet. Ist dies nicht der Fall, ist meist der Kreisausschuss zuständig. Informationen hierzu finden Sie meist auf den Internetseiten des Kreises. Hier finden Sie auch Formulare, die Sie für die Antragstellung verwenden sollten. Bei einer formlosen Antragstellung sollten alle wichtigen Angaben gemacht werden. Hierzu gehören der Finanzplan, die Zielgruppe, der geplante Beginn und die Dauer des Projekts. Wird ein Zuschuss für Anschaffungen im Rahmen des Projekts beantragt, sollten Kostenvoranschläge beigefügt werden.

18.3   Landesmittel

Wo Sie Landesmittel beantragen können, ist von Bundesland zu Bundesland verschieden. Es kann auch davon abhängen, welcher Verein den Antrag stellt und welche Projektförderung beantragt wird.

In den meisten Fällen haben die Länder keine Formvorschrift, wenn es um das Beantragen von Zuschüssen geht. Sie können also formlos um Unterstützung bitten.

Versuchen Sie, vor der Antragstellung einen Ansprechpartner zu finden, der Ihnen Tipps geben kann, wie ein Förderungsantrag die besten Chancen hat. Je genauer Sie die Förderrichtlinien kennen, umso besser können Sie Ihren Antrag an diese Richtlinien anpassen.

Tipp   !

Wenn Sie Mittel des Bundeslandes beantragen wollen, sprechen Sie auch mit den Landtagsabgeordneten Ihres Wahlkreises. Sie können zumindest die nötigen Kontakte herstellen und kümmern sich meist auch darüber hinaus um Ihren Antrag.

18.4 Förderung durch den Bund

Auch die Bundesrepublik Deutschland fördert Projekte – die allerdings von nationaler oder internationaler Bedeutung sein müssen. Einheitliche Richtlinien oder einen zentralen Ansprechpartner gibt es leider nicht. Hier bleibt Ihnen nichts anderes übrig, als im Internet zu suchen.

Da die Förderung des Bundes national ausgerichtet ist, erfolgt sie meist nicht direkt, sondern über die Verbände. Sollte Ihr Verein also einem Verband angehören, wenden Sie sich am besten zunächst an diesen. Vom Verband können Sie auch Tipps bekommen, falls Sie selbst beim Bund einen Antrag stellen müssen.

Eine direkte Förderstelle gibt es auch beim Bund nicht. Meist sind Fördermittel über die Fachministerien zu erhalten. Anfragen ins Blaue machen jedoch wenig Sinn. Wenn sich beispielsweise ein Sportverein an das Innenministerium wendet, dürfte er schnell eine Absage erhalten – oder Ihre Enkel erhalten die Antwort.

18.5 Auch die EU fördert

Auch auf EU-Ebene gibt es verschiedene Fördertöpfe. Sie sind meist für kulturelle, soziale, sportliche und völkerverständigende Projekte vorgesehen. Auch hier findet meist die Verteilung über Einrichtungen innerhalb der Mitgliederländer oder über die Verbände statt. Hier einige Beispiele, wie die EU Vereine bei Projekten unterstützt. Bei gezielter Suche werden Sie noch viele andere Förderansätze finden.

- **Nationale Kontaktstelle für die Kulturförderung der EU**
  Das Teilprogramm KULTUR des Rahmenprogramms »Kreatives Europa« der EU fördert europäische Kooperationen der verschiedensten Kultureinrichtungen, europäische Plattformen und Netzwerke sowie Literaturübersetzungen.
  Internetadresse: http://www.ccp-deutschland.de/

- **Erasmus+ — das EU-Programm für allgemeine und berufliche Bildung, Jugend und Sport**
Mit Erasmus+ will die EU das Kompetenzniveau und die Beschäftigungsfähigkeit junger Menschen verbessern und die allgemeine und berufliche Bildung sowie die Jugendarbeit modernisieren. Das auf sieben Jahre ausgelegte Programm verfügt über ein Budget von 14,7 Milliarden EUR. Das Programm fördert grenzübergreifende Partnerschaften und die Zusammenarbeit zwischen Bildungs- und Ausbildungsstätten und Jugendorganisationen. Ziel ist die Annäherung der Bildungs- an die Arbeitswelt, um derzeitige Qualifikationslücken in Europa zu schließen.
Das Programm unterstützt auch nationale Maßnahmen zur Reform der Bildungs- und Ausbildungssysteme und Jugendarbeit. Im Bereich des Sports werden Breitensportprojekte gefördert und grenzüberschreitende Probleme wie die Bekämpfung von Spielabsprachen, Doping, Gewalt und Rassismus angegangen.
Internetadresse: http://ec.europa.eu/programmes/erasmus-plus/index_de.htm
- **Europa für Bürgerinnen und Bürger**
Mit dem Programm »Europa für Bürgerinnen und Bürger« möchte die EU auch Vereine und Verbände und ihre Projekte unterstützen, die dazu beitragen, dass die Bürger(innen) mehr über die EU und die politischen Entscheidungsprozesse in der Union wissen, ein Bewusstsein für die gemeinsame europäische Geschichte und die gemeinsamen Werte entwickeln, sich an der Gestaltung der EU beteiligen und sich gesellschaftlich und interkulturell engagieren. Das Programm ist in drei Programmbereiche unterteilt.
Im Bereich »Europäisches Geschichtsbewusstsein« werden Maßnahmen unterstützt, die ein Nachdenken über europäische Werte anregen und die Auseinandersetzung mit den Ursachen totalitärer Regime und anderen wichtigen Momenten in der neueren Geschichte Europas, die die Entstehung der EU bedingt oder entscheidend geprägt haben, fördern.
Der Deutsche Olympische Sportbund (DOSB) hat eine Broschüre unter dem Titel »DOSB | Sportförderung in der EU« herausgegeben, den Sie unter http://www.dosb.de/fileadmin/fm-dosb/downloads/DOSB-Textsammlung/DOSB_EU-Foerderbroschuere_2010.pdf als PDF herunterladen können.

18.6 Öffentliche Mittel beantragen

Um öffentliche Mittel müssen Sie sich aktiv bemühen. Doch obwohl in den Nachrichten zu hören ist, dass die Steuereinnahmen nur so sprudeln, ist es schwer, an öffentliche Gelder zu kommen. Aber wenn Sie einige »Spielregeln« beachten, haben Sie durchaus Chancen, finanzielle Unterstützung zu erhalten.

18.6.1 Antrag vorbereiten

Bevor Sie einen Antrag auf öffentliche Mittel stellen, müssen Sie einige »Hausaufgaben« erledigen. Zunächst müssen Sie sich darüber im Klaren sein, dass auch die öffentliche Hand wissen will, mit wem sie es zu tun hat. Sie sollten deshalb schon im Vorfeld die wichtigsten Daten Ihres Vereins zusammenstellen.

So will man von Ihnen wissen, ob der Verein im Vereinsregister eingetragen ist. In nahezu allen Fällen werden Gelder der öffentlichen Hand nur an eingetragene Vereine vergeben. Der Nachweis sollte in Kopie vorliegen und später mit dem Antrag verschickt werden. Eine Beglaubigung ist nur notwendig, wenn dies der Zuschussgeber ausdrücklich fordert.

Außerdem sollten Sie den Freistellungsbescheid des Finanzamts – oder bei jüngeren Vereinen – die vorläufige Bescheinigung in Kopie beifügen. Auch diese Bescheinigung ist in fast allen Fällen eine zwingende Voraussetzung für öffentliche Gelder.

Wichtig ist auch, dass Sie bereits vor Antragstellung Kontakt mit Ihrem Dachverband aufnehmen. In vielen Fällen werden öffentliche Mittel nämlich nicht direkt an die Vereine gewährt, sondern gehen zunächst als eine Summe an den Dachverband und werden von dort verteilt. Sollte ein solcher Dachverband bestehen, müssten Sie klären, ob ihre Mitgliedschaft dort zwingend notwendig ist, um Fördermittel von ihm zu erhalten. Auch hier sollte ein Nachweis der Mitgliedschaft in Kopie vorliegen, der später dem Antrag beigefügt wird.

Gerade auf kommunaler Ebene ist die Mitgliederzahl eines Vereins von großer Bedeutung. Je größer sie ist, desto besser. Bedenken Sie dabei, dass die Entscheider über Fördermittel gewählte Volksvertreter sind, die hinter jedem Mitglied auch einen potenziellen Wähler sehen. Darum sollten Ihnen auch hierfür Belege vorliegen, die Sie einreichen können.

Gerade bei Zuschüssen von Stellen, die Ihren Verein noch nicht kennen, sollten Sie auch auf das Alter des Vereins hinweisen. Das kann beispielsweise der Fall sein, wenn ein vorwiegend kommunal tätiger Verein beim Land oder beim Bund um Fördergelder nachsucht.

Gut wäre es auch, wenn Sie bereits Aktivitäten nachweisen können, die schon gefördert wurden. In vielen Fällen wird dann nachgefragt, ob bei diesen Aktivitäten keine Probleme aufgetreten sind.

Sie haben jetzt die wichtigsten Daten Ihres Vereins zusammengestellt. Doch für die Förderung durch öffentliche Mittel gilt der Grundsatz, dass fast ausschließlich Projekte und keine Vereine gefördert werden.

Sie müssen also für einen Förderantrag genau definieren, wofür die Mittel verwendet werden. Die Förderer wollen in diesem Zusammenhang wissen,

- welche Maßnahme geplant ist,
- welches Ziel die Maßnahme verfolgt,
- über welchen Zeitraum sich die Maßnahme erstreckt,
- wie hoch die Gesamtkosten der Maßnahme sind,
- welchen Eigenanteil der Verein aufbringt.

Meist entscheidet sich schon mit der Beantwortung dieser Fragen, ob Ihr Projekt bezuschusst wird oder nicht. Darum sollten Sie hier sehr gewissenhaft vorgehen. Lassen Sie uns die Punkte deshalb im Einzelnen betrachten.

Welche Maßnahme ist geplant?
Beschreiben Sie die Maßnahme nicht nur mit einem rein sachlichen Text. Erstellen Sie eine kleine Mappe, in der Sie das Projekt mit Fotos und Grafiken anschaulich darstellen. Zu den zur Verfügung stehenden Fördermitteln gehen fast immer mehr Anträge ein, als bewilligt werden können. Darum findet häufig eine Vorauswahl statt. In dieser Phase machen sich weitergehende

Präsentationen besonders gut. Versuchen Sie, auf dieser Ebene den Leser nicht nur sachlich zu überzeugen, sondern auch emotional anzusprechen.

Projekte, bei denen es beispielsweise um die Belange von Kindern geht, sollten auch Fotos von Kindern beinhalten. Haben Sie bei der Gestaltung des Titelblatts auch den Mut zu einer kräftigen Schlagzeile.

Für den Förderer ist wichtig, welchen Vorteil er aus der Maßnahme ziehen kann. Bei öffentlichen Mitteln liegen die Vorteile immer in zwei Bereichen. Auf der einen Seite können die öffentlichen Förderer im eigenen Haushalt letztlich Geld einsparen, da die Unterstützung von Vereinen immer kostengünstiger ist als die Finanzierung der gesamten Aufgabe aus öffentlichen Mitteln. Auf der anderen Seite geht es hier auch um Profilierung.

Sowohl die Träger an sich als auch die dahinterstehenden Politiker haben ein Interesse an positiver Presse. Beide Faktoren sollten Sie sich in der Vorstellung Ihres Projekts zunutze machen.

Stellen Sie zum einen die finanziellen Vorteile für den Förderer dar. Machen Sie Modellrechnungen auf, aus denen deutlich wird, wie viel Geld die Kommune, das Land oder ein anderer Förderer sparen kann, wenn er dieses Projekt bezuschusst. Stellen Sie an dieser Stelle den Eigenanteil des Vereins heraus. Wenn Ihr Verein einen großen Teil der Arbeiten in Eigenleistung erbringt, sollten Sie die Stunden mit einem (realistischen) Stundensatz einrechnen.

Es gibt Vereine, die sich sozusagen als »Beweis« einen Kostenvoranschlag von einem örtlichen Handwerker geben lassen. Davon ist jedoch abzuraten. Sie könnten dadurch einen Handwerksbetrieb und damit einen späteren oder gar schon gewonnenen Sponsor verärgern, der ja nach dem Voranschlag auch mit einem Auftrag rechnet.

Was die Profilierung anbelangt: Hier können Kopien von Presseberichten ähnlicher Projekte Wunder wirken. Dabei sollten Sie natürlich nicht mit der Tür ins Haus fallen. Weisen Sie lediglich darauf hin, dass das ähnliche Projekt XY bereits in Z sehr erfolgreich durchgeführt werden konnte, wie der Pressebericht zeige. Auf keinen Fall sollten Sie direkt von der Möglichkeit der Profilierung sprechen. Bringen Sie aber auch Ihre eigenen Kontakte zu den

Medien ins Spiel. Wenn dies geplant ist, sollten Sie ruhig darauf hinweisen, dass das Projekt bei einer gesicherten Finanzierung mit einer Pressekonferenz gestartet werden soll.

Besonders interessant sind hier gerade im kommunalen Bereich Presseberichte, in denen die Lokalredaktion über Missstände berichtet, die durch ihr Projekt gelindert oder gar behoben werden können. Eine Kopie dieses Berichts in Ihrer Mappe ist (Förder-)Gold wert.

Welches Ziel verfolgt die Maßnahme?
Zum Abschluss der Mappe sollten Sie auf einer Seite noch einmal das Ziel des Projekts skizzieren. Dabei steht der sachliche Aspekt im Vordergrund, wobei die emotionale Komponente durchaus mitschwingen sollte. Planen Sie beispielsweise einen Kinderspielplatz, könnte die Zielsetzung so formuliert werden:

Beispiel: Zielsetzung

»Kinder sollen in einem geschützten Bereich spielen können, ohne den Gefahren unseres Straßenverkehrs ausgesetzt zu sein. Die Senkung des Unfallrisikos beruhigt die Eltern und macht die Kinder glücklich.«

Über welchen Zeitraum erstreckt sich die Maßnahme?
Je länger eine Maßnahme dauert umso schwerer ist es, an öffentliche Mittel zu gelangen. Wenn möglich, ist es deshalb ratsam, das Projekt in mehrere Schritte zu unterteilen. Abgesehen davon, dass sich kürzere Projekte später auch technisch besser abwickeln lassen, ergeben sich bei der Fördervergabe mindestens zwei Vorteile für Sie. Zum einen werden erfahrungsgemäß kürzere Projekte eher genehmigt. Das gilt vor allem bei Vereinen, die zum ersten Mal um Förderung nachsuchen. Zum anderen kann eine Aufteilung auch inhaltlich sinnvoll sein, da Sie dann auf verschiedene Spendentöpfe zugreifen können, die nur Teilbereiche der geplanten Maßnahme fördern, aber das Gesamtprojekt ablehnen würden.

Welche Kosten verursacht die Maßnahme?
Um die Kosten zu ermitteln, stellen Sie zunächst einen internen Finanzierungsplan auf. Dieser Plan ist nur für interne Zwecke bestimmt. Stellen Sie alle Posten des Projekts zusammen. Bauen Sie erst einmal eine ganz grobe

Struktur auf. Überlegen Sie dann zu jedem Posten, welche Details dieser umfasst. Dann gliedern Sie die Struktur nach den Details auf. Um beim Beispiel unseres Spielplatzes zu bleiben: Ein Posten könnte der Sandkasten sein. Eine Detailposition des Sandkastens wäre die Beschaffung des Materials, wenn Sie ihn selbst bauen wollen. Das Material besteht wiederum aus dem Holz, den Nägeln, dem Lack usw. So wird der Plan immer weiter verfeinert, bis Sie alle Punkte zusammengestellt haben.

Soweit die Materialien oder Leistungen von Firmen erbracht werden, müssen hierfür die Kostenvoranschläge eingeholt werden. Üblich und sinnvoll sind drei Kostenvoranschläge. Die Qualität und der Preis entscheiden über den Zuschlag.

! **Wichtig**

In dieser Phase noch keine Aufträge vergeben. Bei den Anbietern aber darauf drängen, dass sie im Angebot bestätigen, wie lange sie sich hieran binden. Sonst kann es passieren, dass die Mittel selbst nach Bewilligung von Zuschüssen nicht ausreichen, weil jetzt höhere Preise gelten als in der Angebotsphase.

Posten, für die keine Angebote eingeholt werden können, müssen Sie selbst bewerten. Seien Sie hier realistisch und bewerten Sie nicht zu niedrig. Nun stellen Sie den Positionen mit den Kostenschätzungen die Finanzierungsquellen gegenüber. Dies können Einnahmen – etwa Geldspenden – sein, Sachleistungen beziehungsweise -spenden Dritter oder Eigenleistungen in Form von Geldern des Vereins oder Arbeitsleistungen der Mitglieder.

Wir haben bis jetzt einen Finanzierungsplan für den internen Gebrauch zusammengestellt. Der externe Finanzierungsplan für den Antrag der Fördermittel sieht etwas anders aus. Er muss nicht so detailliert sein, wie der interne. In der Auflistung geben Sie zunächst auch nicht an, von wo die Finanzierungsmittel kommen. Erst am Ende des Plans stellen Sie eine Endabrechnung auf. Hier steht zunächst die Gesamtsumme des Projekts. Hiervon werden – jeweils in eigenen Positionen – die Leistungen des Vereins (inklusive der Arbeitsleistung) und die Leistungen Dritter abgezogen. Der Restbetrag stellt die Antragssumme für den Zuschuss dar.

Bei der Summe der Eigenleistungen des Vereins sollten Sie den Betrag so gering wie möglich ansetzen. Da die Arbeitsleistung geschätzt werden muss, haben Sie hier einen gewissen Spielraum. Häufig wird nicht der gesamte offenstehende Betrag bezuschusst. Da ist es gut, hier ein wenig »Luft« zu haben. Andererseits verlangen die Förderer meist einen Mindestanteil, den die Vereine für ihr Projekt selbst aufbringen müssen. Wenn Sie diesen Wert unterschreiten, wird der Antrag komplett abgelehnt.

18.6.2 Die Antragstellung

Vorweg gleich eines: Sie müssen sehr viel Geduld aufbringen. Die Entscheidungen über Zuschüsse können sich – besonders wenn es um Förderungen im nationalen und internationalen Bereich geht – über Monate hinziehen. Im Extremfall sind Wartezeiten von über einem Jahr nicht auszuschließen.

Lesen Sie sich die Bestimmungen für die Bezuschussung sehr genau durch. In den meisten Fällen darf die Maßnahme erst begonnen werden, wenn der Zuschuss bewilligt wurde. Beginnen Sie vorher, riskieren Sie, dass die Beihilfe wegen dieses Formfehlers nachträglich verweigert wird.

Wenn Sie einen Zuschuss beantragen müssen, verlangt der Förderer meist ein ausgefülltes Antragsformular und verschiedene andere Unterlagen von Ihnen. Füllen Sie die Antragsformulare gewissenhaft aus. Fehler, die sich hier einschleichen führen in den häufigsten Fällen zur Ablehnung Ihres Antrags. Nur in seltenen Fällen fragen die Annahmestellen nach und geben Ihnen die Möglichkeit der Korrektur.

Die Vordrucke stellen die Minimalanforderungen für den Antrag eines Zuschusses dar. Sie sollten neben diesem Antrag und den geforderten Anlagen auch das Material beifügen, das wir eingangs bereits besprochen haben. Dadurch heben Sie sich von anderen Antragstellern ab. Bedenken Sie, dass meist mehr Förderungswünsche eingehen, als erfüllt werden können. Deshalb müssen auch Anträge »mangels Masse« abgelehnt werden, obwohl sie die Förderkriterien an sich erfüllen. Dann ist es wichtig, dass Sie sich positiv von den anderen Anbietern abheben.

18.6.3 Hilfe dankend annehmen

Gerade um Fehler beim Ausfüllen der Formulare zu vermeiden, sollten Sie sich helfen lassen. Wenn Ihr Verein einem Dachverband angehört, können Sie sich hier Unterstützung holen. Hier kennt man die Tücken, die sehr häufig im Detail der Formulare liegen. In vielen Fällen müssen die Anträge sowieso über den Verband eingereicht werden. Informieren Sie sich, ob der Verband vor der Weiterleitung die Anträge noch einmal prüft oder ob die Gelder vielleicht sogar direkt vom Verband verteilt werden.

Häufig sind auch die den Antrag annehmenden Stellen bereit, Ihnen beim Ausfüllen der Formulare zu helfen. Für sie bedeuten korrekt ausgefüllte Unterlagen grundsätzlich weniger Arbeit. Diese Hilfe sollten Sie in jedem Fall annehmen, denn keiner dürfte sich so gut mit der Thematik auskennen, wie diese Stellen.

Zusätzliche Hilfen finden Sie auch im Internet. Hier müssen Sie allerdings aufpassen, ob die Informationen noch aktuell sind oder sich auf eine Bezuschussung in der Vergangenheit beziehen. Die Vergaberichtlinien ändern sich leider häufig – wenn auch meist nur in kleinen Details. Aber gerade diese Details sind es, die Sie den Zuschuss kosten können.

18.7 Kontakt zu den Entscheidern

Wir haben das Problem bereits angesprochen: Häufig müssen auch bezuschussungsfähige Anträge abgelehnt werden, weil der Fördertopf leer ist. In diesem Moment ist es hilfreich, wenn Ihr Verein den Entscheidern bekannt ist. Scheuen Sie sich deshalb nicht, Politiker oder andere Personen, die in den Entscheidungsprozess eingebunden sind, persönlich anzusprechen. Gerade dieses durchaus legale »Vitamin B« kann Ihnen hier sehr hilfreich sein und Ihren Zuschuss retten.

18.8 Achtung, fertig, los

Ist ein Zuschuss zugesagt, kann es noch geraume Zeit dauern, bis das Geld auf dem Vereinskonto eingeht. Aus der Praxis sind Fälle bekannt, in denen die Fördermittel so spät eingegangen sind, dass der Verein sich nur mit Mühe am Leben halten konnte. Deshalb: Sie haben so lange auf die Bewilligung gewartet, jetzt sollten Sie auch die Geduld aufbringen und abwarten, bis das Geld wirklich eingetroffen ist.

Gerade bei langfristigen Projekten sollten Sie den Zuschussgeber beziehungsweise die Personen, die den Zuschuss bewilligten, nicht vergessen. Schließlich wollen Sie ja auch in Zukunft weiter Fördermittel für Ihren Verein gewinnen. Darum halten Sie die Entscheider und die Vergabestelle auf dem Laufenden. Ein kurzer Bericht im Abstand von zwei bis drei Monaten ist für zukünftige Anträge von großem Vorteil.

Ganz besonders vorteilhaft sind natürlich Presseberichte über die Maßnahme. Auch die Zuschussgeber sind an Öffentlichkeit interessiert und freuen sich über jeden Beitrag. Wenn Sie dann im Gespräch mit der Presse die Zuschussgeber erwähnen – und diese im Bericht genannt werden – ist die Kopie an die zuständigen Entscheider und die Vergabestelle sogar Pflicht.

18.9 Nach der Förderung ist vor der Förderung

Ist die Maßnahme beendet, können Sie sich nicht zurücklehnen und den Erfolg genießen. Gerade jetzt geht es darum, den Nährboden für zukünftige Unterstützung zu schaffen. Ist die Maßnahme beendet, warten deshalb noch wichtige Aufgaben auf Sie. Denn jetzt gilt: Nach der Maßnahme ist vor dem neuen Zuschuss.

Ist eine Maßnahme beendet, müssen Sie einen Verwendungsnachweis erstellen. Dies ist in fast allen Fällen eine Bedingung, von der die Zuschussvergabe abhängig gemacht wurde. Manchmal gibt es hierfür spezielle Formblätter, die Sie benutzen müssen. Der Verwendungsnachweis sollte so rasch wie möglich nach Beendigung der Maßnahme erstellt werden. Muss der Nachweis von der Vergabestelle angemahnt werden, können Sie davon ausgehen, dass Sie bei einer neuerlichen Antragstellung »schlechte Karten« haben.

Außerdem sollten Sie es nicht bei den geforderten »Mindestangaben« belassen. Ähnlich wie beim Antrag sollten Sie jetzt eine Mappe anfertigen, in der Sie die abgelaufene Maßnahme illustrieren. In diese Mappe gehören:

- Presseveröffentlichungen zum Projekt,
- Teilnehmerberichte (bei Projekten mit Kleinkindern auch Bilder, die diese zum Projekt gemalt haben),
- ein Resümee, in dem der Nutzen der gesamten Aktion noch einmal verdeutlicht wird.

Diese Mappe senden Sie zusammen mit den vorgeschriebenen Unterlagen an die Vergabestelle. Sie sollten sie auch — soweit bekannt — direkt an die Entscheider senden. Natürlich gehört sowohl zu den Unterlagen für die Vergabestelle als auch zur Mappe für die Entscheider ein nettes Anschreiben, in dem Sie sich für die Bezuschussung bedanken und noch einmal darauf hinweisen, welchen großen Nutzen die Aktion gebracht hat.

Wird Ihre Maßnahme mit einer öffentlichen Veranstaltung beendet, sollten Sie die Zuschussgewährenden selbstverständlich einladen. Sprechen Sie mit ihnen vorher ab, ob sie in einer Ansprache genannt werden wollen oder nicht — bedenken Sie immer, dass »Streicheleinheiten« noch nie geschadet haben.

Wenn Ihnen die Entscheider bekannt sind, sollten Sie sie auch in Ihren Verteiler für die Vereinszeitung aufnehmen. Verfügen Sie über keine Zeitung sollten Sie die Entscheider etwa alle zwei bis drei Monate über die Arbeit des Vereins informieren, um in ihrem Gedächtnis zu bleiben. Das wird Ihnen bei zukünftigen Anträgen von Nutzen sein.

19 Finanzielle Unterstützung von Stiftungen

Es gibt jede Menge Stiftungen, die bereit sind, aktive Vereine zu unterstützen – und ihre Zahl steigt von Jahr zu Jahr. In Deutschland gibt es um die 90.000 Stiftungen. Dabei lassen sich Stiftungen bürgerlichen Rechts, Stiftungen, die religiösen Trägern angegliedert sind, sogenannte Stiftungsvereine oder -GmbHs und eine ganze Reihe anders organisierter Stiftungen unterscheiden. Das Schöne ist: Nahezu alle Stiftungen sind in irgendeiner Form bereit, Vereine finanziell zu unterstützen.

19.1 Was sind Stiftungen?

Vereinfacht dargestellt, handelt es sich bei Stiftungen um Einrichtungen, die über ein Grundkapital verfügen, das nicht oder nur in fest umrissenen Regeln angetastet werden darf. Die Erträge aus diesem Kapital stehen als Stiftungskapital, also als Fördermittel zur Verfügung. Diese Erträge werden entsprechend der Stiftungssatzung verteilt. Fast immer muss die Förderung beantragt werden. Die geförderten Projekte müssen allerdings nicht zwingend gemeinnützig sein. Werden keine gemeinnützigen Projekte unterstützt, verliert die Stiftung allerdings nahezu die gesamten Steuerprivilegien, weshalb die meisten Stiftungen gemeinnützig sind und nur Projekte fördern, die ebenfalls als gemeinnützig anerkannt sind.

19.2 Wen fördern Stiftungen?

Es gibt einige Stiftungen, die für Ihre Arbeit weniger interessant sind. Hierzu gehören beispielsweise mildtätige Stiftungen, die Bedürftige direkt unterstützen, und andere Stiftungen, die keine Förderungen vornehmen, sondern eigene Programme auflegen.

Der überwiegende Teil der Stiftungen betätigt sich jedoch ausschließlich als Förderer anderer Organisationen. Voraussetzung für die Förderung ist zunächst die Antragstellung. Auf Antrag prüft die Stiftung, ob die Maßnahmen beziehungsweise Zielsetzungen des Antragstellers mit den Stiftungszielen harmonieren.

Doch selbst, wenn Ihr Antrag den Förderrichtlinien einer Stiftung entspricht, heißt das noch nicht, dass ihr Projekt gefördert wird. Da die Mittel begrenzt sind, entscheidet ein Gremium der Stiftung darüber, wer gefördert wird und wie hoch die Förderung ausfällt. Im Gegensatz zu Einzelleistungen an Personen (z.B. Stipendien) ist die Förderung von Projekten gesetzlich nicht reglementiert. Die Stiftung hat also einen sehr großen Entscheidungsspielraum.

Nicht immer erkennen Sie auf den ersten Blick, dass die Stiftungsziele auch für Ihr Projekt zutreffen. Wenn Sie beispielsweise ein Sportfest planen, bei dem Mannschaften der Partnerstädte teilnehmen, dürften zu Förderung auch Stiftungen infrage kommen, die sich für Völkerverständigung oder für die Förderung eines geeinten Europas einsetzen.

19.3 Stiftungsgelder beantragen

Wie Stiftungsgelder beantragt werden müssen, legt jede Stiftung selbst fest. So kann in einem Fall ein unbürokratischer, formloser Antrag möglich sein, während andere Stiftungen sehr genaue Regularien vorschreiben. Deshalb finden Sie hier lediglich einige allgemeine Leitlinien zum Thema »Stiftungsgelder beantragen«.

Zunächst ist Ihre Projektbeschreibung die Basis für die Beantragung. Erstellen Sie aufgrund Ihrer »Unterlagen für die Förderer« ein Datenblatt, das alle wichtigen Daten und Informationen zum Projekt enthält. Dabei sollten mindestens die folgenden Daten erfasst werden:

- grundlegende Projektdaten (Projektverantwortlicher Verein, Projektzeitraum),
- Beschreibung des Projektziels (in Kurzfassung),
- Kostenschätzung,
- Finanzierung (Wichtig: Ein Eigenanteil wird von fast allen Stiftungen verlangt, andere Förderer müssen angegeben werden).

19.4 Wo findet man die richtige Stiftung?

Bei der Suche nach Stiftungen, die Ihr Projekt unterstützen würden, hilft wieder das Internet. So unterhält der Bundesverband Deutscher Stiftungen eine Datenbank mit den Daten von fast 10.000 Stiftungen. Mithilfe der Suchmaschine auf der Seite www.stiftungen.org werden Sie hier sicher schnell fündig. Darüber hinaus gibt der Bundesverband Deutscher Stiftungen auch ein vierbändiges »Verzeichnis Deutscher Stiftungen« heraus, dessen Preis allerdings im dreistelligen Bereich liegt. Außerdem finden Sie die Stiftungen der Bundesländer auch unter http://www.stiftungenverzeichnis.de.

Bei der Suche nach den für Sie interessanten Stiftungen sollten Sie das folgende Schema abarbeiten, um festzustellen, ob ein Antrag sinnvoll ist oder nicht.

	Frage	Ja	Nein
001	Decken sich Stiftungszweck mit Ihrer Projektbeschreibung?	Weiter mit 003	Weiter mit 002
002	Lässt sich die Projektbeschreibung anpassen?	Weiter mit 003	Weiter mit 006
003	Können Sie den geforderten Eigenanteil aufbringen?	Weiter mit 004	Weiter mit 006
004	Können Sie die Antragsfrist einhalten? Beginn des Projekts muss meist nach der Genehmigung liegen.	Weiter mit 005	Weiter mit 006
005	Antragstellung sinnvoll		
006	Antragstellung wahrscheinlich nicht erfolgreich		

Tab. 10: Vorgehen bei der Suche nach Stiftungen

19.5 Bevor Sie einen Antrag stellen

Es dürfte Ihnen klar sein, dass die Stiftungen nicht auf Ihren Antrag warten. Je nach Bekanntheitsgrat der Stiftung gehen dort täglich 100 und mehr Hilfsgesuche ein. Die angeforderten Fördermittel übersteigen meist die Budgets der Stiftungen bei Weitem. Hinzu kommt, dass bei der Menge der Anträge in vielen Fällen eine intensive Prüfung nur schwer bis gar nicht möglich ist. So kann es passieren, dass ein durchaus förderungswürdiges Projekt nicht die Zustimmung der Entscheider erhält.

Darum sollten Sie noch vor der Antragstellung möglichst viele Informationen über die Stiftung und bereits von ihr geförderte Projekte einholen.

Vorabinformationen sind auch hilfreich, wenn die eigentliche Antragstellung per Formular erfolgt. Je mehr Sie über die Stiftung wissen, umso klarer wird Ihnen, warum bestimmte Fragen gestellt werden. Schon ein Kreuzchen an der falschen Stelle auf dem Antragsformular kann dazu führen, dass Ihr Antrag durch das Genehmigungsraster fällt.

Lesen Sie bitte die gesamten Unterlagen, die Sie finden, gewissenhaft durch. Nicht selten finden Sie auch an versteckten Stellen und im »Kleingedruckten« wichtige Hinweise. So kann Ihr Antrag schon deshalb abgelehnt werden, weil der von Ihnen gewünschte Förderungsbetrag über der Grenze liegt, die die Stiftung festgelegt hat. Sie können hier aber auch Hinweise auf Ausnahmeregelungen finden, nach denen unter Umständen auch höhere Förderungsgelder bewilligt werden können.

Natürlich gilt auch für Anträge bei Stiftungen, dass nichts hilfreicher ist, als persönliche Kontakte. Allerdings ist ein Anruf ins Blaue wenig sinnvoll – die bereits mit der Prüfung der Anträge überlasteten Mitarbeiterinnen und Mitarbeiter reagieren eher negativ, wenn Sie sie mit Telefonaten belästigen.

Nicht selten sitzen in den Entscheidungsgremien aber Personen, die Sie kennen oder die Ihren Verein schätzen. Das kann beispielsweise ein Kommunalpolitiker sein, ein Bundes- oder Landtagsabgeordneter aus Ihrem Bezirk, ein kirchlicher Würdenträger oder Pfarrer oder eine andere Persönlichkeit aus Ihrem Umfeld. Wenn Sie eine Person in den Unterlagen der Stiftung entdecken, zu der Sie Kontakt haben oder aufnehmen können, sollten Sie diese Chance nutzen. Rufen Sie sie an und schicken Sie ihr die ausführlichen Unterlagen, die Sie erstellt haben. Das kann die Chancen für eine Förderung um einiges erhöhen.

19.6 Wenn Sie den Antrag stellen

Nachdem Sie sich über die Stiftung und das Antragsprozedere informiert haben und alle Vorbereitungen abgeschlossen haben, geht es an die Antragstellung. Dabei gibt es zwei verschiedene Arten der Antragstellung: die formlose und die an Formulare der Stiftung gebundene Bitte um Förderung.

19.6.1 Formularantragstellung

Die Stiftungen gehen immer häufiger dazu über, Formulare für die Antragstellung vorzuschreiben, die der Antragsteller auf ihren Internetseiten herunterladen kann oder auch direkt dort ausfüllen und zur Genehmigung hochladen muss. Werden die Daten online bei der Stiftung eingereicht, vergessen Sie nicht die entsprechende Datei zu speichern beziehungsweise für Ihre Unterlagen auszudrucken.

Das Formularsystem erleichtert der Stiftung die Entscheidung, wer gefördert werden soll, da die Anträge untereinander vergleichbar werden. Für Sie bedeutet das aber, dass Sie gerade die Bereiche des Vordrucks, in denen Sie frei formulieren können, nutzen müssen, um sich von anderen Vereinen abzugrenzen. Außerdem sollten Sie folgende Punkte beachten:

- Füllen Sie die Anträge gewissenhaft und vollständig aus. Die meisten Stiftungen geben Ihnen keine Möglichkeit, Ihren Antrag nachzubessern. Lassen Sie den Antrag auch von anderen Personen auf Vollständigkeit prüfen, bevor Sie ihn abschicken.
- Wird Ihnen die Möglichkeit eingeräumt, Anlagen mitzusenden, sollten Sie sie nutzen. Eine kleine Broschüre, mit der sich der Verein vorstellt, kann von einem Vereinsmitglied in einem Grafikprogramm erstellt werden. Erfolgt die Antragstellung online, schicken Sie die Broschüre als PDF mit.

19.6.2 Freie Antragstellung mit Vorgaben

Es gibt auch Stiftungen, die auf Formulare verzichten, aber einige Mindestanforderungen an den Antrag stellen. Dann müssen Sie den Antrag frei formulieren und gestalten (mehr dazu in Kapitel 19.6.3).

Wichtig ist hier, dass Sie die Mindestanforderungen wirklich alle erfüllen. Die Mitarbeiter der Stiftung werden zuerst prüfen, ob die geforderten Informationen vollständig gegeben werden. Wenn nicht, wird die Stiftung Ihren Antrag nicht weiterbearbeiten und Sie auch nicht über die fehlenden Informationen benachrichtigen. Die Stiftung wird Ihren Antrag einfach ablehnen.

19.6.3 Der frei formulierte Antrag

Je weniger Vorgaben eine Stiftung macht, umso schwieriger wird es für Sie als Antragsteller. Hier brauchen Sie viel Fingerspitzengefühl, um mit Ihrer Bitte um Förderung erfolgreich zu sein. Sie müssen einen Antrag erstellen, der auf der einen Seite nicht zu umfangreich ist und auf der anderen Seite doch möglichst viel über das Projekt aussagt. Der Antrag muss ansprechend sein, darf aber nicht zu werblich gestaltet werden. Er sollte aus vier Teilen bestehen:

- Ein kurzes Anschreiben, in dem Sie Ihren Verein vorstellen und um Unterstützung für ein Projekt bitten, das hier mit wenigen Worten skizziert wird. Ansonsten verweisen Sie auf die folgende Projektbeschreibung.
- Projektbeschreibung. Diese sollte aus einem sachlichen Teil und einem emotionalen Teil bestehen. Während Sie im sachlichen Teil die Fakten zusammenstellen, liefern Sie im emotionalen Teil z.B. Fotos von vergleichbaren Projekten, Zeichnungen, Briefe von Teilnehmern (Adressen und Namen schwärzen!) usw.
- Im eigentliche Antrag auf Förderung stellen Sie den Einnahmen die Ausgaben gegenüber.
- Ergänzende Anlagen runden Ihren Antrag ab.

Unterschätzen Sie den optischen Eindruck Ihrer Unterlagen nicht. Eine ansprechende Mappe erhöht Ihre Chancen. Am besten nehmen Sie eine Mappe, in der ein Deckblatt in die Deckhülle eingeschoben werden kann. Schieben Sie das Inhaltsverzeichnis ebenfalls in die Deckhülle hinter das Deckblatt. Trennen Sie die Unterlagen durch Registerblätter. Das Anschreiben legen Sie lose bei.

Das Anschreiben
Das Anschreiben wird von den gesetzlichen Vertretern Ihres Vereins erstellt beziehungsweise unterschrieben und enthält zunächst alle Kontaktdaten. Der Betreff des Anschreibens sollte kurz und eindeutig sein. Im Text skizzieren Sie die Gründe, warum Sie sich mit Ihrem Projekt an die Stiftung wenden. Formulieren Sie dann kurz die Bitte um Förderung. Die detaillierte Antragstellung erfolgt durch den Förderantrag in den beigefügten Unterlagen. Ihr Anschreiben sollte kurz und prägnant sein. Auf keinen Fall darf es länger als eine DIN-A4-Seite sein.

Die Antragsmappe
Nun legen Sie die Mappe an, die dem Anschreiben beigefügt wird. Hier sollte zuerst die Projektbeschreibung zu finden sein. Sie sollte die folgenden Informationen beinhalten:

- Worum geht es? Welches Problem liegt dem Projekt zugrunde?
- Was soll geschehen? Wie soll das zuvor beschriebene Problem beziehungsweise Teilaspekte davon gelöst werden?
- Wer soll das Projekt durchführen? Hier sollten Sie auch die Partner nennen, die neben dem eigenen Verein an dem Projekt beteiligt sind.
- Kurzer Kostenhinweis. Nehmen Sie hier nur Endsummen auf und verweisen Sie auf den beigefügten Antrag, in dem Sie die Kosten detaillierter aufführen.
- Kurze Begründung, warum die Stiftung dieses Projekt fördern sollte.
- Zeitraum des Projekts.

Falls Sie Unterlagen von ähnlichen Projekten besitzen, die bereits erfolgreich realisiert wurden, sollten diese Informationen in einem Anhang am Ende der Mappe zu finden sein. Hierauf sollten Sie dann in der Projektbeschreibung hinweisen.

Im eigentlichen Antrag stellen Sie zunächst Soll und Haben gegenüber. Dies sind Begriffe, die Sie wahrscheinlich schon aus der Buchhaltung kennen. Unter Soll beschreiben Sie die zu erwartenden Kosten des Projekts. Hier muss eine ganze Reihe von Positionen zunächst geschätzt werden. Bleiben Sie dabei realistisch. Zu hoch angesetzte Kosten machen die Stiftungsmitarbeiter misstrauisch.

Unter Haben werden dann die vorhandenen beziehungsweise die zu erwartenden Mittel (beispielsweise weitere Fördergelder, Einnahmen aus Eintrittsgeldern usw.) aufgeführt. Auch hier ist bei Schätzungen Realismus gefragt. Beim Eigenanteil des Vereins sollten Sie zwischen der direkten Kostenübernahme und der Eigenleistung unterscheiden.

Soll	Haben
• Kosten für eigenes oder fremdes Personal (Honorare und Gagen, Reisespesen, Übernachtungskosten) • Verwaltungskosten (Porto, Telefon, anteilige Personal- und Büronutzung usw.) • Mieten (Gelände, Räume, Geräte usw.) • Kosten für Werbung (Erstellung, Druck, Internet, Verteilung usw.) • Kosten für Öffentlichkeitsarbeit (Presseunterlagen, Pressebetreuung usw.)	• Anteil des Vereins – Finanzmittel • Anteil des Vereins – Eigenleistung • Anteil anderer Beteiligter (z.B. Stiftungen, Sponsoren, Vereine) • Zuschüsse der öffentlichen Hand • Spenden • Sponsorengelder • Startgelder • Eintrittsgelder • Einnahmen aus dem Verkauf der Restauration • Einnahmen aus dem Verkauf von Merchandising

Tab. 11: Soll und Haben

Schreibt die Stiftung eine bestimmte Höhe an Eigenanteil vor, muss dieser auf der Habenseite erscheinen. Wird er nicht abgedeckt, müssen Sie damit rechnen, dass der Antrag abgelehnt wird. Achten Sie auch darauf, ob die Eigenleistungen ebenfalls begrenzt sind. Viele Stiftungen verlangen auch einen bestimmten finanziellen Einsatz des Antragstellers.

Als zusätzliche Informationen sollten Sie zunächst eine Selbstdarstellung Ihres Vereins beifügen. Außerdem sollten Sie Hintergrundinformationen zum Projekt beilegen. Auch hier gilt der Grundsatz »In der Kürze liegt die Würze«. Zu viele Informationen können dazu führen, dass diese gar nicht erst gelesen werden. Als Zusatzinformationen eignen sich beispielsweise:

• eine Broschüre oder (besser) ein Faltblatt mit allgemeinen Vereinsinformationen,

• Informationen über Projekte ähnlicher Art, die bereits durchgeführt wurden (z.B. Presseveröffentlichungen, Programmhefte usw.),

- Berichte oder andere Unterlagen die belegen, dass der Verein in seiner Zielsetzung mit den Stiftungszielen harmoniert (z.B. Sportverein hat eine Auszeichnung der EU für besondere Bemühungen zur internationalen Zusammenarbeit erhalten).

Digitale Informationen
Wir leben im digitalen Zeitalter. Darum sollten Sie Ihrer Mappe auch eine CD beilegen, auf der Sie die Informationen in digitaler Form abgespeichert haben. Die Daten sollten auf der CD möglichst im PDF-Format vorliegen. Dieses Programm hat den Vorteil, dass es hierfür kostenlose Leseprogramme (Reader) im Internet gibt, mit denen aber die Daten nicht verändert werden können. Wollen Sie das Material für eine Textverarbeitung mitsenden, verwenden Sie das Format RTF. Es wird von nahezu allen Textverarbeitungsprogrammen verarbeitet. Fotos und andere Illustrationen sollten – wenn nicht als PDF beigefügt – im JPG-Format gespeichert werden.

20 Finanzierung über Crowdfunding

Relativ neu ist das Finanzierungsmodell des sogenannten Crowdfundings. Hierbei werden die Möglichkeiten des Internets genutzt, um möglichst viele Förderer – auch mit Klein- und Kleinstbeiträgen – an einem Projekt zu beteiligen.

20.1 Wie funktioniert Crowdfunding?

Im Grunde ist Crowdfunding ziemlich simpel: Letztlich laden Sie möglichst viele Menschen ein, sich an einem Projekt finanziell zu beteiligen. Doch wie erreichen Sie möglichst viele Menschen, um sie zu einem finanziellen Engagement zu überreden? Hier bietet sich natürlich das Internet an. Auf speziellen Plattformen können Sie Ihr Projekt einer breiten Öffentlichkeit präsentieren. Interessenten können sich dann als Förderer am Projekt beteiligen, wobei es jedem freigestellt ist, welchen Betrag er zur Verfügung stellt. Dadurch, dass Sie sehr viele Interessenten erreichen, kann hier auch gerade das »Kleinvieh« zum Erfolg führen.

20.2 So werden Sie »Crowdfunder«

Zunächst müssen Sie sich eine Plattform suchen, auf der Sie Ihr Projekt anmelden. In Deutschland sind die Plattformen Startnext, Indiegogo und VisionBakery sehr gebräuchlich. Es gibt aber eine stetig steigende Zahl von Plattformen, die sich für die verschiedensten Projekte anbieten. Eine Übersicht vieler Crowdfunding-Plattformen finden Sie unter http://www.crowdfunding.de/plattformen.

Auf einer dieser Plattformen stellen Sie Ihr Projekt vor. Außerdem geben Sie an, welche Summe über die Crowdfunding-Seite gesammelt und in welchem Zeitraum dieses Ziel erreicht werden soll. Zielsumme und Zeitraum müssen dabei genau durchdacht werden: Wird die Zielsumme nicht erreicht, erhalten die Unterstützer ihr Geld zurück. Deshalb sollte die Zielsumme nicht zu hoch angesetzt werden. Auch ein zu langer Zeitraum kann kontraproduktiv sein, da die Förderer die Überweisung vielleicht verschieben, verschieben, verschieben – und schließlich vergessen.

Andererseits darf der zu sammelnde Betrag auch nicht zu niedrig angesetzt werden. Denn die Betreiber der Seite verlangen eine Art »Gewinnbeteiligung«: Von jedem eingehenden Betrag verlangen Sie einen bestimmten Prozentsatz als Gebühr. Bis zum Erreichen des vorgesehenen Betrags ist dieser Prozentsatz häufig recht klein. Wird aber der Zielbetrag erreicht, steigt der Prozentsatz, den der Betreiber der Plattform kassiert.

Viele Plattformen unterscheiden zwischen der Fundingschwelle und dem Fundinglimit. Mit der Fundingschwelle ist der Betrag gemeint, den Sie erzielen wollen. Ist dieser Betrag erreicht, erhalten Sie Geld. Mit Fundinglimit kann eine Obergrenze definiert werden, bis zu der maximal – über die Fundingschwelle hinaus – Geld eingesammelt wird.

Beim Festlegen des Betrags sollten Sie folgende Rechnung anstellen:

	Gesamtsumme der Kosten
–	Eigenanteil des Vereins
–	Zuschüsse und andere Einnahmen
=	Benötigter Betrag
+	Kosten für den Betreiber der Crowdfunding-Plattform
+	Kosten für »Dankeschöns«
=	Crowdfunding-Betrag

Tab. 12: Berechnung eines Crowdfunding-Betrags

20.3 Ganz wichtig: Das »Dankeschön«

Im Crowdfunding ist es üblich, sich bei allen Unterstützern zu bedanken. Die »Dankeschöns« werden bei der Projektvorstellung auf der Internetseite genannt. Meist werden sie davon abhängig gemacht, wie viel der Einzelne an Fördersumme bereitstellt. Die »Dankeschöns« reichen von der einfachen

Namensnennung innerhalb von Projektveröffentlichungen bis hin zu recht wertigen Auszeichnungen oder Geschenken.

Das auf der Plattformseite veröffentlichte »Dankeschön« darf nicht mehr geändert werden, wenn das Crowdfunding gestartet wurde. Achten Sie darauf, dass die »Dankeschöns« nicht teurer werden als der Betrag, der zur Verfügung gestellt wurde. Zu wertige Prämien können auch die Skepsis der Interessenten wecken, ob wirklich das Projekt im Mittelpunkt steht.

20.4 Welche Art von Crowdfunding passt zu Ihrem Projekt?

Das Crowdfunding lässt sich in vier verschiedene Gruppen aufteilen:
- das klassische Crowdfunding, wie es bereits beschrieben wurde,
- das Crowdinvesting, bei dem der »Investor« durch seine Einzahlung auch Anteile am Projekt (hier meist Firmengründungen) erwirbt,
- das Spenden-Crowdfunding, bei dem es keine »Dankeschöns« gibt,
- das Crowdending, bei dem das eingezahlte Kapital zurückbezahlt wird; in vielen Fällen werden die Gelder auch verzinst.

Für von Vereinen gestartete Projekte kommen fast ausschließlich das klassische Crowdfunding und das Spenden-Crowdfunding infrage.

Wichtig ist auch die Auswahl der richtigen Plattform. Sie ist vom Projekt abhängig. So sind lokale Projekte am besten auf regionalen Plattformen aufgehoben. Am besten schauen Sie sich verschiedene Seiten an: Passen die dort vorgestellten Projekte zu Ihren Plänen? Wenn ja, ist damit zu rechnen, dass Sie auch hier die meisten Interessenten finden werden.

20.5 Sich gut »verkaufen«

Crowdfunding ist für die Geldgeber in mancher Hinsicht dem Spenden sehr ähnlich: Förderer beteiligen sich nur, wenn sie dem Bittsteller vertrauen. Da Ihr Verein aber den meisten Besuchern der Crowdfunding-Plattform unbekannt ist, müssen Sie ihn vorstellen. Überlegen Sie, welche Fragen ein potenzieller Unterstützer an Sie haben wird und beantworten Sie sie in klarer und offener Weise. Die wichtigsten Fragen dürften dabei sein:

- Um was für einen Verein geht es? Wer steht hinter dem Verein, welche Ziele verfolgt er? Wie lange gibt es den Verein schon und wo war er bereits aktiv? Gibt es Projekte des Vereins, über die man im Internet vielleicht noch mehr erfahren kann?
- Warum gerade dieses Projekt? Wie kam der Verein auf die Idee? Welche Motivation steckt dahinter?
- Ist der Verein überhaupt dem Projekt gewachsen? Hat er bereits Vergleichbares geleistet? Kann man ihm die finanziellen Mittel anvertrauen? Hat er auch die fachliche Kompetenz, um ein solches Projekt zu verwirklichen?

Zur Form, wie Sie diese Fragen beantworten sollten, gibt es eigentlich nur eine Faustregel: »offen, ehrlich, unverkrampft«. Schreiben Sie so, wie Sie sind. Nicht überzogen sachlich. Gerade im Crowdfunding kommt es entscheidend darauf an, einen »menschlichen Kontakt« aufzubauen.

! **Wichtig**

In Ihrer Vereinsvorstellung auf der Crowdfunding-Plattform sollte der Link zu Ihrer Vereinsinternetseite nicht fehlen. Da das Crowdfunding eine digitale Angelegenheit ist, haben Vereine ohne eigene Homepage hier nur sehr geringe Erfolgschancen.

20.6 Das Paket schnüren

Crowdfunding ist keine einfache Sache. Außerdem wächst die Konkurrenz. Immer mehr Initiativen, Vereine, Gruppen und Einzelpersonen drängen auf die Plattformen, um sich dort zu präsentieren und Geld zu sammeln. Um in diesem Wettbewerb bestehen zu können, müssen Sie ein Paket von Maßnahmen schnüren.

Ganz wichtig sind die visuellen Mittel, mit denen Sie sich präsentieren. Sie reichen von der einfachen Grafik über Zeichnungen und Fotos bis hin zum professionellen Video. Auch hier gilt, dass die visuellen Bestandteile zu Ihrem Verein passen müssen. Es muss nicht alles vor Professionalität strotzen – allerdings ist ein total verwackeltes Handy-Video auch nicht der Brüller, wenn es um die Präsentation eines Projekts geht. Bei Fotos sollten Sie überlegen, ob Sie nicht eine Art »Dia-Show« erstellen können.

Um möglichst viele potenzielle Unterstützer zu erreichen, ist es nicht genug, auf der Plattform vertreten zu sein. Sie müssen auch die potenziellen Förderer aktiv dorthin führen. Da sich das Crowdfunding im Internet abspielt, ist es klar, dass Sie hier auch alle Register ziehen sollten, um Förderer für Ihr Crowdfunding-Projekt zu gewinnen. Ein Link auf die Crowdfunding-Seite sollte schon auf der Startseite der Homepage zu finden sein. Auch innerhalb der sozialen Netzwerke sollten Sie aktiv sein. Und es darf keine Vereinsmail rausgehen, ohne dass dort auf das Crowdfunding-Projekt hingewiesen wird.

Aber neben dem Internet müssen auch andere Kanäle bedient werden. So spielt eine gute Pressearbeit hier eine wichtige Rolle. Planen Sie im Vorfeld, wie Sie Ihr Crowdfunding-Projekt der Presse vorstellen wollen. Dazu gehört eine Startkampagne mit Pressekonferenz und Pressemappe, Statusberichte über den Verlauf des Crowdfundings (»Schon ein Drittel des gewünschten Betrags erreicht«, »Halbzeit – die Hälfte geschafft«, »Kurz vor dem Ziel«) und ein Abschlussbericht.

Schließlich muss auch auf den Handzetteln und in anderen Drucksachen des Vereins über das Crowdfunding informiert werden. Auf Hinweise auf den Plakaten sollten Sie jedoch verzichten. Sie nehmen nur Platz weg, machen das Plakat unruhig und bringen so gut wie nichts, weil Crowdfunding erklärungsbedürftig ist und die Informationen in der Kürze der Zeit, in der ein Plakat wahrgenommen wird, nicht rübergebracht werden können.

Bevor Sie die Aktion starten diskutieren Sie das Projekt nicht nur innerhalb des Vereins. Reden Sie auch mit vertrauenswürdigen externen Personen darüber. Allerdings sollte die Idee nicht so weit nach außen getragen werden, dass es peinlich wäre, wenn das Projekt dann doch noch abgesagt werden muss.

20.7 Lernen Sie von anderen

Es ist eine alte Weisheit, dass man das Rad nicht immer wieder neu erfinden muss. Das gilt auch für das Crowdfunding. Darum ist es wichtig, sich anzuschauen, wie andere erfolgreiche Crowdfunding-Projekte präsentiert wurden. Gerade auf der Plattform, auf der Sie Ihr Projekt vorstellen wollen, sollten Sie sich genau umsehen.

Sollte Ihnen eine Projektpräsentation besonders zusagen, nehmen Sie mit dem Verein Kontakt auf und bitten Sie um Tipps. In fast allen Fällen geben andere Vereine diese Tipps gerne. So erfahren Sie oft auch, was Sie unbedingt vermeiden sollten – denn auch die Erfolgreichen haben aus ihren Fehlern gelernt.

20.8 Entscheidend ist der Start

Wenn Sie eine Crowdfunding-Kampagne starten wollen, denken Sie immer daran: Es kommt auf einen perfekten Start an. Je mehr sich gleich zu Beginn der Aktion beteiligen, umso interessanter wird das Projekt für andere. Darum sollten Sie den Start schon hinter den Kulissen vorbereiten und beispielsweise Freunde und Bekannte vor dem Beginn des Crowdfundings informieren und darum bitten, sich möglichst früh an der Aktion zu beteiligen. Wer vom Start weg einen Anteil von 20 bis 25% der Gesamtsumme verzeichnen kann, kann auch damit rechnen, dass das Gesamtprojekt erfolgreich sein wird.

Nun könnten Sie ja auch auf die Idee kommen, die Startpressekonferenz vor den Beginn des Crowdfundings zu legen. Aber davon ist abzuraten. Denn wenn der Bericht vor Kampagnenstart erscheint, werden die Interessenten die Seite anwählen, das Projekt nicht finden und es – vergessen. Darum sollte die Pressekonferenz zwar sehr nahe am Starttermin stattfinden – aber nicht davor.

21 Bußgelder für den Verein

Gerichte können Geldstrafen verhängen, die von den Verurteilten dann an eine vom Richter festgelegte gemeinnützige Organisation gezahlt werden müssen.

Grundsätzlich können Sie diese Art der Mittelbschaffung nicht auf ein Projekt beschränken. Das Geld fließt in die allgemeine Kasse des Vereins. Aber das würde dem Verein wiederum helfen, seinen Eigenanteil zu finanzieren.

Die gesetzliche Grundlage für die Verhängung von Bußgeldern zugunsten gemeinnütziger Organisationen ergibt sich aus §56b Abs. 2 Nr. 2 Strafgesetzbuch. Der Richter entscheidet nach eigenem Ermessen, an welche Organisationen das Geld fließen soll. Aber die meisten Richter kennen nur wenige Vereine, die infrage kommen könnten. Darum orientieren sie sich meist an Verzeichnissen die bei den Gerichten als sogenannte »Spendenlisten« oder »Bußgeldlisten« geführt werden.

Bei den zu zahlenden Geldern handelt es sich um keine Spenden. Der Zahlende leistet die Zahlung ja nicht freiwillig. Darum kann der Zahlende auch keine Spendenbescheinigung (Zuwendungsbescheinigung) verlangen.

Um in den Listen der Gerichte geführt zu werden, muss Ihr Verein die Aufnahme in das Verzeichnis beantragen. Je nach Bundesland ist die Beantragung unterschiedlich geregelt. Sie kann formlos oder über Vordrucke erfolgen, die von den Stellen ausgegeben werden, die die Listen führen. Hier eine Übersicht der Antragstellen bei den einzelnen Bundesländern. Diese Liste wurde sehr genau recherchiert. Es kann aber durchaus sein, dass sich die Daten bei einzelnen Bundesländern verändern.

21.1 Übersicht über die Antragstellen

Baden-Württemberg
Antrag an das Oberlandesgericht Karlsruhe, Hoffstraße 10, 76133 Karlsruhe, Tel.: 0721 926-0, Fax: 0721 926-5003. Antragsformular unter http://www.

olgkarlsruhe.de/pb/site/jum/get/documents/jum1/JuM/import/zentrale-objekte-multilink/pdf/an/Antragsformular.pdf. Beizufügen sind Kopien der Satzung und der Gemeinnützigkeitsbescheinigung.

Bayern
Lesen Sie hierzu bitte das Merkblatt unter http://www.justiz.bayern.de/imperia/md/content/stmj_internet/gerichte/landgerichte/muencheni/geldauflagen_im_strafverfahren_neu.pdf.

Anträge aus der Region Bamberg mithilfe des Merkblatts (siehe oben) an das Oberlandesgericht Bamberg, Wilhelmsplatz 1, 96047 Bamberg, Tel.: 0951 833-0, Fax: 0951 833-1230.

Anträge aus der Region München formlos an das Oberlandesgericht München, Nymphenburger Str. 16, 80097 München, Tel.: 089 5597 02, Fax: 089 5597 3575.

Anträge aus der Region Nürnberg (Formular über poststelle.verwaltung@olg-n.bayern.de) an das Oberlandesgericht Nürnberg, Fürther Straße 110, 90429 Nürnberg, Tel.: 0911 321-01, Fax: 0911 321-2880.

Berlin
Onlineformular unter https://www.berlin.de/gerichte/kammergericht/das-gericht/sammelfonds-fuer-geldauflagen.

Brandenburg
Antragsformular bei Frau Farin (ines.farin@olg.brandenburg.de) anfordern. Zuständig ist das Brandenburgische Oberlandesgericht, Gertrud-Piter-Platz 11, 14770 Brandenburg, Tel.: 03381 39-90, Fax: 03381 39-9350.

Bremen
Antrag (Formular unter http://www.generalstaatsanwaltschaft.bremen.de/sixcms/detail.php?gsid=bremen02.c.736.de) an die Generalstaatsanwaltschaft Bremen, Richtweg 16–22, 28195 Bremen, Tel.: 0421 361 4296, Fax: 0421 361 4081.

Hamburg

Antragsformular im Internet unter http://www.hamburg.de/contentblob/ 3819716/data/erklaerung.pdf. Weitere Informationen im Infoschreiben unter http://www.hamburg.de/contentblob/4244778/data/informationsschreiben. pdf. Zuständig: Behörde für Justiz und Gleichstellung – Justizverwaltungsamt, Sammelfonds für Bußgelder, Herr Harald Quaddel, Drehbahn 36, 20354 Hamburg, Tel.: 040 – 4 28 43 – 3270, Fax: 040 – 4 28 43 – 4290.

Hessen

Antrag und Informationen zur Antragstellung stehen unter http://www. olg-frankfurt.justiz.hessen.de/irj/OLG_Frankfurt_am_Main_Internet?cid=b 244ddb43d222a7b18a7736d4249c6e3 zur Verfügung. Zuständig: Oberlandesgericht Frankfurt/Main, Zeil 42, 60313 Frankfurt am Main, Tel.: 069 1367-01, Fax: 069 1367-2976.

Mecklenburg-Vorpommern

Antragsformular über verwaltunhg@olg-rostock.mv-justiz.de anfordern. Zuständig ist die Bußgeldverteilstelle des Oberlandesgerichts Rostock, Wallstraße 3, 18055 Rostock, Tel.: 0381 331-0, Fax: 0381 4590991.

Niedersachsen

Informationsblatt und Antragsformular steht unter http://www.oberlandesgericht-oldenburg.niedersachsen.de/portal/live.php?navigation_ id=22121&article_id=80000&_psmand=136 zum Download zur Verfügung. Zuständig ist das Oberlandesgericht Oldenburg, Richard-Wagner-Platz 1, 26135 Oldenburg, Tel.: 0441 220 0, Fax: 0441 220 11 55.

Nordrhein-Westfalen

Informationen zum Antrag und den Antrag finden Sie unter http://www. jm.nrw.de/BS/formulare/gemeinnuetzige/faq/index.php. Zuständig ist die Generalstaatsanwaltschaft Düsseldorf, Sternwartstraße 31, 40223 Düsseldorf, Tel.: 0211 9016-0, Fax: 0211 9016-200.

Rheinland-Pfalz

Antrag aus der Region Koblenz bei poststelle.olg@ko.mjv.rlp.de anfordern. Zuständig ist das Oberlandesgericht Koblenz, Stresemannstraße 1, 56068 Koblenz, Tel.: 0261 102-0, Fax: 0261 102-2900.

Antrag aus der Region Zweibrücken bei olgzw@zw.mjv.rlp.de anfordern. Zuständig ist das Pfälzische Oberlandesgericht, Schlossplatz 7, 66482 Zweibrücken, Tel.: 06332/8050, Fax: 06332/805311.

Saarland

Informationen und Antragsformular findet man unter http://www.saarland.de/71310.htm. Zuständig ist das Landgericht Saarbrücken, Verzeichnis gemeinnütziger Einrichtungen, Franz-Josef-Röder-Straße 15, 66119 Saarbrücken, Tel.: 0681 501-05, Fax: 0681 501-5256.

Sachsen

Antrag kann bei Frau Radowski (birgit.radowski@olg.justiz.sachsen.de) angefordert werden. Zuständig ist das Oberlandesgericht Dresden, Schlossplatz 1, 01067 Dresden, Tel.: 0351 44 60, Fax: 0351 4 46 15 29.

Sachsen-Anhalt

Informationsblatt unter http://www.olg.sachsen-anhalt.de/fileadmin/Biblio-thek/Politik_und_Verwaltung/MJ/MJ/olg/pdf/2014/Merkblatt.pdf. Antrag formlos (siehe »Antrag ohne Vordruck«). Zuständig ist das Oberlandesgericht Naumburg, Domplatz 10, 06618 Naumburg, Tel.: 03445 28-0, Fax: 03445 28-2000.

Schleswig-Holstein

Antrag formlos (siehe »Antrag ohne Vordruck«). Zuständig ist das Schleswig-Holsteinische Oberlandesgericht, Gottorfstr. 2, 24873 Schleswig, Tel.: 04621 86-0, Fax: 04621 86-1372.

Thüringen

Antragsformular kann unter http://www.thueringen.de/th4/olg/infothek/gemvereine/index.aspx downgeloadet werden. Zuständig ist das Oberlandesgericht Thüringen, Rathenaustr. 13, 07745 Jena, Tel.: 03641 307-0, Fax: 03641 307-200.

21.2 Antrag mit Vordruck

Wenn ein Vordruck für den Antrag auf Aufnahme in die Liste vorhanden ist, laden Sie ihn herunter und füllen Sie ihn gewissenhaft aus. Bitte genau durchlesen und korrekt und vollständig ausfüllen. Sind Vordrucke nicht ausreichend ausgefüllt, können sie bei der zuständigen Behörde vernichtet werden, ohne dass Ihr Verein darüber informiert wird.

Bitte beachten sie auch, dass viele Gerichte zusätzliche Anlagen verlangen. Fast immer müssen Sie beispielsweise eine Kopie der Satzung und des aktuellen Befreiungsbescheids von der Körperschaftssteuer vorlegen. Es können aber auch weitere Unterlagen verlangt werden. Auch hier gilt, dass nicht alle Behörden nachfragen, wenn Unterlagen fehlen. Auch an fehlenden Unterlagen kann die Eintragung in die Liste scheitern.

21.3 Antrag ohne Vordruck

Gibt es keinen Vordruck können Sie die Eintragung mithilfe des folgenden Musterbriefs beantragen:

! Musterantrag

Absender:	Verein [Vereinssitz]
Empfänger:	[siehe Verzeichnis unter »Antragstellung«]
Betreff:	Antrag zur Aufnahme unseres Vereins [Name des Vereins] in die Liste gemeinnütziger Einrichtungen

Sehr geehrte Damen und Herren [alternativ »Guten Tag Herr/Frau Nachname«],

hiermit bitten wir Sie, unseren Verein in Ihre Liste gemeinnütziger Einrichtungen (»Bußgeldliste«) mit folgenden Daten aufzunehmen:

Name des Vereins:	[Name, wie im Vereinsregister eingetragen]
Satzungsgemäße Ziele:	[Ziele aus der Satzung übernehmen]

Etwaige Satzungsänderungen werden wir umgehend mitteilen.

Anschrift des Vereins:	[Anschrift der Geschäftsstelle]
Konto-IBAN:	[IBAN-Nummer]
Konto-BIC:	[BIC-Nummer]
Bank:	[Name der Bank]

Folgende Unterlagen haben wir beigefügt:

[Unterlagen, wie von der Behörde gefordert. Falls Informationen hierüber fehlen, Kopien der Satzung, des Körperschaftsfreistellungsnachweises und des Vereinsregisterauszugs]

Über die Verwendung der uns zufließenden Gelder werden wir gerne Rechenschaft ablegen. Wir erlauben ausdrücklich die Veröffentlichung dieser Rechenschaftsberichte.

Für Ihre freundliche Unterstützung bedanken wir uns herzlich.

Mit freundlichen Grüßen

[Name des Vereins]

[Unterschriften des Vorstands im nach außen vertretungsberechtigten Umfang]

[Unterschriftenwiederholung]

21.4 Wenn Ihr Verein Bußgelder erhält

Erhält Ihr Verein eine Geldbuße, sollten sie sich umgehend an den zuständigen Richter wenden und für die Berücksichtigung bedanken. Vielleicht können Sie ja auch schon mitteilen, für welchen Zweck das Geld wahrscheinlich verwandt wird (z.B. für das nächste geplante Projekt).

Ein Richter, der Ihren Verein berücksichtigt hat, sollte außerdem die Vereinszeitung bekommen, damit der Verein in seinem Gedächtnis bleibt. Achten Sie auch darauf, dass alle Formalien bezüglich der Geldzuweisung eingehalten werden. Denn, wenn die Zuwendung dem Gericht später zusätzliche Arbeit macht, können Sie davon ausgehen, dass Ihr Verein zukünftig nicht mehr berücksichtigt wird.

Stichwortverzeichnis

Inklusive
Arbeits-
hilfen
online

Exklusiv für Buchkäufer!

Ihre Arbeitshilfen zum Download:

▶ http://mybook.haufe.de/

▶ **Buchcode:** IYU-2978

HaUFE.

Ihr Feedback ist uns wichtig!
Bitte nehmen Sie sich eine Minute Zeit

www.haufe.de/feedback-buch